I0765584

Hua-Yu Li

·

Mao and the Economic Stalinization of China,

1948–1953

Rowman & Littlefield

Lanham

2006

Ли Хуаюй

·

Мао и сталинизация китайской экономики (1948–1953)

Academic Studies Press

Библиороссика

Бостон / Санкт-Петербург

2026

УДК 94(510).093
ББК 63.3(5Кит)64
   Х98

Перевод с английского Алины Федоровой

Серийное оформление и оформление обложки Ивана Граве

Хуаюй, Ли.

Х98   Мао и сталинизация китайской экономики (1948–1953) / Ли Хуаюй ; [пер. с англ. А. Федоровой]. — СПб.: Academic Studies Press / Библиороссика, 2026. — 286 с. — (Серия «Современное востоковедение» = «Contemporary Eastern Studies»).

ISBN 979-8-901271-19-3 (Academic Studies Press)
ISBN 978-5-907918-92-4 (Библиороссика)

В 1953 году Мао изменил направление экономической политики и решительно направил Китай по сталинскому пути, коренным образом преобразовав экономический и политический ландшафт страны. Опираясь на широкий корпус архивных материалов, Ли Хуаюй исследует эволюцию идеологии Мао и его отношения со Сталиным. Автор полагает, что в основе резких изменений в китайской внутренней политике лежало не только доверие Мао советскому пути развития, но и стремление китайского лидера превзойти Сталина, построив социализм в Китае быстрее, чем это удалось в СССР.

УДК 94(510).093
ББК 63.3(5Кит)64

ISBN 979-8-901271-19-3
ISBN 978-5-907918-92-4

*Посвящается моему покойному отцу Ли Шаопэну
и моей матери Фуцзита Эми*

Принятые сокращения цитируемых журналов

AJCA — Australian Journal of Chinese Affairs
BNC — Bainianchao (Столетний прилив)
CQ — China Quarterly
Bulletin — Cold War International History Project Bulletin
DW — Dang de wenxian (Партийные документы)
DYZ — Dangshi yanjiu ziliao (Материалы исследований по истории партии)
DY — Dangshi yanjiu (Исследования по истории партии)
FEA — Far Eastern Affairs
JCWS — Journal of Cold War Studies
NC — Neibu cankao (Внутренний источник)
XX — Xuexi (Исследование)
ZDY — Zhonggong dangshi yanjiu (Исследование истории КПК)
ZDZ — Zhonggong dangshi ziliao (Материалы по истории КПК)

Благодарности

Работа над этой книгой длилась довольно долго. Я благодарна за поддержку моим наставникам, научному сообществу, друзьям и близким. Профессора Томас П. Бернштейн и Эндрю Дж. Нэйтан координировали процесс моих исследований и подготовку диссертации, а также оказывали всестороннюю поддержку, когда на основании своей работы я решила написать книгу. Профессор Бернштейн, обладающий глубокими знаниями в области советской истории и политики, внимательно изучил рукопись и предоставил ценные и содержательные комментарии. Мне посчастливилось работать под руководством этих выдающихся ученых, и я искренне благодарна им за поддержку и одобрение. В работе мне очень помогли беседы с различными исследователями. Я особенно признательна ныне покойным профессорам Бенджамину И. Шварцу и Адаму Уламу, а также профессорам Стюарту Шраму, Яношу Конаи, Жану К. Ои, Эндрю Уолдеру, Уильяму К. Кирби, Ричарду Краусу и Линде Гроув за их знания и мудрость. Профессор Элизабет Дж. Перри внесла ценные предложения на ранних этапах работы над проектом, а профессор Роберт С. Росс щедро поделился со мной своей подборкой материалов о Китае. Доктор Балаж Салонтай, венгерский ученый, прочитал рукопись моей книги и, опираясь на глубокие знания истории и политики Восточной Европы, сделал ряд важных замечаний. Я ценю его юмор и дружбу. Я также благодарна внешним рецензентам за их конструктивные рекомендации.

Выражаю особую признательность ученым и моим друзьям из Китая за их понимание и великодушие. Особенно помог мне Линь Юньхуэй, благодаря которому для меня открылись многие двери. Мне также помогали ученые Ли Хайвэнь, Ли Даньхуэй, покойный

Ли Шэньчжи, Шэнь Чжихуа, Ян Куйсун, Се Чунтао и Чжао Баосюй. Я хотела бы поблагодарить и многих других людей в Китае, которые помогали мне, но предпочли остаться неизвестными. Моя давняя подруга Цзан Цзянь стала для меня настоящим источником поддержки: вместе с супругом Пань Циндэ они всегда стремились сделать мое пребывание в Бэйда максимально комфортным и плодотворным, я искренне ценю их помощь и дружбу. Я хотела бы выразить признательность старшим коллегам из Государственного университета штата Орегон, где я начала свою преподавательскую карьеру в 1996 году. Профессора Лиза Эде и Эрлинда Гонзалес-Берри, а также декан Кей Ф. Шаффер, каждая по-своему, морально поддержали меня в процессе написания этой работы. Я благодарна им за доброту, воодушевление и мудрость.

Неоценимую помощь оказали несколько организаций. Летний грант на поездку от Национального центра материалов по исследованию Восточной Азии Стэнфордского университета в 1998 году позволил мне воспользоваться источниками библиотеки Гувера. Три гранта Valley Library Travel Grants от Университета штата Орегон — в 1997, 1999 и 2002 годах — сделали возможными мои поездки в Пекин и Гонконг для научной работы в местных библиотеках. Во время отпуска в 2000–2001 годах профессор Дали Л. Янг любезно предоставил мне поручительство как ассоциированному члену Центра исследований Восточной Азии в Чикагском университете. Я смогла не только получить доступ к материалам по Восточной Азии университетской библиотеки, но и поучаствовать в деятельности Центра. Версия главы 3 была опубликована в журнале *Russian History / Histoire Russe*, и издание любезно разрешило мне использовать ее как часть книги.

Для меня было огромным удовольствием работать с доктором Марком Крамером — редактором книжной серии. Обладая глубокими знаниями мировой коммунистической системы и тонким пониманием взаимоотношений между Сталиным и Мао, он внес ряд предложений и поделился идеями, которые значительно улучшили рукопись. Я искренне благодарна за поддержку, которую оказывал мне доктор Крамер в процессе написания книги. Я также благодарю сотрудников издательства Rowman & Littlefield: Эйприл Лео из отдела редакционного производства, Джессику Гриббл, помощника редактора, и Мэтта Эванса, редактора. Эйприл и Джессика помогали мне в процессе подготовки книги и всегда оперативно отвечали на мои запросы. Мэтт внимательно просмотрел всю рукопись пристальным редакторским взглядом.

Постоянным источником поддержки для меня была моя семья. Моя мать — сильная женщина, японка, всегда подавала детям пример, вдохновляла упорным трудом и самоотдачей в профессиональной деятельности — сначала в Китае, а затем в Японии. Она сохраняла веру в меня на протяжении всей моей работы над проектом. Мой отец Ли Шаопэн, профессор русистики, не дожил до начала этого исследования, но, если бы ему суждено было дожить, он был бы немало удивлен, что я выбрала тему, связанную с Советским Союзом, где он учился в юности. Эта книга посвящена моим родителям.

Родственники со стороны мужа относились к моему исследованию с искренностью и великодушием, поддерживали мои научные занятия. Очень грустно, что мой тесть, покойный профессор Хирам Дж. Маклендон, который так интересовался этим проектом, не дожил до завершения работы.

Мой супруг Джим Маклендон не только разделял мою постоянную неудовлетворенность написанным материалом, но и всегда был готов обсуждать различные идеи, побуждая меня к более точному выражению мысли. Я часто спрашиваю себя: как же наш брак выдержал множество горячих споров о взглядах Сталина и Мао на социализм?

Разумеется, если в этой книге встречаются ошибки и неточности, за них ответственность несу только я.

Корваллис, Орегон
Осень 2005 года

Введение

В конце сентября 1953 года, спустя более полугода со смерти Иосифа Сталина и два месяца с начала перемирия в Корейской войне, Мао Цзэдун впервые публично объявил о новой политической платформе — Генеральной линии на переходный период к социализму. Вдохновленный сталинской концепцией 1929 года, получившей название генеральной линии, и предложенным в ее рамках подходом к построению социализма в Советском Союзе в конце 1920-х и в 1930-х годах, Мао призвал к преобразованию капиталистической экономики, социалистической индустриализации и коллективизации в Китайской Народной Республике (КНР). Эта политика была нацелена на ускорение перехода Китая к социализму и отражала решимость Мао ликвидировать экономическую систему, основанную на частной собственности, и заменить ее новой, основанной исключительно на государственной и коллективной собственности. В публичных заявлениях руководство партии обещало, что процесс будет постепенным, но сам Мао знал, что для достижения таких целей потребуются радикальные меры. Генеральная линия появилась в то время, когда сталинский путь к построению социализма подвергался сомнению не только в Советском Союзе, но и в демократических странах Восточной Европы, однако Мао оставался приверженцем такого подхода. Реализация генеральной линии в Китае началась в 1954 и продолжилась во время «подъема» (*гао чао*) 1955–1956 годов. К 1956 году задачи по претворению в жизнь генеральной линии были полностью выполнены, была построена экономическая система по сталинскому образцу.

Новая концепция означала серьезные изменения в политике Коммунистической партии Китая (КПК), так как предполагала отказ от умеренного официального плана, принятого партией в 1949 году под лозунгом Новой демократии. Придя в 1949 году к власти, Мао и КПК заверили народ, что построение социализма — задача отдаленного будущего, поэтому гибридная экономика и частная собственность сохранятся еще долгое время. Они четко заявляли о своей приверженности идее поддерживать частную собственность в сельском хозяйстве и кустарной промышленности [Zhonggong 1986: 19]. Умеренная политико-экономическая ориентация Китая конца 1940-х сформировалась во многом под влиянием политических рекомендаций Сталина и идей, связанных с новой экономической политикой (НЭП) В. И. Ленина 1920-х годов.

Генеральная линия явилась полной неожиданностью для всей страны. После ее обнародования в конце сентября 1953 года многие региональные партийные кадры были дезориентированы [Zhonggong 1986, 20:195–196], а предприниматели пребывали в шоке: они поняли, что партия их предала [Zhonggong 1986, 20:198]. Призыв Мао к социалистическим преобразованиям в рамках новой политики вызвал всеобщее замешательство, поскольку навязывал программу экономических преобразований, гораздо более радикальную, чем все, о чем говорилось ранее. Но для самого Мао такой ход неожиданным не был. В 1958 году он признался, что в 1949 году намеренно не стал раскрывать свою реальную программу, а решение не предавать ее огласке было вопросом тактики [Kaituo 1996: 178]. В 1949 году Мао не был уверен в том, что партия сможет эффективно управлять страной, поэтому старался сделать ее образ «не столь коммунистическим», как было на самом деле. Он надеялся заручиться поддержкой всех социальных групп: крестьян, капиталистов, торговцев, владельцев мелких лавок, разносчиков, ремесленников и интеллигенции. Тайные планы Мао противоречили не только политике, официально провозглашенной партией, но и его собственным публичным заявлениям того времени [Mao zaonian 1992: 216–218].

Такое изменение в политике было и остается загадкой для многих исследователей Китая. Самое удивительное — то, что Мао взял этот курс вопреки советам самого Сталина. Что стало причиной резких перемен? Было ли это реакцией на холодную войну, усиленную Корейской войной (1950–1953)? Что произошло с Новой демократией? Как Мао обосновывал принципиальное изменение направления? Какие последствия повлек за собой такой поворот в политике в Китае, особенно для политической номенклатуры и в сфере политэкономии? Смена политики 1953 года стала поворотным пунктом в экономическом развитии страны после 1949 года[1]. Такая трансформация ускорила переход к социализму, ликвидировала частную собственность и капиталистическую экономику, положила начало четверти века катастрофических социально-экономических экспериментов, экономического хаоса и конфликта элит. Закончилось все это лишь со смертью Мао.

Основная цель данного исследования — собрать воедино события того времени и попытаться разгадать тайну смены политики 1953 года, используя информацию, ставшую доступной в Китае с началом экономических реформ в конце 1970-х и в бывшем Советском Союзе с начала 1990-х годов. Главный вопрос не в том, почему в 1953 году Мао внезапно встал на сталинский путь построения социализма и тем самым отказался от экономической политики, принятой партией в 1949 году. (Подобная постановка проблемы предполагает, что в 1953 году Мао перестроил политику в основном — или даже исключительно — в ответ на новые условия.) Гораздо важнее то, что реорганизация политического направления стала кульминацией процесса, произошедшего вследствие изменений идей Мао в 1950 году, и реорганизация эта заключалась в постепенном и скрытом навязывании новой политической программы.

Для понимания новой политики Мао необходимо соотнести ее с более широким контекстом мирового коммунистического движения, коммунистической идеологии и отношений Мао со Сталиным. Можно выделить две основные причины столь резких перемен. Во-первых, Мао придавал большое значение советскому опыту 1920–1930-х годов, описанному в книге Сталина «Ис-

---

[1] Аналогичные аргументы приводятся в [Meliksetov 1996: 87].

тория ВКП(б). Краткий курс» (далее — *Краткий курс*)[2] [Liangong dangshi 1949], и полагал, что он может быть использован в качестве образца для развития Китая в конце 1940-х — начале 1950-х годов. Мао вдохновлялся *Кратким курсом* и использовал эту работу как дорожную карту, которая приведет Китай к социализму. Как в 1979 году красноречиво заметил Бенджамин И. Шварц, тот самый Мао,

> ...который осмелился принять на себя высокую ответственность осуществлять теоретическое руководство китайской компартией в Яньаньский период, похоже, без какой-либо критики принял видение «социализма», спроецированное сталинским «Кратким курсом истории ВКП(б)» [sic] [Schwartz 1979].

Во-вторых, изменение политики возникло в результате личного соперничества Мао со Сталиным и государственного соперничества Китая с Советским Союзом. При этом Мао относился к советскому лидеру с уважением и почтением, ценил его достижения, также восхищался Советским Союзом как ведущей страной коммунистического мира. Выбор точного времени изменения политики был обусловлен не только убежденностью Мао в том, что Китай уже готов к построению социализма, но и двусмысленным заявлением Сталина, которое Мао решил использовать в качестве одобрения своего плана по немедленному началу перехода к социализму.

Одним из наиболее интересных открытий моего исследования является парадокс, что Мао Цзэдун внедрил в Китае определенную форму сталинизма, несмотря на прямые предостережения самого Сталина. При этом Мао был вынужден разрешать внутренние противоречия между ранними трудами Сталина и его текущими политическими указаниями. Корни этого парадокса уходят в заявление Коминтерна 1938 года, сделанное, несомненно, по распо-

---

[2] Впервые я узнала о важном значении *Краткого курса* от Су Шаочжи — китайского диссидента — во время интервью в Кембридже, штат Массачусетс, 4 марта 1992 года.

ряжению Сталина, в котором *Краткий курс* назван «энциклопедией марксизма-ленинизма» [Zuotanhui 1989: 16]. Мао, как и прочие лидеры, признал идеологическое превосходство этой работы. Однако советы Сталина в отношении Китая в конце 1940-х — начале 1950-х годов отличались от той радикальной политики, которую он описывал в *Кратком курсе*. Сталин поддерживал идею окончательной экономической сталинизации Китая, однако выступал за постепенность в достижении этой цели.

Политика Сталина в отношении экономического развития Китая в конце 1940-х — начале 1950-х годов отличалась умеренностью, что совпадало по времени с его поддержкой радикальных экономических реформ в демократических странах Восточной Европы [Berend 1996]. Отказ Сталина от жесткой линии в отношении Китая обусловлен тремя причинами. Во-первых, он полагал, что из-за экономической отсталости стране необходим период восстановительного роста до начала социалистической трансформации. Во-вторых, Сталин рассматривал китайских капиталистов, в отличие от аналогичных групп в Восточной Европе и их взаимодействия с коммунистическими партиями, как союзника КПК в борьбе против империализма, считая допустимым сохранить этот класс до окончательной ликвидации империалистической угрозы. В-третьих, он признавал, что условия в Китае начала 1950-х принципиально отличаются от тех, что были в СССР в конце 1920-х — начале 1930-х, и считал нерациональным применять к Китаю критикуемую им ранее жесткую политику СССР. Сталин не сожалел о суровом обращении с кулаками в Советском Союзе, при этом в октябре 1952 года он признал в разговоре с Лю Шаоци, что переселение трех миллионов кулаков в Сибирь сопровождалось насилием. Это, по его мнению, было неизбежным в советских условиях того времени, но не следует переносить такую практику на китайскую почву[3].

---

[3] Подробнее см. телеграммы Лю Шаоци Мао из Москвы от 26 и 30 октября 1952 года. В телеграммах Лю передавал Мао рекомендации Сталина по политическим вопросам [DW 2005, 10]. Обсуждение этого вопроса с китайской стороны см. в [Shi Zhe 1991: 530].

Сталин не стал упоминать этот факт в своих заявлениях, однако жестокие меры против кулаков значительно выходили за рамки их переселения в Сибирь. Таким образом, прагматичный подход Сталина конца 1940-х — начала 1950-х годов прямо противоречил догматизму, отраженному в *Кратком курсе*.

Мао, движимый собственным радикализмом и стремлением превзойти Сталина, склонялся к следованию положениями *Краткого курса*. Для этого, парадоксальным образом, ему приходилось отвергать умеренные рекомендации Сталина. Как будет показано далее, Мао нередко разрешал подобные противоречия, создавая видимость послушания при одновременном осуществлении собственной политической программы, основанной на *Кратком курсе*. В попытках заручиться поддержкой китайских политиков он иногда искажал слова Сталина, легитимизируя таким образом собственные действия.

Источники и методология

В исследовании я в значительной степени опиралась на архивные материалы, обнародованные в Китае с середины 1980-х годов и в России с начала 1990-х[4]. Среди них — записи переговоров Сталина и Мао, Сталина и Чжоу Эньлая [Bulletin 1995/1996: 6–7, 5–9, 10–20], письменные отчеты, направленные КПК Сталину летом 1949 года [The Moscow Visit 1996], а также записи дискуссий на высшем уровне конца 1940-х и начала 1950-х годов [FEA 1992, 1: 100–116]. Эти материалы включают в том числе записи бесед советского посла в Пекине Николая Рощина с руководством КНР, а также членов правительств двух стран[5]. Я исполь-

---

[4]   Множество российских архивных материалов, переведенных на китайский язык, были предоставлены мне независимым китайским ученым Шэнь Чжихуа, который получил их в двух российских архивах: АВП РФ и РГАНИ. Вся российская архивная информация, которую я привожу в книге, взята из «Собрания российских архивов Шэнь Чжихуа».

[5]   Собрание архивов, которое я называю «Собрание российских архивов Шэнь Чжихуа», чрезвычайно ценно, поскольку в нем содержится информация о просьбах КПК к Советскому Союзу о помощи в конце 1940-х — начале

зовала недавние публикации на английском языке переписки Сталина по вопросам Китая с его приближенными: В. М. Молотовым и Г. М. Димитровым[6]. Я также обращалась к недавно опубликованным трудам Мао Цзэдуна[7]; политическим директивам Мао, Лю и КПК; внутренним партийным отчетам[8], хроникам[9] и рассекреченным документам разведки Государственного департамента США[10]; материалам партийной пропаганды КПК, которые публиковались в китайских СМИ в начале 1950-х годов[11].

1950-х годов. Кроме того, оно включает в себя записи бесед советского посла Николая Рощина с высшими китайскими руководителями, в том числе с Мао, Лю Шаоци, Чжоу Эньлаем, Чжу Дэ, Чэнь Юнем, Дун Биу и Го Можо, в период с конца 1949 по 1952 год. Эти записи дают ученым редкую возможность понять, как в то время китайские лидеры оценивали международную обстановку и ситуацию внутри страны. В целом китайское руководство, судя по всему, было откровенно в беседах с Рощиным.

6   См. [Stalin's Letters 1995; Diary of Georgi Dimitrov 2003].

7   См. [Zhonggong zhongyang wenxian yanjiushi 1993b] и [Mao Zedong zai qida 1995]. В сборники включены пять ранее неопубликованных статей. См. также [Zhonggong zhongyang wenxian yanjiushi 1993a]. Для моего исследования особенно важными представляются тома 5 и 6.

8   См. [Mao 1987–1998]. Для целей моего исследования чрезвычайно важны тома 1–5; [Liu 1998, 2005; ZDZ 1998]; [Zhongyang 1992], особенно тома 16–18; [Wenxian xuanbian 1993–1997], тома 1–4; [Zhonggong 1986]. В многотомном внутреннем издании Университета национальной обороны опубликованы газетные статьи, партийные директивы и внутренние партийные отчеты, см. тома 18–20. См. также [Zhonggong zhongyang wenxian yanjiushi 1993a; Gongheguo 1991], Neibu cankao [Internal reference] (здесь и далее — NC) — многотомное собрание отчетов, написанных репортерами агентства «Синьхуа»; эти отчеты отражали реальную ситуацию в стране в то время и предоставлялись для ознакомления только высокопоставленным членам КПК.

9   См. [Pang et al. 1993] и [Gu 1993], а также [Zhonggong zhongyang 1993a, 1993b, 1998; Liu 1996; Zhou 1997; Ren 1993; Chen 2000].

10   На мой взгляд, эти отчеты были написаны объективно и содержат полезную справочную информацию о китайско-советских отношениях 1950-х годов, об экономических условиях в Китае и странах Восточного блока, а также об изменениях в политике СССР после смерти Сталина в марте 1953 года. Эти разведывательные донесения хранятся во втором Национальном архиве, Колледж-Парк, штат Мэриленд.

11   Я активно использовала материалы «Жэньминь жибао» и других изданий КПК, например «Сюэси».

Кроме того, я изучила мемуары и биографии высших партийных руководителей и других участников событий начала 1950-х годов, основанные на архивной информации, недоступной большинству исследователей[12]. Моя работа опирается на недавние труды китайских ученых, имеющих доступ к партийным архивам[13] (начиная с 1990-х годов). Из интервью, которые я взяла у специалистов по истории КПК, я почерпнула новую значимую информацию с учетом разных точек зрения и интерпретации событий.

Я часто ссылаюсь на мемуары Бо Ибо «*Жогань чжунда цзюэцэ юй шицзянь дэ хуэйгу (шанцзюань)*» («Воспоминания о некоторых важных решениях и событиях», т. 1) и Ши Чжэ «*Цзай лиши цзюйжэнь шэньбянь: Ши Чжэ хуэйилу*» («В тени гигантов истории: воспоминания Ши Чжэ»). Обе книги были опубликованы в 1991 году и получили высокую оценку в Китае и на Западе. Использование мемуаров политических деятелей КПК представляет собой сложную задачу ввиду их выраженной предвзятости, обусловленной тремя основными факторами. Во-первых, многие из этих авторов, пережившие «культурную революцию», стремятся в первую очередь не к объективному изложению политических событий прошлого, а к восстановлению собственной репутации. Во-вторых, личная преданность отдельным политическим фигурам, включая бывших и нынешних коммунистических лидеров как внутри страны, так и за ее пределами, оказывает значительное влияние на содержание их трудов. В-третьих, в процессе написания мемуаров авторы нередко избегают затрагивания чувствительных исторических вопросов либо принимают по ним позиции, соответствующие актуальной партийной линии, что ограничивает полноту и объективность представляемого материала.

---

[12] См. [Zhonggong zhongyang 1991; Shi Zhe 1991; Hu Q. 1994; Li J. 1998; Li et al. 2000; Tao 1996; Jin 1996; Jin, Huang 1998; Zhou 1990; Cheng Zh. 1996; Huang 1995; Gong 1996; Li W. 1986; Deng Z. 1996; Tao 1993; Mao zaonian 1992; Gong Y. 1999; Xue 1997; Zhonggong zhongyang 1998].

[13] См. [Lin et al. 1996; Pang, Lin 1996; Yang 1999].

Книги Бо и Ши не являются мемуарами в обычном смысле этого слова. Над созданием трудов Бо работала целая команда партийных исследователей, осуществлявших систематическую научно-исследовательскую деятельность и непосредственно формировавших тексты. В случае с книгой Ши коллектив был меньше, однако ему повезло работать вместе с незаурядным научным сотрудником Исследовательского бюро истории КПК Ли Хайвэня. Несмотря на широкое использование архивных материалов, критической необходимостью оставалось сопоставление информации с разнообразными источниками для подтверждения точности данных и интерпретаций. В этом контексте устные источники приобретают незаменимое значение, дополняя и верифицируя архивные свидетельства.

Было бы замечательно, если бы китайские архивы стали доступны исследователям, желающим разгадать тайны истории. Однако до сих пор ученым приходится вести своего рода «детективную» работу, собирая информацию из множества источников и пытаясь корректно интерпретировать их.

Структура книги

Эта книга состоит из пяти глав, введения и заключения. Во введении я излагаю в общих чертах проблематику, рассматриваемую в этой работе, привожу основные аргументы, описываю методы исследования и источники. В главе 1 «Исторический контекст и современность» я исследую внутреннюю и внешнюю ситуацию, когда Мао сформулировал свою новую политическую программу — Генеральную линию на переходный период к социализму. Особое внимание уделяется ограничениям, с которыми столкнулся Мао в связи с зависимостью от Сталина в вопросах национальной безопасности, а также в контексте необходимости получения Китаем экономической, технологической помощи и политической поддержки на международной арене. Также описывается почтительное отношение Мао к постсталинскому коллективному руководству в Советском Союзе, что отражало определенный уровень уважения и признания новой политической реальности.

В главе 2 «Мао, Сталин и преобразование китайской экономики: 1948–1952 годы» я доказываю, что Мао преимущественно игнорировал прагматичные и умеренные рекомендации Сталина, предпочитая ориентироваться на *Краткий курс* и применять соответствующие директивы в своем руководстве. Мао следовал советам Сталина лишь в тех случаях, когда разделял его позицию, а в вопросах, которые считал ключевыми и по которым имел иное мнение, он шел собственным путем. В лучшем случае рекомендации Сталина лишь ограничивали радикальные замыслы Великого кормчего.

В главе 3 «*Краткий курс* Сталина и социалистическое преобразование китайской экономики в начале 1950-х годов» я рассматриваю значительное влияние *Краткого курса* на взгляды Мао и КПК. В начале главы я отслеживаю общее влияние этой книги начиная с ее появления в Китае в 1938 году, когда она использовалась для обучения кадров КПК, и до начала 1960-х годов, когда книга стала источником вдохновения для учебника истории КПК, используемого кадровыми работниками, интеллигенцией и студентами вузов. Далее рассматриваются два примера применения Мао идей, почерпнутых из этого курса. Первый — Кампания по упорядочению стиля работы (1941–1944), в рамках которой Мао устранил своих политических соперников и переписал партийную историю согласно концепции «борьбы двух линий», изложенной в *Кратком курсе*. Второй пример касается значимой роли *Краткого курса* в формировании экономической политики Китая после 1949 года, с особым акцентом на влияние этого текста на формулировку Мао генеральной линии. Он уделял особое внимание ряду ключевых аспектов: экономическим предпосылкам перехода к социализму, поэтапному и последовательному осуществлению этого перехода, политике на каждом этапе, а также срокам, необходимым для полного завершения социалистического преобразования.

В главе 4 «Разработка Мао Цзэдуном Генеральной линии на переход к социализму, октябрь 1952 — сентябрь 1953 года» анализируется концептуальная база и конкретная политика Мао

Цзэдуна по социалистическому преобразованию капиталистической промышленности и торговли, включая введение формы совместного государственно-частного владения, заменяющего частную собственность. Особое внимание уделяется решительным мерам, предпринимаемым Мао для устранения любых проявлений несогласия среди партийных руководителей и социальной элиты, направленным на обеспечение беспрепятственного осуществления курса.

В главе 5 «Генеральная линия Мао на переход к социализму: октябрь — декабрь 1953 года» анализируется, как Мао использовал зерновой кризис лета 1953 года для ускорения социалистических преобразований в сельском хозяйстве и ликвидации капиталистических элементов в экономике Китая. После смерти Сталина Мао получил возможность беспрепятственно реализовать свои радикальные планы. В работе представлены обоснования, которые он приводил в поддержку генеральной линии, в частности его настойчивое утверждение, что условия для начала строительства социализма в стране уже есть, а основные принципы этой линии были заложены еще в 1949 году. Также проводится сравнение генеральной линии Мао 1953 года со сталинской линией 1929 года и обсуждается восприятие этой линии учеными и партийными исследователями в эпоху реформ в Китае.

В заключении «Мао, Сталин и путь Китая к социализму» подчеркивается преданность Мао сталинскому курсу — вопреки общепринятому мнению, что он являлся независимым идеологом и лишь вынужденно следовал по сталинскому пути. Тем не менее его преданность касалась радикального сталинизма 1920–1930-х, отраженного в *Кратком курсе*, а не умеренных взглядов Сталина позднего периода — 1940–1950-х годов, ориентированных на постепенный переход к социализму. Мао был решительно настроен превзойти Сталина и, опираясь на веру в продолжение революции, оставался предан своему радикализму. Заключение также рассматривает преемственность генеральной линии партийной политики в период реформ в Китае.

Заключение

В этой работе я изучаю систему идеологических убеждений Мао, его доминирующую роль в процессе разработки экономической политики КНР и сложные взаимоотношения со Сталиным. Центральным элементом идеологии Мао являлась его решимость в максимально короткие сроки уничтожить существующую капиталистическую экономику, создать и поддерживать хозяйственную систему, основанную на государственной и коллективной собственности, и исключить из нее рыночные механизмы. Мао отказался от традиционного яньаньского стиля принятия решений «за круглым столом»[14], переходя к более централизованному и директивному управлению процессами экономического преобразования. При этом, согласно некоторым мнениям, основанным на изучении политического процесса, он стремился к консенсусу, однако фактически доминировал в ходе принятия решений, глубоко вникая в детали и проявляя нетерпимость к инакомыслию и оппозиции.

Пока Мао Цзэдун являлся «младшим партнером» Сталина, то был вынужден работать в рамках жестко контролируемой мировой коммунистической системы и долгое время следовал правилам игры советского лидера, отчитывался перед ним и регулярно обращался за советами. Мао в значительной мере зависел от Сталина, и его авторитет в начале 1950-х годов в основном опирался на отношения с ним. В конце 1940-х — начале 1950-х Мао, продолжая следовать политическим советам Сталина, часто игнорировал его экономические рекомендации и преследовал собственные цели. Целью китайского лидера были более радикальные идеологические установки и стремление превзойти Сталина и Советский Союз в быстром построении социализма. В результате он настаивал на экономической самостоятельности,

---

[14] Родерик Макфаркуар утверждает, что яньаньский стиль принятия решений «за круглым столом» был упразднен только с началом «культурной революции». См. [The Origins of the Cultural Revolution 1983].

особенно в критические периоды 1948–1949 годов, а также после смерти Сталина в марте 1953 года.

В целом можно сказать, что аспекты политической власти и идеологии тесно переплелись с экономической политикой, так как Мао создал истинно сталинскую экономическую систему. В этом исследовании Мао Цзэдун предстает как ключевая фигура в процессе реализации экономического курса Китая. Несмотря на зависимость от поддержки Сталина, он был готов игнорировать его советы и оставаться верным собственному ви́дению сталинизма, воплощенному в *Кратком курсе*, и создать сталинский Китай в соответствии со своим пониманием.

Однако Мао начал признавать некоторые «недостатки» сталинской экономической системы в середине 1950-х годов, когда Китай национализировал экономику и ввел централизованное планирование. Он высказывал критические замечания в адрес советской системы, особенно после разоблачения культа личности Сталина в 1956 году. Мао Цзэдун предпринимал попытки адаптировать и реформировать советскую систему, стремясь устранить ее недостатки, в частности чрезмерную централизацию планирования и бюрократический контроль, которые подавляли инициативу на местах. Особое внимание уделялось устранению дисбаланса, вызванного избыточным акцентом на развитие тяжелой промышленности в ущерб легкой и производству товаров народного потребления. Эти критические замечания отражали стремление Мао к формированию более гибкой и сбалансированной экономической модели, учитывающей специфику китайских условий и задач социалистического строительства. Тем не менее кампания «Большой скачок» (1958–1960) потерпела катастрофический провал и привела к человеческим жертвам и страданиям. Однако Мао не подвергал сомнению основные черты сталинской экономической системы: государственную собственность в экономике, пренебрежительное отношение к рыночным силам и частной экономике, а также централизованное планирование. Он умер в 1976 году, оставив после себя по сути сталинскую систему.

Глава 1
Исторический контекст и современность

Один из самых мрачных и сложных периодов в ранней истории Китайской Народной Республики пришелся на лето 1952 — декабрь 1953 года. Именно в это время Мао Цзэдун сформулировал свою генеральную линию и заложил основу для преобразования китайской экономики. Специалисты на западе знали, что на протяжении этих месяцев[1] между Пекином и Москвой происходило тесное взаимодействие, однако о его содержании им практически ничего не было известно. Неразбериха того времени еще более усугубилась после смерти Сталина в начале марта 1953 года; это событие вызвало кардинальные перемены не только в Советском Союзе, но и во всем коммунистическом лагере.

Первым шагом к пониманию генеральной линии должно стать определение значимых исторических и современных событий (как внутри Китая, так и международных), которые в начале 1950-х годов оказали влияние страну. В этот период, в самый разгар затяжной Корейской войны, КПК активизировала деятельность по укреплению своей власти и расширению контроля над страной путем проведения аграрной реформы, а также посредством развертывания жестоких политических кампаний

[1] Подробное описание этого периода см. в [American Consul General 1953]. Сообщение было направлено Генеральным консульством США в Гонконге в Государственный департамент в Вашингтоне, округ Колумбия. Материал находится во 2-м Национальном архиве, Колледж-Парк, Мэриленд.

против предполагаемых противников курса как внутри самой партии, так и в стране в целом. Эйфория, вызванная экономическими успехами КПК в первые три года (1949–1952) существования КНР, сменилась тревогой — из-за зернового кризиса летом 1953 года. Мао приходилось преодолевать ограничения, связанные с его отношениями со Сталиным. После смерти советского лидера он столкнулся с трудностями в отношениях с постсталинским коллективным руководством Советского Союза. Кроме того, усиливалось закулисное сопротивление старших китайских руководителей методам преобразования китайской экономики, особенно в отношении частного сектора.

Влияние Корейской войны на внутреннюю ситуацию в Китае

В рамки данного исследования не входит изучение решения Мао о вступлении КНР в Корейскую войну и последующего участия в ней. Тем не менее, поскольку война началась вскоре после основания КНР, важно изучить ее влияние, если таковое имело место, на политику и курс Китая. Стоит отметить, что война началась вскоре после объявления Мао Цзэдуном плана посвятить последующие три года восстановлению экономики страны.

В настоящее время установлено, что Мао был осведомлен о планах Ким Ир Сена относительно вторжения и консультировался со Сталиным и Кимом перед началом войны. Мао изначально поддержал план Кима, но позже проявил беспокойство по поводу возможного вмешательства США. Он «благословил» план Кима, но оставался в неведении относительно деталей военного планирования и сроков нападения [Goncharov et al. 1993: 136–154].

В течение первых четырех месяцев после вступления Китая в войну в начале октября 1950 года Мао принимал активное участие в командовании военными операциями в Корее, лично контролировал ход первой и второй наступательных операций. В начале 1951 года Мао отошел от непосредственного командования боевыми действиями, однако продолжал заниматься разработкой общей военной стратегии [Мао 1987–1998, 2: 666].

Мао Цзэдун переключил внимание на внутриполитические и экономические вопросы. Согласно недавно обнародованной в КНР информации, он активно руководил политическими кампаниями, в том числе кампанией по подавлению контрреволюционеров (10 октября 1950 — октябрь 1952 года), кампанией Против пяти зол (30 ноября 1951 — 25 октября 1952 года) и кампанией Против трех зол (26 января 1952 — 25 октября 1952 года)[2]. Как будет показано далее, Мао стал играть ключевую роль и в вопросах внутренней экономической политики.

К лету 1952 года, когда Мао Цзэдун только начал формулировать генеральную линию, обе стороны вооруженного конфликта вступили в переговоры о прекращении боевых действий. К тому времени Мао был убежден, что Корейская война останется региональным конфликтом: к такому выводу он пришел на основании того, что ни одна из сторон не планирует расширять военные действия и ни одна не способна одержать решающую победу. Исходя из этих расчетов, китайцы согласились на прекращение огня, мирные переговоры и, наконец, на перемирие. Мао, разумеется, сделал все возможное, чтобы Китай подошел к переговорам с выигрышной позиции[3]. Он завершил работу над формированием генеральной линии в декабре 1953 года — через семь месяцев после официального окончания Корейской войны (июль того же года). Очевидно, что Мао хотел свести к минимуму влияние Корейской войны на внутреннюю политику страны, и в этом отношении он в значительной степени преуспел.

Не ставя целью умалить масштаб влияния Корейской войны на Китай, следует отметить, что этот конфликт оказал глубокое воздействие на КНР в трех ключевых сферах. Во-первых, в стране значительно ужесточился внутренний политический контроль. Уже 10 октября 1950 года, всего через два дня после официаль-

---

[2] Более подробно о руководящей роли Мао в этих кампаниях см. [Мао 1987–1998, 2: 670–672] и [Мао 1987–1998, 3: 684–687].

[3] Устный источник, 7 марта 1992 года.

ного вступления Китая в Корейскую войну, по инициативе Мао Цзэдуна была развернута масштабная Кампания по подавлению контрреволюционеров. Под руководством Мао и КПК решительно преследовались все, кого они считали врагами коммунистического режима. Согласно духу и методам кампаний Против трех зол и Против пяти зол, эта кампания также была отмечена жестокостью и бескомпромиссностью в борьбе с предполагаемыми противниками. Во-вторых, Корейская война усилила потребность Китая в создании мощной национальной оборонной промышленности. Уже в апреле 1950 года, накануне Корейской войны, Мао сократил расходы на военные цели, значительно уменьшив численность действующих военнослужащих [Mao 1987–1998, 1: 310]. Во время войны национальные ресурсы были перенаправлены с экономического развития на поддержку военно-экономической деятельности; однако, как только война закончилась, приоритет снова был отдан экономике, в основном в тяжелой и оборонной промышленности. Кроме того, в связи с боевыми действиями было создано множество механизмов для усиления контроля над национальной экономикой; таким образом, появилась административная и организационная инфраструктура, которая впоследствии способствовала дальнейшей централизации экономики в соответствии с генеральной линией.

В-третьих, участие Китая в Корейской войне привело к его еще большей изоляции от западных стран, особенно от Соединенных Штатов. Впервые в истории китайские и американские войска столкнулись непосредственно на поле боя. Военная конфронтация с США фактически лишила Китай возможности вести торговлю с основными державами Запада. Это резко противоречило тому плану, который Сталин вынашивал в конце 1940-х годов, когда советовал Мао и КПК не прекращать экономические отношения с Западом [Shi Zhe 1991: 310]. Спустя некоторое время Великобритания, Франция, Западная Германия и Япония восстановили торговлю с Китаем, но объем ее был минимальным. Нет необходимости упоминать, что вынужденная экономическая изоляция Китая оказала долгосрочное негативное влияние на экономическое развитие страны.

Внутренняя ситуация в Китае (1949–1952)

Для укрепления поддержки КПК и нового режима в сельской местности, а также для усиления контроля партии над сельскими районами зимой 1950 года Мао Цзэдун распространил на недавно освобожденные территории масштабную и жестокую программу аграрной реформы. В отличие от большинства стран народной демократии Восточной Европы, где аграрные реформы проводились преимущественно административным путем и не сопровождались массовыми публичными процессами в отношении помещиков, в Китае этой реформе сопутствовали массовые волны репрессий и насилия. Исключениями из общего контекста были лишь Югославия и Албания, где реформы носили жесткий характер. К концу 1952 года аграрная реформа в Китае была завершена, значительно изменив структуру земельной собственности: примерно 310 миллионов крестьян получили землю в ходе перераспределения[4]. Несмотря на то что сельскохозяйственные угодья по-прежнему находились в частной собственности, они уже не были в руках помещиков.

С целью обеспечения политической стабильности Мао и КПК неустанно преследовали всех, кого считали классовыми врагами, проявляя решимость искоренить каждого, кто мог угрожать коммунистическому режиму. Как уже упоминалось ранее, помимо Кампании по подавлению контрреволюционеров в начале 1950-х годов были развернуты еще две крупные политические кампании: Против трех зол — с ноября 1951 года по октябрь 1952 года и Против пяти зол — с января по октябрь 1952 года. В отличие от Кампании по подавлению контрреволюционеров (октябрь 1950 — октябрь 1952 года), направленной против «очевидных» классовых врагов КПК, мишенями кампаний Против трех зол и Против пяти зол стали «коррумпированные» чиновники КПК, а также национальная буржуазия — в то время союзник КПК[5]. Национальную буржуазию можно рассматривать как

---

4   См. [АВП РФ, 45: 343:12.11: 30–42].

5   Исследователи, изучающие эти две кампании, могут ознакомиться со статьей на китайском языке [Xu G. 1998, 8: 10–15].

класс, занимающий в экономическом строе Китая до 1949 года положение между могущественными бюрократическими капиталистами, о которых пойдет речь в главе 2, и мелкой буржуазией. Национальная буржуазия состояла из владельцев крупных и средних капиталистических торговых и производственных предприятий. Этот класс практически не имел связей с «иностранными империалистами» и получал минимальный иностранный капитал (если вообще получал). Мао рассматривал национальную буржуазию как политически и экономически слабый класс [Shi Zhe 1991: 383]. Мелкая буржуазия — класс еще более низкого социального уровня — представляла собой владельцев небольших лавок и предприятий, где трудились лишь несколько человек. Несмотря на то что Мао инициировал эти кампании в разные периоды, завершились они примерно в одно время, что свидетельствовало о его желании переключить внимание на выполнение других задач. Глубокую вовлеченность Мао в проведение этих кампаний подтверждает значительный объем директив, которые он лично инициировал или рассматривал в процессе их реализации[6]. Он лично руководил кампанией Против трех зол в ведомствах, находившихся под непосредственным контролем ЦК КПК в Пекине, а также возглавил кампанию в городе Тяньцзинь[7].

В этот период многие высокопоставленные деятели КПК разделяли стремление Мао пресечь преступную деятельность «коррумпированных» чиновников и капиталистов. В марте 1952 года, отвечая на вопросы советского посла в Китае Николая Рощина относительно кампаний Против трех зол и Против пяти зол, Чжоу Эньлай и Лю Шаоци объяснили их цели и методы. Лю

---

[6] В конце 1950 года, в течение более чем месяца, Мао Цзэдун написал множество директив, инструкций и заключений, касающихся «Кампании против трех зол». Пятьдесят из этих документов включены в [Mao 1987–1998, 2] как указано на с. 671 тома. В 1951 и 1952 годах Мао Цзэдун написал еще больше директив, касающихся кампаний Против трех зол, Против пяти зол и Против новых трех зол. В общей сложности 188 этих документов включены в [Mao 1987–1998, 3], как отмечено на с. 684.

[7] Информацию, предоставленную Николаю Рощину Лю Шаоци во время их встречи 18 марта 1952 года, см. в [АВП РФ, 45: 343, 12, 30–42].

и Чжоу при этом описывали мрачную картину: Лю в более пессимистичных тонах, чем Чжоу, изображал, как быстро некоторые члены КПК оказались «вовлечены в коррупцию, а капиталисты распоясались». Оба подчеркивали решимость руководства КПК выявлять и наказывать преступников, особенно среди представителей высших слоев капиталистического класса[8].

Кампания Против трех зол проходила в два этапа: на первом этапе ее целью были коррумпированные чиновники, а на втором — капиталисты. Руководство КПК признало, что коррупция нашла широкое распространение среди партийных и государственных служащих, а также среди тех, кто ранее работал на старый режим. Поэтому было решено сурово наказать лишь наиболее злостных нарушителей, что составило около 10 % от общего числа выявленных чиновников. Эти люди были лишены должностей, отправлены в лагеря для перевоспитания, заключены в тюрьмы или казнены[9]. Остальные коррупционеры отделались легкими наказаниями и были отпущены.

Кампания Против пяти зол была направлена против китайской национальной буржуазии. Ее цель — сурово покарать или уничтожить 5 % верхушки класса, владевшей крупными капиталистическими предприятиями. КПК приняла прагматичное решение: сосредоточиться лишь на верхушке национальной буржуазии, считая, что этот класс еще сохраняет прочные связи с партией. Поэтому было решено ограничиться чисткой наиболее влиятельных и реакционных представителей, которых признали главной угрозой [АВП РФ, 45: 343, 30–42]. В ходе кампании КПК намеревалась наказать или казнить около 300 тысяч капиталистов. В типичной для партии манере 4 % из 5 % признанных виновными подвергались менее суровому наказанию, чем 1 % наиболее богатых. Приговоренные, составлявшие около 4 %, обязаны были уплатить штрафы, превышавшие их финансовые возможности и общую стоимость предприятий. Единственным

---

8   См. [АВП РФ, 45: 343, 12, 30–42], последние исследования кампаний Против трех зол и Против пяти зол см. [Wang Sh. 2003: 1–13].

9   См. [АВП РФ, 45: 343, 43–44].

выходом для них было выплатить доступную сумму, а затем объявить банкротство. Оставшийся 1 % — владельцы крупнейших предприятий — были обязаны выплатить штрафы, превышающие стоимость их бизнеса, после чего их либо заключали в тюрьму, либо приговаривали к смертной казни [АВП РФ, 45: 343, 30–42]. КПК использовала такой изощренный способ для устранения наиболее богатых представителей буржуазии и их крупнейших предприятий. Партия не только захватила собственность буржуазии, но и ликвидировала ее высшие слои.

Несмотря на тщательное планирование, кампании Против трех зол и Против пяти зол успешными не были. Советский посол в Китае Николай Рощин в беседе со своим венгерским коллегой Эмануэлем Сафранко упоминал, что Мао удалось обуздать коррупцию, расточительство и бюрократию, но у него возникли трудности с взиманием штрафов с капиталистов. Несмотря на то что в годовом отчете правительства утверждалось, будто бы удалось собрать 25–30 миллиардов юаней (в старой валюте), реально полученная сумма составила всего около 5 миллиардов юаней. Когда правительство предложило капиталистам отсрочку по уплате части штрафа, те ответили, что не смогут выплатить его из-за слишком низкой нормы прибыли. После продолжительных переговоров Политбюро решило отложить решительную борьбу с крупным капиталом, поскольку было необходимо обеспечить непрерывность производственного процесса[10].

Отвечая на вопросы Рощина, ни Чжоу, ни Лю не выразили открытых опасений насчет перебоев в производстве, вызванных этими кампаниями, однако было ясно, что оба испытывали тревогу. Для реализации этих политических акций партийному руководству пришлось мобилизовать множество работников, что отвлекало их от экономически значимой деятельности. Полити-

---

[10] Эта информация была предоставлена доктором Балажем Салонтаи из Центрально-Европейского университета в Будапеште, Венгрия. Отчет был составлен 4 июля 1952 года послом Венгрии в Китае Эмануэлем Сафранко. Отчет хранится в Венгерском национальном архиве (MOL), XIX-J-1-j [совершенно секретные документы] Китай 1945–1964, 10. Добоз [ящик], 5/f, 001503/1952.

ческие лидеры, такие как Чжоу Эньлай, Чэнь Юнь и Бо Ибо, считали необходимым исправить эту ситуацию. 15 февраля 1952 года Чжоу Эньлай направил Мао Цзэдуну письмо, в котором выразил обеспокоенность и предложил план постепенного сокращения числа работников, занятых полный рабочий день в кампании Против трех зол [Zhou 1988: 464–465].

Несмотря на все препятствия, к октябрю 1952 года Мао Цзэдуну в значительной степени удалось усилить контроль КПК над страной в целом, устранив угрозу со стороны враждебных классов, в том числе помещиков, реакционных капиталистов и контрреволюционеров. Он предупредил партийных функционеров, что за ними ведется пристальное наблюдение и они должны жестко контролировать свое поведение. Кроме того, сурово покарав ведущих капиталистов и ликвидировав наиболее влиятельных из них, Мао Цзэдун не только ослабил влияние этого класса, но и дал понять обществу, что критика и борьба с ним теперь считаются приемлемыми. С завершением кампании Против пяти зол в октябре 1952 года политика сотрудничества КПК с классом капиталистов официально завершилась.

К концу лета 1952 года среди руководства КПК царило общее воодушевление экономическими успехами, достигнутыми партией за три года с момента образования КНР в 1949 году. Уже к 1951 году КПК добилась сбалансированного бюджета, и ожидалось, что к концу 1952-го бюджетной системе удастся выйти в состояние профицита. Наблюдался рост тяжелой промышленности, аграрная реформа была близка к завершению, шло масштабное строительство ирригационных систем[11]. Эйфорию усилил Августовский доклад — официальный партийный отчет 1952 года, который свидетельствовал о значительном увеличении государственного промышленного сектора в масштабах всей экономики. Мао воспринял эти достижения как убедительное подтверждение успехов социалистической экономики, что вызвало у него глубокое удовлетворение и вдохновение. Он исходил из

---

[11] См. описание Чжоу Эньлая внутренней обстановки в Китае того времени в беседе с Андреем Вышинским 18 августа 1952 года в [АВП РФ, 45: 342, 6–8].

своего понимания основных условий для перехода к социализму и считал, что, так как государственный промышленный сектор производит более половины всей промышленной продукции, Китай теперь готов приступить к реализации социалистических преобразований[12]. На самом деле размер государственного промышленного сектора был близок к 50 %, а не превышал эту отметку, как утверждалось в Августовском докладе[13]. Эйфория по поводу первых экономических успехов Китая не основывалась на реальности, и поэтому была кратковременной и недолговечной.

В 1952 году, во время визита в Москву, Чжоу Эньлай сообщил Сталину о значительных достижениях КПК. Эти новости вдохновили советского лидера, который возлагал на Китай большие надежды как на ведущее государство Азии в будущем [Bulletin 1995/1996: 16]. Летом 1952 года Сталин проявил щедрость в предоставлении помощи Китаю для реализации Первого пятилетнего плана (ППП), что могло быть отчасти обусловлено блестящими экономическими отчетами КПК.

Китайско-советские отношения: 1948–1953 годы

С конца 1940-х годов Мао и Сталин, руководствуясь как идеологическими, так и практическими мотивами, активно стремились укреплять добрососедские отношения и развивать сотрудничество между руководством Китая и Советского Союза. Между партиями и правительствами обеих стран были налажены прочные связи на всех уровнях. Помимо желания улучшить отношения с Мао и КПК Сталин принял решение оказывать Китаю поддержку, однако строго в рамках четко определенных условий и целей. Мао сознательно занимал позицию «младшего партнера» с целью получения помощи и поддержки от советского руководства. В контексте этих отношений Мао и КПК приходилось мириться с определенными ограничениями, связанными с зависимостью

---

[12] Устный источник, лето 2000 года.

[13] Устный источник, 27 августа 1999 года. Для комплексного исследования экономики Китая за первые три года существования КНР см. [Dong Zh. 1996].

от Сталина и ВКП(б) по ряду вопросов. Даже после смерти Сталина Мао Цзэдуну приходилось подчиняться постсталинскому руководству и следовать его рекомендациям, особенно в вопросах политики. Однако по вопросам экономики Китая Мао все же отстаивал независимость. Он проявлял достаточную осторожность и не присоединился к советским политическим деятелям в их попытках дискредитировать Сталина. С конца 1940-х годов и до смерти Сталина в 1953 году отношения между советской компартией, ВКП(б) и КПК постепенно укреплялись и в целом оставались относительно стабильными и благоприятными.

Напряженные отношения

Победа КПК над Гоминьданом (ГМД) в 1949 году стала ключевым моментом в отношениях между КПК и ВКП(б). Эта победа заставила последнюю кардинально пересмотреть прежнюю позицию, сформулированную Лениным и затем Сталиным, согласно которой КПК якобы была слишком слаба, чтобы самостоятельно одержать победу в вооруженной революционной борьбе и потому должна была сотрудничать с националистами, возглавляемыми сначала Сунь Ятсеном, а позже — Чан Кайши. В начале 1948 года, когда победа коммунистов стала неизбежной, Сталин официально отказался от этой точки зрения, признав, что его прежняя оценка была ошибочной [Diary of Georgi Dimitrov 2003: 443]. В более широком смысле победу КПК в 1949 году можно рассматривать как результат запоздалой ответной реакции Сталина на неоднократные призывы Мао с середины 1930-х годов оказать прямую военную помощь КПК в ее революционной борьбе. Помощь Сталина в 1945 году, в первые месяцы советской оккупации Маньчжурии, дала китайским коммунистам решающее преимущество над ГМД и заложила основу победы КПК. В 1949 году Мао убедился в том, что прямая советская помощь — необходимое условие для победы.

Отношения между КПК и ВКП(б) оставались сложными и напряженными еще с момента вступления КПК в Коминтерн в 1923 году. Уже с начала 1940-х годов между Мао и Сталиным также проявлялись значительные разногласия. С момента зарождения сотрудничества между КПК и Коминтерном существовали противоречия по важнейшим теоретическим, стратегическим и политическим вопросам, связанным с китайской революцией. Мао Цзэдун был далеко не первым представителем КПК, кто спорил с директивами Коминтерна или стремился интерпретировать их по-своему. Например, еще в 1922 году Чэнь Дусю не соглашался с оценками Коминтерна относительно характера китайской революции и решительно возражал против требования о вступлении всех членов КПК в Гоминьдан в период Первого объединенного фронта. В итоге под давлением представителя Коминтерна Маринга Чэнь, несмотря на сильные сомнения, был вынужден принять это требование [Schwartz 1979: 38–41]. В конце 1920-х годов другой китайский революционный лидер, Ли Лисань, уклонился от исполнения директив Коминтерна по политике в отношении зажиточных крестьян и революционной деятельности в городах [Thornton 1969: 87–88, 103–106].

Еще до прихода к руководству в КПК в 1938 году у Мао были разногласия с политическими директивами Коминтерна, особенно в вопросах военной стратегии, политики по отношению к зажиточным крестьянам, Сианьского инцидента 1936 года и создания Второго объединенного фронта с ГМД. Однако почти всегда Мао уступал давлению Коминтерна. Что касается создания спорного Второго объединенного фронта, Мао Цзэдуну потребовалось девять месяцев, чтобы согласиться с инициативой Коминтерна и отказаться от прежней стратегии «войны на два фронта»: с японскими империалистами и ГМД[14]. В начале 1940-х годов разногласия Мао с руководством Коминтерна усилились.

Мао Цзэдун стал первым лидером китайских коммунистов, открыто выдвинувшим и последовательно отстаивавшим идею крестьянской революции, которая на тот момент воспринималась как «еретическая» по отношению к каноническим марксистским

---

[14] Другую точку зрения см. в [Kampen 2000: 120]. Доктор Кампен утверждает, что в КПК осуществлялось коллективное руководство до 1943 года, когда Мао стал председателем и Политбюро, и Секретариата.

представлениям. Однако уже к 1928 году эта концепция получила одобрение на VI конгрессе Коминтерна, поскольку практические успехи аграрного движения в советских районах под контролем Красной армии Китая убедительно продемонстрировали ее эффективность [Garver 1988: 40]. Нет достоверных доказательств того, что Мао подвергался серьезной критике со стороны Коминтерна именно за свои взгляды на крестьянскую революцию. Хотя у него действительно возникали разногласия с отдельными представителями Коминтерна в первые годы, некоторые из них, напротив, оказывали ему значительную поддержку. Так, зимой 1932/33 годов благодаря вмешательству представителей Коминтерна, включая Артура Эверта, и при поддержке партийного руководства в Шанхае Мао вновь был возвращен к руководящим позициям. Эти действия объяснялись прежде всего пониманием исключительной роли, которую он играл в формировании советских районов и успехах Красной армии на контролируемых территориях Китая [Schwartz 1979: 179]. В начале 1934 года Мао был избран членом Политбюро благодаря инициативе некоторых представителей Коминтерна[15]. В настоящее время исследователи пришли к единодушному мнению, что приход Мао к фактическому руководству партией в 1938 году, когда он сменил на этом посту Чжан Вэньтяня, был одобрен Сталиным и Коминтерном [Yang K. 1987: 136]. Вопреки распространенному мнению о негативном отношении Коминтерна к Мао, в действительности Международный коммунистический интернационал оказывал ему поддержку в критические периоды его политического пути.

Разногласия Мао с ВКП(б) и Коминтерном

Помимо расхождений по вопросу крестьянской революции с начала 1930-х годов Мао Цзэдун также выражал несогласие с Коминтерном относительно роли Советского Союза в китайской революции. Как пишет Отто Браун, немецкий военный советник и представитель Коминтерна в Китае с 1932 по 1939 год,

---

[15] См. [Braun 1982: 17]. Похожую аргументацию см. в [Yang K. 1987: 136].

> ...он [Мао] считал, опять-таки вслед за Ли Лисанем, что
> центр мировой революции теперь переместился на Восток,
> в Китай, подобно тому, как в 1917 году оп переместился из
> Германии в Россию. В качестве главного противоречия
> в мире, следовательно, выступало не противоречие между
> социалистическим Советским Союзом и капиталистиче-
> скими государствами, а противоречие между империали-
> стической Японией и китайской нацией. Отсюда Мао Цзэ-
> дун делал вывод, что Советский Союз обязан любой ценой
> помочь революционному советскому Китаю, не останавли-
> ваясь даже перед войной, ибо победивший революционный
> Китай призван двинуть вперед дело мировой революции
> [Браун 1974: 17].

В 1982 году Браун признал, что взглядам Мао в свое время не было уделено достаточного внимания [Braun 1982: 10][16].

В 1949 году Сталин принял точку зрения Мао и признал, что центр революции переместился из России в Китай, а из Китая — в Восточную Азию [Braun 1982: 10]. В конце 1940-х годов Сталин также увидел в этом факте веский довод в пользу содействия китайским коммунистам.

Начиная с середины 1930-х годов Мао неоднократно просил Сталина и Советский Союз оказать помощь в революционной борьбе. В 1935 году Чжан Вэньтянь и Мао Цзэдун направили Чэнь Юня в СССР для восстановления связи с Коминтерном, ему также была поручена дополнительная миссия: убедить Сталина оказать военную помощь китайской Красной армии[17]. В 1935 го-ду, определяя пункт назначения находящейся в Великом походе Красной армии, Мао остановил свой выбор на месте, географи-чески наиболее близком к Советскому Союзу; он надеялся на помощь в деле победы китайской революции. Осенью 1940 года, во время второй «антикоммунистической волны», Мао вновь обратился за помощью к Коминтерну [Huang Qi. 1987: 27].

---

[16] О взглядах Ли Лисаня см. [Schwartz 1979: 143].

[17] Информация в этой статье основана на интервью, которые Гончаров провел с Иваном Ковалевым, личным посланником Сталина при Мао Цзэдуне в конце 1940-х годов. См. [Goncharov 1992: 95].

В 1945 году Мао вновь запросил поддержки у Советского Союза [Yang K. 1987: 142] и в том же году Сталин тайно предоставил коммунистам помощь в Маньчжурии. В 1949 году Мао вновь возлагал надежды на содействие СССР в экономическом развитии Китая, при этом испытывая серьезные опасения, что из-за огромных потерь, понесенных СССР во Второй мировой войне, поддержка может быть затруднительной [Levine 1987: 41]. Он понимал, насколько важно для КПК (с учетом существующих ограничений) заручиться советской помощью для победы в вооруженной борьбе и построении социализма.

Отчуждение Мао и Сталина в начале 1940-х годов

Китайские исследователи в целом сходятся во мнении, что до начала 1940-х годов КПК в основном следовала указаниям Коминтерна, несмотря на периодические разногласия и иногда несправедливую критику со стороны международной организации. Иными словами, отношения между КПК и Коминтерном можно охарактеризовать как «нормальные и рабочие» [Goncharov 1992: 107]. В начале 1940-х годов отношения между КПК и ВКП(б) ухудшились из-за нарастающего напряжения между Мао и Сталиным, вызванного разногласиями по многим политическим вопросам. Особенно острым стало противостояние в связи с отказом Мао оказать поддержку Советскому Союзу после нападения Германии в 1941 году.

В июле 1941 года, спустя менее месяца после вторжения Германии на территорию СССР, Квантунская армия Японии провела масштабные военные учения на территории Маньчжурии. Общая численность войск достигла 700 тысяч человек, что подчеркивало серьезную подготовку к возможной атаке на советскую территорию. Существовали веские основания полагать, что немецкое руководство оказывало давление на японских военных с целью активизации наступления на востоке [Shi Zhe 1991: 213]. 13 апреля 1941 года Сталин подписал с японцами пакт о нейтралитете, однако это не сулило больших надежд на предотвращение японского вторжения.

Сталин направил Мао телеграмму, в которой просил его перебросить несколько бригад или полков китайской Красной армии в район Великой стены, чтобы блокировать японские войска. Мао не стал отказывать ему прямым текстом, но заявил, что его войска плохо оснащены и понесут серьезные потери, если будут втянуты в крупномасштабное сражение с японцами [Shi Zhe 1991: 213]. В конце 1941 года Сталин вновь обратился к нему с аналогичной просьбой, когда Москва была окружена гитлеровскими войсками, на что Мао ответил, что перебросить войска будет очень сложно [Shi Zhe 1991: 213].

В июле 1942 года, когда началась гитлеровская кампания под Сталинградом, снова пошли слухи о возможном нападении Японии на Советский Союз. Сталин, стремясь предотвратить угрозу, укреплял оборону города и трижды обращался к Мао с просьбами о поддержке. В первой телеграмме он предложил перебросить одну или две дивизии Восьмой армии на границу между Внутренней Монголией и (собственно) Монголией, чтобы получить новое советское вооружение. Однако опасения Мао, что японцы могут разбомбить крупные китайские войска, перевесили его желание получить помощь, и он ответил, что выполнить эту просьбу не может [Shi Zhe 1991: 213].

Во второй телеграмме Сталин спрашивал Мао, возможно ли направить партизанские отряды на границу между Маньчжурией и Монголией для получения оружия. И снова Мао дал отрицательный ответ [Shi Zhe 1991: 215]. В начале 1943 года в третьей телеграмме Сталин спрашивал, может ли Мао перебросить несколько дивизий в район Великой стены, чтобы заблокировать японские подразделения и не позволить им двинуться на советские войска. В этот раз Мао решил, что положительный ответ на просьбу Сталина не подвергнет китайские войска риску вовлечения в крупномасштабные военные действия и перебросил части Красной армии в регион[18].

Нежелание Мао выполнить первые две просьбы, очевидно, вывело Сталина из себя. Через Коминтерн им была направлена

---

[18] [Shi Zhe 1991: 215]; аналогичное обсуждение этой темы см. в [Yang K. 1987: 144–146].

серия телеграмм, осуждающих Мао и КПК [Yang K. 1987: 144]. Даже сегодня некоторые российские ученые выражают сожаление по поводу отказа Мао помочь Советскому Союзу [Yang K. 1987: 144]. Стратегия Коминтерна в начале 1940-х годов заключалась в использовании всех возможных средств для защиты СССР, и каждая коммунистическая партия должна была внести свой вклад. Мао явно не желал идти навстречу Коминтерновской стратегии. Возможно, он полагал, что в настоящее время его армия не в состоянии выступить в поддержку, поскольку силы были серьезно подорваны недавним столкновением с войсками ГМД на юге Китая. Возможно также, он мстил Сталину за то, что тот в недавнем прошлом отказался оказать прямую военную помощь КПК. По словам Ши Чжэ, имевшего доступ к сверхсекретным телеграммам начала 1940-х годов, Сталин сначала не объяснил причины своей просьбы о переброске китайских войск. Но как только Мао понял истинные намерения советского лидера, то незамедлительно отреагировал и направил часть своих сил в район Великой стены [Shi Zhe 1991: 215]. В это время Мао, по-видимому, не опасался, что его действия могут привести к его смещению с руководящих постов КПК со стороны Коминтерна, как это произошло с его предшественниками. Он опирался на поддержку верных соратников: Жэнь Биши и Чэнь Юня, которые в 1938 году направились в Москву с целью обеспечить его избрание на высший партийный пост[19]. Вероятно, Мао Цзэдун был уверен в прочности своей власти в Китае и считал, что это защитит его от возможного гнева Коминтерна.

Сталин также был недоволен кампанией по упорядочению стиля в партийной работе (1941–1944), инициированной Мао. Пока Сталин бросал все силы на противостояние немецкого вторжения, Мао безжалостно устранял внутри партии тех, кто проходил обучение в Москве, в частности Ван Мина. Кампания по упорядочению стиля стала для Мао инструментом укрепления своей власти в КПК за счет изгнания «интернационалистов». Он

---

[19] О роли Жэнь Биши, действовавшего в интересах Мао, см. [Garver 1988: 76–77].

пользовался тем, что Сталин в то время не имел возможности вмешиваться в эти процессы. Вероятно, Мао считал, что после роспуска Коминтерна в июне 1943 года он может устранять всех реальных или потенциальных соперников, не опасаясь вмешательства извне. При этом многие функции Коминтерна были переданы Отделу международной информации (ОМИ) ВКП(6), который неофициально контролировал все компартии мира.

22 декабря 1944 года Георгий Димитров, бывший глава Коминтерна, позже руководитель ОМИ, направил Мао телеграмму, в которой выразил глубокую озабоченность тем, как Мао обращается с Ван Мином и Чжоу Эньлаем, также указал на «сомнительную» роль Кан Шэна в политике КПК [Diary of Georgi Dimitrov 2003: 290]. Мао ответил Димитрову двумя телеграммами, в которых изложил свою точку зрения. В первой телеграмме от 22 декабря 1943 года он сообщил Димитрову, что находится «в очень хороших отношениях» с Чжоу Эньлаем, а Ван Мин «ненадежен», в отличие от Кан Шэна [Diary of Georgi Dimitrov 2003: 295]. Во второй телеграмме от 7 января 1944 года Мао известил Димитрова, что политика КПК направлена на укрепление единства партии, и уверял, что ситуация в улучшится в том же году [Diary of Georgi Dimitrov 2003: 299–300]. 25 февраля 1944 года Димитров направил ответную телеграмму Мао Цзэдуну, в которой выразил удовлетворение содержанием второй телеграммы, а также вновь выразил надежду, что Мао «поступит правильно», то есть уделит «дружеским замечаниям серьезное внимание» и «примет соответствующие меры, продиктованные интересами партии и [их] общего дела» [Diary of Georgi Dimitrov 2003: 299–300]. Кроме того, Димитров вежливо попросил Мао подробно информировать его о результатах проводимой им политики обеспечения внутрипартийного единства. Как известно, Мао, несмотря на общение с Димитровым, продолжил кампанию по упорядочению стиля.

В 1945 году Вторая мировая война подходила к концу, а Сталин все еще сомневался в том, что КПК сможет одержать победу в гражданской войне. Политика советского руководителя была неоднозначной: с одной стороны, он тайно оказывал помощь КПК в Маньчжурии; с другой — давил на Мао, чтобы тот прекратил гражданскую войну и отправился в Чунцин на переговоры с Чан Кайши [Shi Zhe 1991: 307–308]. Мао Цзэдуну не нравилась идея встречи с Чаном, но поддавшись давлению Сталина, он решился на переговоры. Годы спустя, в марте 1956 года, на встрече с Павлом Юдиным Мао обсудил ошибки, которые Сталин допустил в отношении Китая. Он с сожалением констатировал: «Я был вынужден поехать [в Чунцин], поскольку Сталин настаивал на этом» [Bulletin 1995/1996: 165].

Признание необходимости наладить отношения

К концу 1940-х годов Сталин и Мао осознавали необходимость налаживания отношений, руководствуясь прежде всего практическими соображениями, такими как решение вопросов безопасности [Goncharov et al. 1993: 1–2]. В более широком контексте это стало важно в свете изменившихся реалий — после поражения ГМД и взятия власти КПК. В начале января 1949 года между КПК и ВКП(б) состоялись встречи на высшем уровне, где Мао, Сталин и другие руководители тесно взаимодействовали для восстановления отношений, которые до того оставались напряженными.

Сталин был воодушевлен перспективой победы социализма во всем мире и решил оказать Китаю помощь. В мае 1948 года он сказал Ивану Ковалеву, что принял решение помочь китайским коммунистам, так как те одерживают победу:

> Разумеется, мы окажем Новому Китаю всю возможную помощь. Если социализм восторжествует и в Китае и наши обе страны пойдут по одному пути, то победу социализма в мире можно будет считать предрешенной... Вот почему мы не должны жалеть сил и средств для помощи китайским коммунистам[20].

Это заявление Сталина расходилось с его давним убеждением о том, что китайские коммунисты недостаточно сильны, чтобы выиграть войну, и поэтому должны сотрудничать с ГМД. Через

---

[20] [Русско-китайские отношения в XX веке 2005, 5: 162].

несколько дней после разговора о помощи Китаю Сталин прочитал Ковалеву выдержки из работ Ленина о роли китайской революции [Goncharov et al. 1993: 94].

Воодушевление Сталина по поводу победы социализма в Китае как важного шага к триумфу новой формации во всем мире не было вызвано исключительно идеологическим энтузиазмом. Советский лидер, несомненно, стремился распространить свое влияние на соседнюю страну, которая разделяла его установки. Один из лидеров китайских коммунистов Чжоу Эньлай, по крайней мере, видел это именно так, о чем в 1954 году сказал Лю Сяо, недавно назначенному послу КНР в Советском Союзе: «Конечно, после того как мы победили, Сталин был счастлив, что у него в качестве соседа появился Новый Китай» [Liu X. 1998: 3]. Комментарий Чжоу, возможно, отражал позицию, которой придерживались деятели КПК и которая была также близка Сталину: он желал видеть соседом для просоветский коммунистический, а не ориентированный на Америку республиканский Китай. Политика Сталина в отношении Китая была продиктована не только государственными, но и революционными интересами [Stalin's Letters 1995: 33].

В конце 1940-х годов Сталин неоднократно выражал готовность оказать помощь китайским коммунистам, хотя его предложения всегда сопровождались определенными условиями и ограничениями. Это уже было заметным шагом вперед по сравнению с позицией 1927 года, когда он утверждал, что КПК нуждается прежде всего в марксистско-ленинской литературе на китайском языке и компетентных советских наставниках, способных научить китайских коммунистов делать революцию [Stalin's Letters 1995: 142]. На этот раз Сталин предложил помочь КПК в освоении принципов государственного управления, промышленности и всему, чему те сочтут необходимым научиться[21]. Однако Анастас Микоян дал понять, что КПК придется

---

[21] Сталин сделал это предложение Лю Шаоци и другим членам китайской делегации 28 июня 1949 года. См. [The Moscow Visit 1996, 4: 96].

платить за всю полученную от Советского Союза помощь, которая будет заключаться в организации производства вооружения и командировании консультантов [Ledovsky 1995: 79, 81]. Встречи Сталина и Мао в конце 1949 и начале 1950 годов, а также летом 1952 года отличались особой открытостью и готовностью советского лидера к поддержке Китая. Это способствовало укреплению советско-китайских отношений в этот важный для обеих стран период.

Помимо общих идеологических обязательств, у Мао имелись две важные практические причины для налаживания отношений со Сталиным и ВКП(б). Во-первых, его серьезно волновал вопрос способности КПК управлять страной. К концу 1947 года, когда новости с фронта становились все более оптимистичными, а победа казалась близкой, появились трудности в управлении, и Мао заявил, что «вопрос уже не в том, победим ли мы, а в том, осмелимся ли мы принять эту победу» [Shi Zhe 1991: 350]. В декабре 1947 года в Янцзягоу прошло совещание, на котором обсуждали именно этот вопрос о победе. Мао был глубоко озабочен предстоящей задачей управления Китаем, что нашло отражение в его телеграмме Сталину в мае 1948 года. В этом послании он признавал, что КПК испытывает недостаток опыта в управлении сложной экономикой крупных городов, и просил о помощи [Goncharov et al. 1993: 102].

Второй важной причиной, по которой Мао стремился улучшить отношения со Сталиным и ВКП(б), была его уверенность в том, что Советский Союз и страны народной демократии Восточной Европы признают КНР легитимным государством после установления коммунистического режима. Мао выражал озабоченность по этому поводу и даже говорил, что «если через три дня после создания государства нас не признает ни одна из стран, мы окажемся в беде» [Shi Zhe 1990: 8]. Причины тревоги Мао по поводу международного признания КНР до настоящего времени не выяснены, известно лишь, что он сильно беспокоился по этому поводу, а это приумножало его зависимость от Сталина и Восточной Европы. Несмотря на отдельные расхождения во взглядах со Сталиным, в целом Мао регулярно отчитывался перед ним и получал указания посредством телеграмм. Особую актуальность это приобрело в конце 1940-х годов, когда коммунисты интенсивно готовились к управлению страной. Мао часто писал письма и обменивался телеграммами со Сталиным, информируя его о военной ситуации в Китае, переговорах с военачальниками и ходе китайской революции [Shi Zhe 1991: 348, 351, 370]. Частый обмен сообщениями между Мао и Сталиным свидетельствует об улучшении отношений между ними и готовности Мао вернуться к прежней иерархии, а также подчинению Коминтерну и Сталину.

Начиная с 1947 года Мао Цзэдун несколько раз пытался получить приглашение от Сталина и посетить Москву, чтобы урегулировать разногласия между КПК и ВКП(б), а также проконсультироваться с советским лидером по основным политическим вопросам[22]. Это было особенно актуально в конце 1940-х, когда в связи с начавшейся гражданской войной необходимость в помощи стала наиболее острой. Вскоре после важного Сентябрьского совещания, на котором руководители КПК обсуждали экономическую политику послевоенного Китая, 28 сентября 1948 года, Мао направил в Москву телеграмму, изъявив желание посетить Советский Союз. В телеграмме он отметил, что ему крайне важно иметь возможность лично встретиться со Сталиным, чтобы доложить о событиях в Китае и получить от него инструкции [Во 1953: 1: 36]. Сталин вновь не пригласил Мао, но прямого ответа, почему не стоит приезжать, не дал. Весной 1949 года Сталин наконец написал Мао, что в решающий революционный момент лидеру важно находиться в Китае. Ответ Сталина по сути явился признанием роли Мао для революции и привело китайского лидера в восторг [Goncharov et al. 1993: 108]. Поскольку Мао не мог приехать в Москву, Сталин направил в Китай Анастаса Микояна — одного из видных советских политиков, обладающего значительным авторитетом.

---

[22] Подробное обсуждение просьб Мао о поездке в Москву начиная с начала 1947 года и вплоть до визита Микояна в Сибайпо в начале 1949 года см. в [Ledovsky 1995: 74, 78].

Встречи на высшем уровне

Визит Микояна в Китай был исключительно важен, так как советский политик имел возможность подробно ознакомиться с позицией КПК по широкому спектру политических вопросов, включая планы по созданию новой структуры государственного управления после победы в гражданской войне. Мао также воспользовался случаем, чтобы через Микояна выразить готовность занять позицию младшего партнера. В прошлом Мао называл Сталина «товарищем главным хозяином»[23], а во время бесед с Микояном в Сибайпо в начале февраля 1949 года подчеркнул готовность КПК получать инструкции и указания от ЦК ВКП(б) [Ledovsky 1995: 89]. По всей видимости, Мао посчитал, что недостаточно выразить лояльность устно. В письменных отчетах, представленных Сталину летом 1949 года во время визита Лю Шаоци в Москву, он вновь подчеркнул готовность КПК получать указания, а также критику от Сталина и ВКП(б): «Мы желаем, чтобы ЦК ВКП(б) и товарищ Сталин постоянно и без всяких стеснений давали бы свои указания и критиковали бы работу и политику КПК [sic]»[24].

Подобные проявления смирения и подчинения демонстрировались постоянно и становились особенно явными, когда Мао нуждался в помощи Сталина. Летом 1952 года, в ходе переговоров об оказании Советами поддержки Китаю для реализации ППП, Чжоу Эньлай использовал те же формулировки и выражения [Bulletin 1995/1996: 11, 19]. Если ранее оставались сомнения в покорности КПК, то в докладе, переданном Сталину Лю, о котором говорилось выше, прямо заявлялось, что КПК «подчинится и решительно будет выполнять решения ВКП(б)»[25].

Мао проявлял покорность по отношению к Сталину, так как во многих вопросах зависел от его поддержки в подготовке к управлению Китаем. Это включало помощь на финальном этапе военных

---

[23] См. [Русско-китайские отношения в XX веке 2005: 463].

[24] [Русско-китайские отношения в XX веке 2005: 162].

[25] Там же.

действий, создание нового режима, установление международных связей, военную защиту страны, а также поддержку в формировании сильной армии и социалистической экономики. Зависимость Мао от Сталина влияла на характер их взаимоотношений: Мао был вынужден проявлять осторожность и такт в общении, тогда как Сталин имел возможность влиять на политику и решения Мао.

Сохранение такой откровенно смиренной позы, однако, не означало, что Мао собирался неукоснительно следовать указаниям Сталина. В целом он был восприимчив к советам советского лидера по политическим вопросам[26], но в вопросах экономики Мао Цзэдун был избирателен и следовал сталинским рекомендациям только в случае полного согласия с ними. Как выяснилось, Мао лишь частично выполнил обещание повиноваться, данное им летом 1949 года. Сомнительно, что у него вообще было намерение выполнять это обещание: почти наверняка он взял на себя эти обязательства лишь для того, чтобы сыграть на самолюбии Сталина и заручиться его поддержкой.

Визит Лю Шаоци в Москву летом 1949 года имел исключительное значение, поскольку именно в ходе этой поездки удалось успешно решить множество острых вопросов и подготовить почву для предстоящего визита Мао. Главное достижение визита — согласие Сталина на признание Советским Союзом КНР [Shi Zhe 1991: 405]. Все эти меры развеяли глубочайшие опасения Мао. Сталин признал, что договор, подписанный в 1945 году между Советским Союзом и Гоминьданом, был неравноправным и предоставлял СССР контроль над китайскими портами и территориями. Он пообещал отменить этот договор после визита Мао в Москву. Что касается Порт-Артура, который в то время оставался под контролем советской Красной армии, Сталин дал, казалось бы, противоречивые обещания: он подчеркнул необходимость присутствия советских войск, но согласился вывести их, как только США выведут свои войска из Японии. При этом Сталин добавил, что готов вывести Красную армию в любое время по просьбе Мао [Shi Zhe 1991: 405].

---

[26] Подробнее см. [Li H. 2001: 28–47].

Сталин взял на себя инициативу по улучшению отношений с КПК. 27 июля 1949 года на заседании Политбюро ВКП(б) в присутствии китайской делегации во главе с Лю Шаоци он внимательно рассмотрел его доклад из четырех частей [Goncharov 1992: 95], принес извинения за прежнее вмешательство в внутренние дела Китая и за причиненный КПК возможный вред. Сталин выразил сожаление о своем вмешательстве в гражданскую войну в Китае и признал, что, отправляя Мао на переговоры с Чан Кайши в Чунцин, он, вероятно, подвергал его жизни опасности. В ответ Лю Шаоци отметил, что Сталин не препятствовал им, а необходимость поездки отпала, поскольку там уже находился Чжоу Энлай, но все же Мао поехал. Лю заверил, что «Сталин не создал проблем для КПК» [Shi Zhe 1991: 414]. Члены китайской делегации были удивлены готовностью Сталина признать свои ошибки, однако сам Мао так и не простил советского лидера за вмешательство в гражданскую войну и за то, что тот заставил его вести переговоры с Чаном [Shi Zhe 1991: 414–415][27].

Сталин похвалил китайских коммунистов за практический опыт в реализации марксистских идей. Он заявил: «Советский Союз может знать больше о теории Маркса, но мы должны учиться у вас ее применению» [Shi Zhe 1991: 412]. Мао, вероятно, сильнее других китайских лидеров оценил похвалу Сталина, поскольку считал себя главным специалистом в практическом применении марксизма-ленинизма в китайских условиях [Shi Zhe 1991: 235].

В начале 1940-х годов Мао Цзэдун опубликовал статью «Относительно практики», в которой выступал против догматизма в изучении и применении марксизма в КПК. В 1941 году, опираясь на эти идеи, он начал Кампанию по упорядочению стиля. Вероятно, похвала Сталина была для Мао подтверждением его уникальной компетенции в адаптации марксизма к китайским реалиям. Сталин обозначил зоны ответственности КПК в мировом коммунистическом движении и призвал китайских коммунистов взять на себя значительные обязательства в мировой революции, особенно в странах Восточной Азии [Goncharov 1992: 95]. Сталин

---

[27] См. [Во 1953, 1: 490]. О переговорах Мао с П. Юдиным 31 марта 1956 года см. [Grigoriev, Zazerskaya 1994: 137–138; Bulletin 1995/1996: 165].

считал, что центр революции «сместился с Запада на Восток, а теперь он [центр] еще больше сместился в Китай и Азию». Он заявил китайской делегации: «Теперь у вас еще больше ответственности... Вы должны выполнить свой революционный долг в странах Восточной Азии»[28]. Новая миссия, которую Сталин определил для Мао и КПК, — стать лидерами революционного движения в странах Восточной Азии — вдохнула в китайских коммунистов уверенность. Мао Цзэдун и Лю Шаоци «вскоре приступили к формулированию первоначальной стратегии и тактики революционного движения в странах Азии» [Goncharov 1992: 97]. На мой взгляд, заявление Сталина символизировало восхождение КПК, получившей с его благословения ведущую роль в революционных движениях стран третьего мира.

Несмотря на все усилия по налаживанию отношений с КПК, Сталин отказал коммунистам Китая в просьбе о вступлении в Коминформ, учрежденный в 1947 году. Хотя мотивы этого решения остаются не до конца ясными, Сталин был уверен в своей позиции. Он считал, что Китай отличается от стран народной демократии Восточной Европы, поэтому его политическая линия должна быть иной, и КПК не требуется членство в Коминформе. Сталин выделил два ключевых отличия. Во-первых, длительное пребывание Китая под иностранным империалистическим гнетом; в 1949 году он подчеркнул, что «Китай [вынужден] прилагать огромные усилия, чтобы противостоять давлению империализма» [Goncharov 1992: 96–97]. Во-вторых, положение национальной буржуазии в Китае сильно отличается от ее положения в демократических странах Восточной Европы. Неизвестно, принял ли Мао аргументацию Сталина.

Визит Мао в Москву: декабрь 1949 — февраль 1950 года

В середине декабря 1949 года состоялся визит Мао в Москву. Несмотря на то что Сталин до последнего медлил с приглашением, Мао после неоднократных просьб, направленных через своих

---

[28] [Ibid.].

доверенных лиц, наконец получил его[29]. Официальным поводом для визита Мао в Москву служило празднование 70-летия Сталина, однако у китайского лидера была собственная программа. Главной задачей стало подписание советско-китайского договора о дружбе и сотрудничестве («Договора о дружбе, союзе и взаимной помощи между Союзом Советских Социалистических Республик и Китайской Народной Республикой»). Помимо этого, обсуждались важные вопросы, касающиеся советской базы в Порт-Артуре, контроля Советами Китайско-Восточной железной дороги и статуса порта Далянь, находившегося в совместном управлении. Все эти темы имели большое значение для Мао, поскольку затрагивали суверенитет Китая. Кроме того, он намеревался обсудить со Сталиным ключевые теоретические и практические вопросы международного коммунистического движения. Подготовка к данной поездке заняла у него значительное время [Goncharov 1992: 108]. По информации источника, близкого к Ши Чжэ, Мао пытался использовать возможность для выражения накопившихся обид из-за плохого обращения со стороны товарищей по партии в 1930-х годах и по крайней мере дважды пытался затронуть этот вопрос в беседах со Сталиным, однако тот быстро менял тему [Shi Zhe 1991: 435, 451].

В отличие от визита Лю летом 1949 года, когда все проходило без особых сложностей, поездка Мао оказалась трудной. Он столкнулся с первоначальным пренебрежением со стороны Сталина, а также с отказом советского лидера встретиться с ним [Goncharov 1992: 109–110]. Кроме того, были культурные разногласия и взаимное недопонимание [Shi Zhe 1991: 436–437], а также недовольство Мао критикой, поступавшей от Сталина [Shi Zhe 1991: 454–458]. Особое удивление вызвала неожиданная критика Сталина в адрес маршала Тито на приеме, организованном Мао незадолго до его отъезда [Shi Zhe 1991: 465]. Тем не менее, несмо-

---

[29] О беседе 10 ноября 1949 года между Чжоу Эньлаем и советским послом в Китае Николаем Рощиным по поводу приглашения Мао в Москву см. [АВП РФ, 42: 81–85]. О беседе Ван Цзясяна, посла Китая в Советском Союзе, с советским официальным лицом 11 ноября 1949 года по поводу приглашения см. [АВП РФ, 42: 27–29].

тря на все напряженные моменты, поездка Мао в Советский Союз оказалась достаточно успешной. Он сам был доволен результатами. В беседах с помощниками по пути домой на специальном поезде Мао отметил, что сумел добиться подписания договора о дружбе и получил от Сталина уверения в скором возвращении Китаю Порт-Артура, КВЖД и Даляня. Также были заключены еще несколько соглашений [Li J. 1998: 168]. Мао имел основания считать, что выгоды от этих договоров и соглашений перевешивают неприятности. В 1956 году он подчеркнул значимость договора, заявив, что «определил возможности дальнейшего развития КНР» [Bulletin 1995/1996e: 165]. Мао также пошел на определенные уступки. Он удовлетворил просьбы Сталина по нескольким вопросам, в частности согласился на участие советских кадров в советско-китайских акционерных обществах [Shi Zhe 1991: 447][30], гарантировал высокие зарплаты, хорошие условия жизни и экстерриториальный правовой статус советских должностных лиц и экспертов в Китае [Shi Zhe 1991: 466]. Мао также согласился организовать на Хайнане плантации каучуковых деревьев и затем экспортировать полученный каучук в Советский Союз[31]. Амбициозный проект по посадке пальм начался в конце 1950 года. В этот район для совместной работы были направлены советские специалисты и оборудование. В итоге программу по созданию крупной каучуковой плантации в районе Хайнаня пришлось свернуть из-за непригодности местного климата для выращивания каучуковых деревьев[32].

В последние годы много написано о том, как Сталин обращался с Мао во время его визита в Москву. Труды советских официальных лиц, бывших свидетелями общения двух лидеров, отличаются от трудов китайцев, наблюдавших за теми же событиями.

---

[30] Отчет о том, как советские кадры неправильно управляли двумя акционерными компаниями, см. в [Ganshin, Zazerskaya 1994: 63–70]; научное исследование на китайском языке акционерных обществ того времени см. в [Shen 2003: 21–26].

[31] Более подробно об этом см. [Shi Zhe 1991: 522–523].

[32] Более подробно об этом см. [Intelligence Report 7059 1955].

Советские авторы, за исключением Николая Федоренко[33], обычно отмечают, что Сталин плохо принимал Мао, в то время как китайцы утверждают обратное[34]. Сам Мао согласился бы с большинством российских авторов: в 1958 году в беседе с Павлом Юдиным, советским послом в Китае, он горько жаловался на нападки со стороны Сталина во время своего пребывания в Москве [Bulletin 1995/1996a: 156]. Мао смог высказаться по этому вопросу лишь через два года после начала десталинизации Никитой Хрущевым, в 1956 году, когда делать критические заявления в адрес Сталина стало допустимо.

Недавно Ли Цзяцзи, телохранитель Мао, рассказал, что Сталин был довольно внимателен к Мао, что проявилось в нескольких эпизодах. Во-первых, Сталин отправил на границу своего главного телохранителя и лучшего помощника, чтобы они встретили Мао и сделали все необходимое, как только тот въехал на советскую территорию [Li J. 1998: 114, 116]. Во-вторых, в Москве Мао проживал на личной даче Сталина [Li J. 1998: 163]. Эти широкие жесты со стороны советского лидера можно считать мелочами, простым проявлением «элементарной вежливости», которая никоим образом не компенсировала его медлительность в ответ на желание Мао заключить договор о дружбе. Но, похоже, Сталин все-таки приложил некоторые усилия, чтобы быть хорошим хозяином. Для Ли, не говорящего по-русски, телохранителя низкого ранга, наблюдавшего за поведением и настроением хозяина в поездке, все это было проявлением уважительного отношения Сталина и знаком того, что тот ценит Мао гораздо больше других мировых лидеров. Ли также отмечал, что. несмотря на почтение, с которым Мао относился к Сталину, иногда он позволял себе провокационные замечания в его адрес [Li J. 1998: 159–160]. Рассказ Ли об отношениях Мао и Сталина совпадает с описанным в книге Ши Чжэ, другого свидетеля с китайской стороны [Shi Zhe 1991: 458–459].

---

[33] Более подробно об этом см. [Fedorenko 1989: 136–148].

[34] Обсуждение противоположных точек зрения см. в [Bulletin 1995/1996d: 171–173]; немецкую версию о недружелюбном обращении Сталина с Мао см. в [Heinzig 2004: 268–269].

Зависимость Мао от Сталина

С конца 1940-х годов, когда победа КПК в гражданской войне стала очевидной, зависимость Мао от поддержки Сталина значительно усилилась. Эта зависимость началась в 1945 году с оказания Советским Союзом военной помощи, главным образом в Маньчжурии. Мао высоко ценил эту своевременную поддержку [FEA 1995, 3: 78]. Затем помощь СССР расширилась, охватив экономическую, политическую и техническую сферы. Запросы стали поступать к советской стороне с конца 1947 года от региональных руководителей в Маньчжурии, включая Линь Бяо и Гао Ган[35]. В начале февраля 1949 года на встрече с Микояном в Сибайпо высшие руководители КПК, включая Мао, Лю Шаоци, Чжоу Эньлая и Жэнь Биши, обратились с просьбами о помощи. Речь шла об оружии, оборудовании для его производства, сырье, стальных рельсах, бензине, транспортных средствах и специалистах разных профилей. Кроме того, Лю просил оказать содействие в ремонте Аньшаньского сталелитейного завода, который в военные годы сильно пострадал. (После образования КНР завод был восстановлен и модернизирован силами специалистов СССР.) Мао же подал самый крупный запрос: о займе на сумму 300 миллионов долларов [FEA 1995. 3: 80–82].

Включение командирования советских консультантов в перечень возможной помощи, предложенной Микояном, побудило Мао и Лю весной и летом 1949 года обратиться к Сталину с просьбой направить в Китай специалистов. В мае того же года Мао направил Сталину телеграмму с просьбой о консультационной поддержке в ключевых сферах: военной и экономической [Pang et al. 1993, 3: 496]. В начале августа того же года, будучи в Москве, Лю направил Сталину личное письмо с настоятельной просьбой: «Очень прошу Вас дать указание в отношении ускорения подготовительной работы выезжающих в Китай советских специалистов»[36]. Его обращение было услышано. По завершении своего

---

[35] Подробную информацию о китайских запросах и советских ответах см. в [АВП РФ, 45: 343: 30–42].

[36] [Русско-китайские отношения в XX веке 2005: 176].

успешного визита в Москву в августе 1949 года Лю Шаоци привез в Китай около 80 советских специалистов. В стране они находились недолго, поскольку их квалификация была намного выше необходимой для выполнения работ на месте [Shi Zhe 1991: 425–426]. Однако после основания КНР в стране появились эксперты и консультанты более низкого уровня[37].

Мао зависел от Сталина и в политическом плане. Как мы уже упоминали ранее, готовясь принять бразды правления Китаем, Мао был серьезно обеспокоен признанием нового режима со стороны международного сообщества, он рассчитывал на немедленное признание КНР со стороны Советского Союза и стран Восточной Европы. Мао надеялся, что Сталин станет связующим звеном между КНР и мировым сообществом, способствуя завоеванию уважения Новым Китаем среди других государств. Одной из главных задач Лю во время его визита в Москву в июле 1949 года была передача Сталину этих стратегических мотивов китайского лидера [Shi Zhe 1991: 395].

Помимо военной поддержки со стороны Советского Союза Мао значительно зависел от помощи Сталина в освобождении Синьцзяна от гоминьдановских войск в 1949 году, в принуждении Чан Кайши отказаться от воздушных атак на Шанхай в том же году, а также в создании современных воздушных и военно-морских сил КНР начиная с 1949 года [Shi Zhe 1991: 405–408]. Эта военная зависимость неизбежно распространялась и на вопросы национальной безопасности. Осознавая важность поддержки со стороны Сталина, Мао приложил большие усилия в ходе своего зимнего визита в Москву 1949–1950 годов, чтобы добиться подписания договора о Договор о дружбе, союзе и взаимной помощи между СССР и КНР.

После создания КНР в октябре 1949 года Мао не раз обращался к Сталину за помощью в восстановлении экономики, усилении и оснащении армии для участия в Корейской войне, ликвидации последствий чрезвычайных бедствий, создании школ для подго-

---

[37] Подробное обсуждение влияния советских советников на экономику Китая см. в [DYZ 2001a: 9–14; Shen 2003].

товки должностных лиц и кадров для управления страной и даже в обеспечении медицинского обслуживания доверенных лиц. Как результат зависимость Мао от советского лидера неуклонно росла, в итоге он стал полагаться на Сталина в вопросах реализации ППП и индустриализации Китая. По неясным причинам Мао не просил помощи у Сталина, когда безработные рабочие в Шанхае находились в бедственном положении и в нескольких сельских регионах Китая был голод.

До недавнего времени этот факт не был широко известен, однако Сталин оказал весьма существенную помощь Китаю в период восстановления экономики (1949–1952). В феврале 1950 года, во время визита Мао в Москву, был подписан ряд соглашений, включая договор, по которому Советский Союз обязался оказать Китаю помощь в реализации первых 47 проектов из общего числа 156, предусмотренных в рамках ППП КНР. Из 47 проектов 22 касались реконструкции или расширения мощностей уже существующих заводов и промышленных комплексов, остальные 25 были новыми промышленными проектами. Большинство из них, а именно 36 из 47, были реализованы на северо-востоке Китая. В период с 1950 по 1952 год при содействии Советского Союза начато 17 из 25 новых проектов; они охватывали пять стратегически важных промышленных секторов: уголь, электроэнергетику, черную и цветную металлургию, машиностроение и инженерное дело. Разумеется, эти проекты были важны не столько для восстановления экономики, сколько для последующего экономического развития страны[38].

В этот период Мао обращался за экономической помощью не только по крупным промышленным объектам, но и по ряду более специализированных и менее масштабных проектов. Например, в конце 1949 года китайское правительство запросило у Советского Союза поддержку в решении проблемы нехватки электроэнергии в Аньшане, промышленном городе на севере страны [АВП РФ, 42: 30–31]. Примерно тогда же в Москву поступила просьба направить группу морских офицеров для руководства работами

---

[38] Более подробно см. [DYZ 2001a, 3: 5–7].

по подъему затонувшего судна [АВП РФ, 43: 47–49]. В обоих случаях советская сторона дала положительный ответ. Китай также получил помощь в ремонте Цзилиньской гидроэлектростанции и в обеспечении авиационным топливом для самолетов, используемых в обучении китайских пилотов. 6 января 1950 года в Москве Мао получил уведомление о согласии Советского Союза оказать помощь по этим вопросам [Bulletin 1996/1997: 230].

В начале января 1951 года, учитывая продолжающуюся войну в Корее и нарастающее военное присутствие Китая, Мао направил в Москву министра тяжелой промышленности Хэ Чангуна, чтобы срочно заручиться поддержкой Сталина в расширении военной промышленности. Военный сектор Китая в то время был весьма ограниченным. Мао стремился создать промышленные мощности для ремонта самолетов и производства советской версии грузовика Ford ГАЗ-51, который доказал свою эффективность в условиях войны. Для организации предприятия по ремонту авиасудов китайская сторона запросила специалистов, технологии, оборудование, материалы и запчасти, а для выпуска грузовиков — персонал и техническую поддержку [АВП РФ, 44: 1–3]. Несмотря на то что строительство этих объектов требовало времени и не оказало немедленного влияния на обороноспособность Китая, оно стало важным шагом в развитии военной индустрии страны.

Мао также рассчитывал на помощь Сталина в создании нового университета *Жэньминь дасюэ* (Китайский народный университет), в котором предполагалось готовить чиновников для государственного управления и лекторов для преподавания «политических исследований» в китайских школах и вузах. Первую просьбу Мао об оказании помощи Сталину передал Лю Шаоци во время визита в Москву летом 1949 года. В конце декабря 1949 года КПК направила через советское правительство официальное приглашение на работу в Китайском народном университете 50 советским профессорам и преподавателям. Сначала китайцы хотели пригласить 90 человек, но это число пришлось сократить из-за нехватки жилья для командированных [АВП РФ, 43: 50–52]. Примерно в это же время Мао через Ивана Ковалева лично обратился к Советам с просьбой направить девять преподавателей в Китайский народный университет [АВП РФ, 43: 47–49]. Неясно, была ли эта просьба частью общего запроса китайского правительства или отдельной. В любом случае у вновь создаваемого университета была насущная потребность в советском преподавательском составе[39].

Помимо Китайского народного университета остро нуждался в опытных советских профессорах и Пекинский институт марксизма-ленинизма, позже известный как Центральная партийная школа. К лету 1953 года в институте работали три советских профессора. 27 июля 1953 года ЦК КПК направил в ЦК КПСС телеграмму с просьбой прислать еще четырех преподавателей. Китайцам особенно нужны были кадры, которые могли бы не только преподавать марксистско-ленинскую теорию, но и, например, помогать в развитии партийной школы или создании академии общественных наук [ЦХСД, 28: 34–35].

Мао также полагался на помощь Сталина, когда сталкивался с разного рода бедствиями. Например, осенью 1949 года он без лишних раздумий обратился к нему за помощью в борьбе со вспышкой чумы, от которой уже умерло 60 человек в районе к северу от города Чжанцзякоу в провинции Хэбэй. 28 октября 1949 года Мао направил Сталину телеграмму с просьбой прислать вакцину от чумы и группу медицинских специалистов, при этом настоял на оплате всех расходов, однако не деньгами, а товарами [Mao 1987–1998, 1: 98]. К моменту этого обращения более 30 советских медиков только вернулись с северо-востока страны, где боролись со вспышкой чумы; Мао просил Сталина направить еще одну группу в район Чжанцзякоу. На следующий день советский лидер дал согласие и сообщил об этом в телеграмме. Мао был благодарен Сталину за помощь и на следующий же день выразил признательность в ответной телеграмме [Mao 1987–1998, 1: 99].

---

[39] См. докторскую диссертацию, посвященную Китайскому народному университету в 1950-х годах: Douglas Stiffler, «Building Socialism at Chinese People's University: Chinese Cadres and Soviet Experts in the People's Republic of China, 1949–1957» (PhD diss., University of California, San Diego, 2002).

В июне 1951 года Сталин вновь получил запрос о помощи — на этот раз в борьбе с нашествием азиатской саранчи в районе Сучжоу на севере провинции Аньхой. Если бы ситуацию не удалось быстро взять под контроль, то в период с августа по октябрь саранча могла отрастить крылья, мигрировать и уничтожить урожай в других регионах. Последствия для урожая 1951 года были бы плачевными. В этом запросе Мао не принимал непосредственного участия, 4 июня 1951 года с сотрудником советского посольства в Пекине связался заместитель министра иностранных дел У Сюцюань и попросил прислать в Китай три специальных самолета для опыления сельскохозяйственных культур. Как всегда, все расходы брал на себя Китай. Просьба У была удовлетворена: через пять дней, 11 июня 1951 года, три самолета для борьбы с вредителями взяли курс на Китай [АВП РФ, 44: 38–40].

Всякий раз, как возникали чрезвычайные ситуации, Мао обращался к Сталину за помощью и получал ее. Например, 21 ноября 1949 года, по рекомендации советских врачей, Мао направил Сталину телеграмму с просьбой разрешить направить в Москву на лечение Жэнь Биши, соратника и высокопоставленного члена КПК, который был серьезно болен [Mao 1987–1998, 1: 148]. Сталин дал согласие.

И все же ни один из этих запросов не сравним по масштабам с просьбой Мао к Сталину летом 1952 года о поддержке китайского ППП и связанного с ним развития тяжелой промышленности. Все усилия китайцев в этих сферах зависели только от советской помощи. Возможно, Мао считал, что заслужил поддержку Советского Союза в обмен на вступление Китая в Корейскую войну. Сталин великодушно откликнулся на просьбу Мао. Он пообещал поддержать ППП и индустриализацию Китая и заявил Чжоу Эньлаю, находившемуся в то время в Москве: «Все, что мы можем вам дать, мы дадим» [Bulletin 1995/1996b: 14][40].

---

[40] Обещание Сталина поддержать индустриализацию в КНР также упоминалось в письменном докладе посла Венгрии в Китае Эмануэля Сафранко от 23 октября 1952 года. Доклад хранится в Венгерском национальном архиве (XIX-J-1-j Kina 1945–1964, 12. doboz [box], 5/i, 001952/1952). Эту информацию мне предоставил доктор Балаж Салонтай из Центрально-Европейского университета в Будапеште, Венгрия.

Щедрость Сталина можно рассматривать как способ выразить признательность Китаю за участие в Корейской войне и успехи Мао в восстановлении экономики. Помощь Советского Союза Китаю в выполнении ППП выходила за рамки финансовой поддержки: сотни советских специалистов участвовали в разработке самого плана[41]. Хотя переговоры о советской помощи не были завершены до смерти Сталина, обязательства, взятые им летом 1952 года, сформировали основу поддержки КНР на весь последующий десятилетний период, включая строительство и реконструкцию множества промышленных объектов, развитие тяжелой промышленности и укрепление оборонного потенциала страны.

Мао, несмотря на значительную зависимость от Сталина в различных сферах, не обращался к Советскому Союзу за содействием в решении двух критических проблем. В начале 1950-х годов в Шанхае наблюдалась высокая безработица — около 150 000 рабочих лишились мест, а в сельской местности множество районов страдали от голода в результате неурожая. Тем не менее Мао и руководство КПК проявляли твердость и были полны решимости самостоятельно преодолеть трудности[42]. Некоторые советские руководители, особенно противники помощи Китаю, полагали, что, если Пекин обратится за поддержкой по указанным двум проблемам, западные «империалисты» смогут усомниться в способности КПК эффективно управлять страной и экономикой [АВП РФ, 43: 12]. Мы не знаем, как Мао относился к этим опасениям, но, вероятно, он боялся, что национальная гордость и престиж Китая окажутся под угрозой, если он обратится за помощью по этим вопросам.

---

[41] Обсуждение роли советских специалистов в переработке ППП см. в [DYZ 2001: 1–13].

[42] [АВП РФ, 43: 12]. Инструкции Лю (20.02.1950) о помощи безработным в Шанхае см. в [Liu 1998, 2005, 1: 433]. О тяжелых экономических условиях, вызванных стихийными бедствиями в Китае, см. [Liu 1998, 2005, 1: 181–82]. Обсуждение китайскими учеными ситуации в Шанхае и того, как муниципальное правительство с ней справилось, см. в [ZDY 1998, 5: 48–54].

Ограничения Сталина в отношении Мао и КПК

Благодаря своему авторитету, прошлым заслугам и зависимости Мао от него Сталин мог выдвигать руководству КПК и самому Мао множество требований. Мао особенно прислушивался к его политическим указаниям: в 1948 году он, следуя совету Сталина, создал коалиционное правительство, включившее некоммунистические партии. Летом 1949 года, провозгласив стратегию «держаться одной стороны» и обещая руководствоваться «указаниями» Сталина, Мао стал еще более сговорчивым. В том же году по совету Сталина он учреждает КНР — значительно раньше, чем планировалось. В 1952 году Сталин настоятельно рекомендовал Мао сформировать однопартийное государство на основе принятой в 1954 году конституции и Всекитайского собрания народных представителей[43]. Мао также проявлял уступчивость в острых политических вопросах соцлагеря: в 1948 году, когда по инициативе Сталина из Коминформа была исключена Югославия, китайский лидер безусловно поддержал это решение. В 1949 году, чтобы угодить Сталину, Мао проигнорировал предложение Броз Тито признать КНР [АВП РФ, 42: 28–31]. Активную советскую кампанию против Тито Мао Цзэдун поддерживал до марта 1955 года, называя Югославию буржуазной страной и заявляя, что таким лидерам как Тито и Кардель нельзя доверять из-за их связи с империалистами [Wingrove 1953: 30]. Однако после речи Хрущева 1956 года, положившей начало десталинизации, отношение Мао к Тито и югославским коммунистам резко изменилось. В 1956 году он пытался восстановить с ними отношения, объясняя свое прежнее нежелание принимать предложение Тито о признании КНР своей зависимостью от Сталина [Bulletin 1995/1996a: 148].

Одним из специфических ограничений Сталина в отношении Мао, на которые западные ученые практически не обращают внимания, был отказ советского лидера признать учение *Мао*

---

43 Более полное рассмотрение этой темы см. в [Li H. 2001: 28–47].

Цзэдун сысян (идеи Мао Цзэдуна), несмотря на признание этих идей КПК начиная с 1945 года. Всякий раз, когда в Москву поступал официальный документ от КПК, содержащий термин «идеи Мао Цзэдуна», он вычеркивался из текста и не допускался до публикации в советской прессе [Hu Q. 1994: 329]. Такой подход, вероятно, был весьма унизительным для Мао, который отчаянно хотел быть признанным авторитетом теоретика-марксиста. Он был не в состоянии изменить эту ситуацию, поэтому вновь подчинился желанию Сталина. Однако такая позиция Сталина не позволила Мао добиться желаемого признания не только в коммунистическом мире, но и в собственной стране. Только после разрыва китайско-советских отношений в 1960 году Мао наконец-то смог свободно использовать для обозначения своей идеологии термин «идеи Мао Цзэдуна» [Hu Q. 1994: 329].

В конце 1940-х годов, по мере роста авторитета Мао в КПК, некоторые партийные деятели рекомендовали использовать термин «маоизм» (*Мао Цзэдун чжуи*) вместо «идеи Мао Цзэдуна», но Мао отверг это предложение. Он велел партийным руководителям, ответственным за образование в освобожденных районах, следить, чтобы все учащиеся изучали теории Маркса, Энгельса, Ленина и Сталина, а также революционный опыт Китая. В начале 1949 года Мао также исключил термин «идеи Мао Цзэдуна» из официальных документов [Hu Q. 1994: 328]. Пытаясь заверить Сталина и других советских руководителей в том, что он не претендует на роль крупного марксистского теоретика, Мао в начале февраля 1949 года заявил Микояну, что «решительно возражает против идеи связывать свое имя с именами Маркса, Энгельса, Ленина и Сталина», и неоднократно подчеркивал, что является учеником Сталина [Ledovsky 1995: 91–92]. Микоян, однако, не был уверен в искренности Мао [Ledovsky 1995: 89]. В марте 1949 года на II Пленуме ЦК 7-го созыва Мао повторно озвучил свою позицию, заявив, что неправильно ставить его имя в один ряд с именами Маркса, Энгельса, Ленина и Сталина — четырех исполинов коммунизма [Hu Q. 1994: 328–329]. Несмотря на такие игры, Мао все еще хотел, чтобы Сталин признал его серьезным теоретиком-марксистом.

16 декабря 1949 года во время одной из встреч с Мао Сталин предложил опубликовать некоторые из его работ в Советском Союзе[Bulletin 1995/1996: 6–7; Shi Zhe 1991: 459]. Для Мао одобрение со стороны Сталина имело огромное значение и стало важным поворотным моментом, несмотря на то что иногда он проявлял несогласие с советским лидером. Мао, вероятно, был в восторге от того, что его труды собирались издать на русском языке, и считал, что Сталин наконец признал значимость его идей как важной школы марксистской мысли. Однако он сильно ошибался.

Китайские источники утверждают, что Сталин объяснял необходимость публикации трудов Мао тем, что они помогут народу Советского Союза понять китайский революционный опыт[44]. Однако в советских записях беседы Сталина и Мао отмечены лишь слова Сталина «Мы хотели бы получить от Вас список Ваших работ, которые можно было бы перевести на русский язык»[45]. И советские, и китайские источники сообщают, что Мао просил Сталина помочь с русским переводом и редактированием текста[46], а китайский источник утверждает, что Сталин в качестве редактора рекомендовал Павла Юдина [Shi Zhe 1991: 459].

В начале марта 1950 года Мао вернулся в Пекин, а в апреле направил Сталину телеграмму с просьбой направить Юдина в Китай [Shi Zhe 1991: 475]. В мае состоялось заседание Политбюро КПК, обсуждалось предложение Сталина, было принято решение о создании редакционной комиссии. Два секретаря Мао — Чэнь Бода и Тянь Цзяин — получили задание собрать воедино труды китайского лидера. Разумеется, окончательное решение о том, какие работы войдут в сборник, оставалось за Мао[47].

---

[44] См. [Mao 1987–1998, 2: 672], также [Shi Zhe 1991: 459] и [Bo 1953: 1: 41].

[45] [Русско-китайские отношения в ХХ веке 2005: 233].

[46] Подробнее об этом см. [Bulletin 1995/1996: 6–7] и [Shi Zhe 1991: 459].

[47] См. [Mao 1987–1998, 2: 672–73; Shi Zhe 1991: 475]. Подробное обсуждение этой темы см. в [Liu, Wu 1993: 104–116]. О роли Тянь Цзяина см. [Dong et al. 1996: 39–46]. О роли Чэнь Бода см. [Ye 1996: 172–174].

В декабре 1950 года по рекомендации Юдина и с одобрения Сталина в декабрьском номере советского партийного журнала «Большевик» была опубликована статья «Относительно практики» — первая работа Мао, изданная на русском языке. Статья очень нравилась лично Юдину. В журнале была опубликована также переведенная с китайского редакционная статья, в которой разъяснялось, что Мао написал эту работу с целью критики догматизма некоторых партийных деятелей, неверно интерпретировавших и применявших идеи Маркса в Китае. В редакционной статье также утверждалось, что причиной двух военных поражений партии в 1931 и 1934 годах стали ошибки, вызванные догматизмом. В том же месяце статья Мао, дополненная рекомендацией редакции газеты «Правда», была представлена советской общественности [Shi Zhe 1991: 178–179]. Мао хотел, чтобы китайская общественность как можно скорее узнала о позитивном освещении его труда в Москве. 28 декабря 1950 года, как раз когда заканчивалась вторая военная кампания против войск ООН в Корее, он попросил Ху Цяому, возглавлявшего правительственное агентство новостей, опубликовать «Относительно практики» и редакционную статью «Правды» в двух выпусках подряд «Жэньминь жибао». В течение следующих двух дней публикации появились в издании[48]. В январе 1951 года статья Мао «Относительно практики» была издана в Советском Союзе в виде брошюры [Shi Zhe 1991: 479].

1 апреля 1951 года, возможно, в знак признательности Мао направил Сталину телеграмму с просьбой разрешить перевести полное собрание сочинений советского лидера на китайский язык и изложил в этом послании, что уже предпринято в рамках этой инициативы [Mao 1987–1998, 2: 227]. Судя по всему, Сталин согласился. 25 октября 1953 года в Китае вышел первый том «Избранных сочинений Сталина», но к тому времени со смерти Сталина прошло уже более семи месяцев. 12 октября 1951 года в Китае вышел первый том переизданных на китайском языке

---

[48] См. [Mao 1987–1998, 1: 739; Shi Zhe 1991: 479].

«Избранных произведений Мао Цзэдуна» (впервые работы Мао были опубликованы в базовых районах в 1944 году) [Ma Q. Et al. 1989: 40]; через полгода, в апреле 1952 года, в Москве вышел первый том русскоязычного издания «Избранных произведений Мао Цзэдуна». К концу 1952 года в Китае были опубликованы все три тома «Избранных произведений Мао Цзэдуна» на китайском языке, а к декабрю 1953 года — все четыре тома «Избранных произведений Мао Цзэдуна» на русском языке; русский перевод получился более объемным, поэтому потребовалось на один том больше, чем в китайском издании [Shi Zhe 1991: 485].

Издание трудов Мао в Китае и Советском Союзе, вероятно, придало ему уверенность в собственных силах и укрепило авторитет в КПК. Мао проделал значительный путь с тех пор, как в конце 1930-х он ощущал себя менее компетентным в марксистской теории и уступал таким партийным деятелям, как Ван Мин. Интенсивное изучение марксистской философии в конце 1930-х и начале 1940-х годов принесло свои плоды, при этом решающую помощь в формулировке и структурировании его идей оказал Чэнь Бода [Yang K. 1987: 147; Mao 1988; Wylie 1980][49].

Предложение Сталина опубликовать труды Мао на русском языке имело для китайского лидера гораздо большее значение, чем оценка его роли в революционной борьбе и гражданской войне. Публикация в Советском Союзе дала Мао весомые основания претендовать на высокий авторитет в КПК по вопросам идеологии и политики. Это укрепило его позиции в партии, что отразилось на практическом подходе к формированию генеральной линии в начале 1950-х годов, а также активной роли в выборе из трудов Ленина и Сталина теорий, которые обеспечивали идеологическую легитимность проводимой политики.

Сталин не считал Мао равноправным партнером в коммунистическом движении, видя в себе неповторимого марксистского теоретика, сопоставимого лишь с Лениным. Он воспринимал Мао скорее как второсортного мыслителя, не придавая серьез-

---

[49] О китайской точке зрения на то, как термин «идеи Мао Цзэдуна» впервые появился в Яньани, см. [Wenxian yu yanjiu 1982, 1: 10–16].

ного значения его идеям и теоретическим наработкам. Публикация трудов Мао в Советском Союзе была скорее политическим жестом, нежели признанием его вклада в марксистскую теорию[50]. В начале 1950-х годов Мао ощутил рост своего статуса. Фредерик Тейвес охарактеризовал это как «представление Мао о себе как о значительном теоретике марксизма и его одержимость теорией, несмотря на отсутствие особых выдающихся качеств в этой области» [Teiwes 1995, 33: 137]. В этот период Мао разрешил употреблять в партийных изданиях термин *Мао Цзэдун сысян* (идеи Мао Цзэдуна), который определялся как «синтез марксизма, ленинизма и китайского революционного опыта; наиболее передовая система мыслей для КПК и руководство для китайской революции» [Mao 1987–1998, 2: 423]. Однако, по всей видимости, Мао получил от Сталина или советской компартии знак неодобрения по поводу использования этого понятия и вскоре исключил все упоминания о нем.

Впоследствии Мао несколько раз менял свое отношение к *Мао Цзэдун сысян*. В сентябре 1952 года он исключил упоминание своих идей из одного официального документа и распорядился не употреблять его в пропагандистских материалах [Mao 1987–1998, 3: 563, 563(2)]. 10 апреля 1953 года он удалил этот термин из другого официального документа [Mao 1987–1998, 4: 192]. В апреле 1953 года, вскоре после смерти Сталина, в Китае вышел третий том «Избранных произведений Мао Цзэдуна», где он вновь проявил колебания по поводу использования *Мао Цзэдун сысян*. В этот том была включена резолюция КПК 1945 года, впервые содержавшая официальное признание «идей Мао Цзэдуна». Однако перед публикацией Мао удалил все упоминания об «идеях» из версии резолюции, при этом существенно усилил акценты на вкладе Сталина в китайскую революцию, увеличив количество упоминаний его имени в тексте [Hu Q. 1994: 328–330].

---

[50] Основано на беседе, состоявшейся 26 декабря 1999 года с доктором Марком Крамером, директором Гарвардского проекта по изучению холодной войны и редактором *Journal of Cold War Studies*. Доктор Крамер имеет широкий доступ к российским архивам и архивам стран бывшего социалистического лагеря.

Позже Мао внес и другие изменения. 24 мая 1953 года, более чем через два месяца после смерти Сталина, он почувствовал относительную независимость и увеличил число цитирований собственных трудов в партийных изданиях, а также дал указания использовать термин *Мао Цзэдун чжуцзо* (работы Мао Цзэдуна) вместо «идеи Мао Цзэдуна» [Мао 1987–1998, 4: 328]. Эти же предписания он повторил спустя год, в 1954-м [Мао 1987–1998, 4: 623]. В мае 1953-го китайская пресса передала, что преподаватели пекинских вузов начали систематическое изучение статьи «Относительно противоречия» Мао, документов XIX съезда КПСС октября 1952 года и последней работы Сталина «Экономические проблемы социализма в СССР» [Renmin ribao 1989].

Несмотря на запрет употребления термина «идеи Мао Цзэдуна» в Китае, самому Мао никто не запрещал рассказывать в прессе о том, как его труды читают и ценят в демократических странах Восточной Европы. Уже в январе 1953 года, за три месяца до смерти Сталина, в партийной газете «Жэньминь жибао» появилась статья, сообщающая, что венгерский народ с небывалым энтузиазмом приобретает и внимательно изучает первый том «Избранных произведений Мао Цзэдуна». После кончины Сталина, с июня по декабрь 1953 года советская пропагандистская машина стала активнее освещать работы Мао в Советском Союзе, вероятно, отражая стремление постсталинского руководства наладить сотрудничество с китайским лидером, который, несомненно, оценил такое внимание. Стремясь укрепить свой авторитет как теоретика в Китае, Мао следил за тем, чтобы партийные издания сообщали о популярности его трудов в Советском Союзе. В этот период четыре статьи с комментариями к русским изданиям второго и третьего томов «Избранных произведений Мао Цзэдуна» были переведены на китайский и опубликованы в «Жэньминь жибао», включая обширную статью бывшего переводчика Сталина Николая Федоренко[51].

---

[51] 15 июня 1953 года газета «Жэньминь жибао» опубликовала переведенную на китайский язык статью из газеты «Правда» с комментарием к русскому изданию «Избранных произведений Мао Цзэдуна» (т. 2). 10 июля 1953 года

Начиная с 1945 года Сталину удавалось препятствовать стремлениям Мао Цзэдуна стать признанным теоретиком, внесшим значимый вклад в интерпретацию марксизма и его адаптацию к китайским условиям. Вероятно, именно этот вопрос был одним из самых деликатных в отношениях двух лидеров. Даже после смерти Сталина Мао продолжал ощущать последствия позиции советского руководителя, публично неудовольствия не выражал. Возможно, некоторое утешение ему приносило то, что в этот период он имел полный контроль над теоретическими аспектами в Китае[52].

Характер общения Мао со Сталиным после 1951 года

После 1951 года прямые контакты Мао со Сталиным стали менее интенсивными, они сводились в основном к обмену посланиями по торжественным случаям или выражению признательности за помощь со стороны Советского Союза[53]. Иногда Мао просил доверенных лиц выразить от его имени признательность Сталину за помощь. 4 марта 1952 года Мао направил телеграмму Гао Гану, где попросил его послать телеграмму Сталину и от своего имени выразить признательность за помощь советских специалистов на сталелитейном заводе Аньган [Мао 1987–1998, 3: 295]. Летом 1952-го и в конце того же года Сталин провел ряд встреч с высокопоставленными доверенными лицами Мао, включая Лю и Чжоу. В целом встречи на высоком уровне все больше заменялись встречами руководителей более низкого

«Жэньминь жибао» опубликовала большую статью на китайском языке о выходе второго тома «Избранных произведений Мао Цзэдуна». 17 июля 1953 года «Жэньминь жибао» опубликовала на китайском языке большую статью о выходе третьего тома «Избранных произведений Мао Цзэдуна». 24 октября 1953 года газета «Жэньминь жибао» опубликовала переведенную на китайский язык статью Николая Федоренко о третьем томе «Избранных произведений Мао Цзэдуна».

52   [Мао 1987–1998, 1, 2, 4: 384–385, 509–510, 510–512(1)(3)(7), 268, 268–269(3), 605].

53   [Мао 1987–1998, 2, 3: 123, 435, 495–496, 531–532, 605–606, 681].

уровня. Советский посол в Китае Николай Рощин регулярно встречался с высшим руководством КПК и получал важную и оперативную информацию о происходящих в стране событиях.

Смерть Сталина

В марте 1953 года, в тот самый период, когда Мао начинал выстраивать партийную стратегию (генеральную линию), весь коммунистический мир потрясла новость о смерти Сталина. В КНР, как и во многих других странах социалистического лагеря, открыто оплакивали кончину советского вождя[54], однако имеются данные, что распоряжения Мао о трехдневном трауре с отменой всех культурно-развлекательных мероприятий были проигнорированы. Например, в родной провинции Мао, Хунани, местные власти отказались отменить ранее запланированное спортивное мероприятие, сославшись на то, что расходы на отмену превысят затраты на его проведение [NC 1953, 53: 206]. 7 марта 1953 года, всего через два дня после смерти Сталина, газета «Жэньминь жибао» опубликовала редакционную статью под заголовком «Глубоко скорбим о нашем учителе, великом товарище Сталине». Спустя два дня Мао лично выразил уважение покойному, разместив в том же издании статью «Величайшая дружба», где он щедро восхвалял умершего за значительный вклад в развитие марксизма [Mao 1987–1998, 4: 104–105]. Согласно свидетельствам телохранителя, он был очевидцем того, как огорченный Мао «зарыдал», узнав о смерти Сталина [Li J. 1998: 160]. Однако едва ли когда-либо удастся с уверенностью узнать, был ли этот порыв искренней скорбью или частью политического спектакля. Вскоре после смерти Сталина начались кардинальные перемены не только в Советском Союзе, но и во всем коммунистическом мире. Новое советское коллективное руководство внесло изменения как во внутреннюю, так и в международную политику. Мао поэтапно получал информацию о некоторых изменениях, по мере их утверждения или предстоящей реализации, особенно в отношении новой политики в Восточной Германии.

---

[54] См. инструкции Мао в марте 1953 года [Mao 1987–1998, 4: 89].

Однако большинство решений принимались без его консультаций, и некоторые ключевые шаги он не поддерживал. В частности, когда по указанию Молотова советский Президиум одобрил резолюцию о прекращении Корейской войны, обозначив тем самым радикальный сдвиг в линии, ранее проводимой Сталиным, Мао выразил недовольство[55]. Бо́льшую часть времени Мао лишь внимательно следил за изменениями и придерживался линии, проводимой постсталинским советским руководством. Вместе с тем он последовательно отстаивал самостоятельность Китая в сфере экономической политики и отказался принимать участие в пересмотре роли Сталина в истории русской революции, который в это время происходил в Советском Союзе.

Смерть Сталина вызвала ожидаемый кризис преемственности в КПСС, о котором стало известно во всем мире. Мао внимательно следил за борьбой за власть среди преемников и выстраивал отношения с Советским Союзом предельно осторожно, выжидая, кто займет пост лидера. Для него это было важно, поскольку он рассчитывал на поддержку, обещанную самим Сталиным. Еще до кончины советского вождя Мао был в курсе внутрипартийных раздоров: с октября 1952 по январь 1953 года его представитель Лю находился в Москве, где Сталин лично сообщал ему о спорах среди высшего руководства по поводу его будущего преемника [Shi Q. 1992: 102]. Вероятно, имя преемника для Мао не имело значения, главное — чтобы борьба завершилась как можно скорее. По его словам, «чем быстрее все стабилизируется, тем лучше будет для нас» [Shi Q. 1992: 103].

После того как коллективное руководство, образовавшееся после смерти Сталина, смогло урегулировать внутренние рабочие отношения, оно приступило к реорганизации партийных и государственных учреждений[56]. Профсоюзы также подлежали реорганизации [Intelligence Report 6321 1953: 1–2]. Кроме того, руководство смогло частично восстановить свою поддержку среди населения благодаря указу об амнистии — на свободу вышли

---

[55] Из беседы с доктором Марком Крамером 26 декабря 1999 года.

[56] Для подробного изучения этой темы см. [Intelligence Report 6226 1953: 1–5].

политзаключенные [Intelligence Report 6259 1953: 1–6]. В политической элите произошли радикальные изменения: несколько близких соратников Сталина, выполнявших для него грязную работу, были устранены, в том числе печально известный бывший глава МВД и МГБ Лаврентий Берия [Intelligence Report 6400 1953: 1–6][57]. Вместе с политической чисткой была проведена и переоценка исторической роли Сталина в русской революции, результаты которой отразились в официальной советской пропаганде. Сталин больше не рассматривался как основатель ВКП(б) и советского государства, это теперь считалось исключительно заслугой Ленина [Intelligence Report 6400 1953: 2].

Мао одобрял решение по Берии, однако в публичных высказываниях был осторожен. «Жэньминь жибао» оперативно перепечатала заявление Президиума ЦК КПСС об исключении Берии из партии [Renmin ribao 1989]. Впервые об этом 11 июля 1953 года сообщило информационное агентство ТАСС. Китайскую общественность продолжали информировать о событиях в Советском Союзе[58], однако сам Мао не делал никаких публичных заявлений. В декабре 1953 года, вскоре после суда над Берией и его казни, Мао Цзэдун наконец публично осудил его как «человека с порочными амбициями»[59]. 27 декабря 1953 года «Жэньминь жибао» опубликовала редакционную статью под заголовком «Великая победа советского народа в разгроме клики Берии, предавшей страну». В частном порядке Мао все это время поддерживал действия советского руководства. 17 июля 1953 года КПК направила КПСС сообщение, в котором выражалось решительное одобрение по делу Берии. Мао считал, что его исключение из партии «совершенно правильно и необходимо» [ЦХСД: 30–33].

Мао также поддержал, по крайней мере публично, решение Советов о создании коллективного руководства. 15 июля 1953 го-

---

[57] Подробное рассмотрение дела Берии см. в [Knight 1993].

[58] 21 декабря 1953 года газета «Жэньминь жибао» вновь напечатала перевод передовицы ТАСС, опубликованной накануне, о том, что народ Советского Союза требует сурового наказания Берии как предателя.

[59] См. [Wenxian xuanbian 1993–1997, 4: 730] и [Mao 1987–1998, 4: 407].

да в «Жэньминь жибао» была опубликована редакционная статья газеты «Правда» от 13 июля 1953 года «Строжайше соблюдать принцип коллективности руководства». Мао вновь обратился к этой теме лишь в конце года. 26 ноября 1953 года появилась редакционная статья «Жэньминь жибао», в которой подчеркивалась важность «коллективного руководства», как и у лидеров социалистического лагеря Восточной Европы. Однако как на самом деле Мао относился к этому «коллективному руководству», неизвестно.

Мао разделял позицию постсталинского коллективного руководства в отношении последней книги Сталина «Экономические проблемы социализма в СССР», изданной в октябре 1952 года, незадолго до XIX съезда КПСС. В этом сборнике статей Сталин вновь подчеркивал важность ускоренной тяжелой индустриализации, финансируемой за счет изъятий зерна у крестьян. Мао незамедлительно предоставил это произведение для ознакомления старшим руководителям КПК в Пекине, а 7 ноября 1952 года ядро партии издало директиву, обязывающую всех старших партийных деятелей внимательно проанализировать эту работу [Zhonggong 1986, 19: 594]. К началу декабря 1952 года примерно 20 руководящих подразделений в Пекине изучили этот труд [Mao 1987–1998, 3: 633, 633(2)]. В первые три месяца 1953 года все больше гражданских и военных высокопоставленных лиц в Китае активно знакомились с трудами Сталина, что получало широкое освещение в китайских СМИ[60]. 11 марта 1953 года газета «Жэньминь жибао» опубликовала статью ТАСС от 7 марта того же года, в которой рассказывалось о том, как представители различных коммунистических и рабочих партий, а также простые трудящиеся изучают последние труды Сталина. Однако вскоре эта тенденция изменилась. Несмотря на то что в первые три месяца после смерти Сталина изучение его последних работ в Советском Союзе про-

---

[60] 19 января 1953 года газета «Жэньминь жибао» сообщила, что руководящие кадры в районе Хуабэй приступят к изучению последнего труда Сталина «Экономические проблемы социализма в СССР». 22 февраля 1953 года газета сообщила, что руководящие военные кадры в Юго-Западном регионе также приступили к изучению этого труда. Это продолжалось вплоть до смерти Сталина в начале марта 1953 года.

должалось, оно уже не вызывало былого энтузиазма [Intelligence Report 6400 1953: 5]. Мао решил последовать примеру постсталинского коллективного руководства и занял похожую позицию. В то же время китайская пресса уже практически не уделяла внимания последней книге Сталина, за исключением одной заметки в «Жэньминь жибао», опубликованной в начале июля[61].

Постсталинское коллективное руководство также внесло изменения в международную политику, в том числе ослабило контроль над Восточной Германией. Эти изменения не только породили неопределенность, но и ознаменовали начало распада жестко контролируемой мировой коммунистической системы; произошли восстания в Восточной Германии[62] и Чехословакии. Мао донес до сведения советских пропагандистов, что убежден — восстание в Восточной Германии было спровоцировано западными силами. Он искренне верил, что события в этой стране были вызваны исключительно политическими соображениями и не имели под собой экономической основы[63]. Как и в случае с Берией, Мао осторожно подходил к освещению восточноевропейских событий для внутренней аудитории. Он воздерживался от официальных заявлений по этому вопросу, но по его поручению «Жэньминь жибао» 20 июля 1953 года перепечатала советское разъяснение, обвинявшее Запад, в особенности Западную Германию, в провокации беспорядков, приведших к восстаниям. В сентябре того же года для внутреннего пользования среди высших партийных руководителей был подготовлен подробный отчет об июньском восстании, составленный корреспондентами телеграфной службы «Синьхуа», побывавшими в Восточном Берлине [NC 1953, 213: 128–165]. Одновременно Мао открыто поддержал советскую позицию, узнав о высылке «антипартийных элементов» из Восточной Германии [Mao 1987–1998, 4: 470–471].

---

[61] 4 июля 1953 года газета «Жэньминь жибао» сообщила, что группа по изучению теории в высокопоставленном правительственном учреждении региона Хуадун завершила анализ последней работы Сталина.

[62] Более подробно см. [Intelligence Report 6330 1953: 1–6].

[63] Устный источник, 10 августа 1999 года.

Мао одобрил концепцию советского руководства по вопросу перемирия, завершившего Корейскую войну, хотя и сделал это с неохотой. В отличие от Сталина, новые советские лидеры нацелились на скорейшее завершение конфликта. Тем временем Мао выражал желание продолжать борьбу еще примерно год, полагая, что «с чисто военной точки зрения» затягивание войны имело свои преимущества [Bajanov, Bajanova: 190, 198][64], тем не менее присоединился к твердой позиции Москвы.

Мао сохранял независимость в двух главных направлениях: экономическом и внешнеполитическом. Он отстаивал суверенитет в экономической сфере и был полностью осведомлен о «Новом курсе» Маленкова, стартовавшем в августе 1953 года. Эта программа бросала вызов некоторым положениям сталинской стратегии развития, особенно акценту на тяжелой промышленности[65]. Мао сохранял приверженность сталинскому курсу в экономической политике Китая. Он не ставил под сомнение наследие Сталина и его идеи о социалистическом пути развития, напротив, демонстрировал непоколебимую решимость следовать установленной генеральной линии перехода к социализму. Его действия ясно отражали твердое намерение придерживаться этих принципов, несмотря на появление новых направлений в верхах СССР.

Мао занял независимую позицию в отношении критики культа личности Сталина и переоценки его роли в истории русской революции. У него были веские основания: он опасался, что соратники могут почерпнуть из происходящего в Советском Союзе идеи, которые поставят под сомнение его собственное руководство. Смерть Сталина в марте 1953 года глубоко затронула как Мао, так и всю ЦК КПК. В целом руководство КПК с сожалением восприняло гибель советского лидера, считая, что коммунистический мир лишился настоящего вождя. Вместе с тем кончина Сталина стала своеобразным облегчением для Мао, который на протяжении

---

[64] Эта неопубликованная рукопись была предоставлена мне профессором Уильямом Штюком из Университета Джорджии. См. также [Volokhova 1999: 74–91]. О китайской позиции см. [Qiao 1998: 26–33].

[65] Подробнее о «Новом курсе» в странах-сателлитах см. [Intelligence Report 6443 1953: 1–9], в Венгрии см. [Intelligence Report 6424 1953: 1–2].

многих лет был зависим от него. После смерти Сталина жесткий контроль прекратился, и высшее руководство КПК почувствовало нетерпение (*чжаоцзи*) Мао двигаться дальше в деле строительства социализма[66]. Так, в 1953 году Мао Цзэдун энергично приступил к социалистическому преобразованию Китая.

Мао чувствовал себя более свободным, в то же время более ясно осознавал свое положение в партии. Советская критика сталинского культа личности оказала влияние и на членов КПК: некоторые высшие руководители, следуя советскому примеру, присоединились к осуждению. Уловив скрытый намек, Мао в октябре 1953 года распорядился, чтобы к нему обращались «товарищ Мао», а не «Председатель Мао» [Мао 1987–1998, 4: 353]. Его озабоченность собственным положением объясняет и то, что он не стал выражать свое мнение касательно переоценки роли Сталина в истории Советского Союза.

Новая демократия и переход Китая к социализму

В рассматриваемый нами период часто использовались два термина: «Новая демократия» и «переход к социализму». Понятие Новой демократии тесно связано с именем Мао Цзэдуна; впервые он употребил этот термин в 1940 году, определяя им первый из двух этапов китайской революции — период, предшествующий социалистической революции. Основными задачами данного этапа были свержение империализма, феодализма и бюрократического капитализма. К концу 1947 года Мао охарактеризовал «класс бюрократического капитализма» как представителей четырех самых богатых семей Китая: Цзян, Сун, Кун и Чэнь [Мао 1991, 4: 1253]. Эти четыре клана контролировали конгломераты, доминировавшие в двух третях национальной экономики до 1949 года, поддерживали тесные связи с «империалистическими державами» и были зависимы от иностранного капитала. Концепция Новой демократии оставалась действенной на протяжении 1940-х годов, служа ключевым инструментом для объедине-

---

[66] Устный источник, 19 августа 1999 года. См. также [BNC 1998, 6: 26].

ния китайского народа вокруг общей задачи — победить японский империализм и изгнать других империалистов из страны. После 1945 года Мао неоднократно пересматривал смысл этого термина в свете меняющейся политической ситуации. Значение понятия постепенно снижалось, так как Мао трансформировал его в соответствии с текущими тактическими целями.

Впервые серьезное переосмысление Новой демократии в контексте близкой победы КПК произошло в 1948 году, когда коммунисты уже контролировали весь Северо-Восток страны и множество промышленных объектов, ранее принадлежавших Гоминьдану и японским оккупантам. Возможно, в этот момент Мао собирался объявить об окончании первого этапа революции (Новой демократии) и начале второго (социалистической революции), однако этого не произошло. Взамен он дал понятию новое толкование, отметив, что к 1948 году в структуре Новой демократии уже присутствовали «социалистические элементы» во всех сферах — политике, культуре и экономике [Gongheguo 1991: 22]. При этом он подчеркнул ведущую роль государственной экономики в национальном хозяйстве [Gongheguo 1991: 16]. На концептуальном уровне Мао попытался показать, что Новая демократия в развитии очень близка к социализму, при этом рекомендовал сохранять экономическое наименование «новодемократическая» [Gongheguo 1991: 16].

По ряду политических причин Мао не хотел объявлять об окончании периода Новой демократии в конце 1940-х, когда КПК готовилась взять власть в стране. Прежде всего потому, что Сталин не поддержал бы такой шаг. Как будет показано далее, в апреле 1948 года Сталин посоветовал Мао после победы в гражданской войне установить политический и экономический порядок, отличный от коммунистического; для этого Новая демократия подходила больше, чем этап социалистической революции. Во-вторых, основываясь на анализе Ленина текущих экономических условий, Мао и другие лидеры признали, что Китай конца 1940-х еще не достиг необходимого уровня для построения социализма. Руководство партии единогласно полагало, что при доле государственной экономики в пределах 10–20 %

от общего объема о социализме говорить преждевременно [Gongheguo 1991: 21]. В-третьих, Мао стремился заручиться поддержкой широких социальных групп, поэтому старался показать, что Китай не торопится с переходом к новой формации.

Осенью 1948 года, когда Мао вновь осмысливал концепцию Новой демократии, его близкий соратник Лю Шаоци, занимавший второе место в партийной иерархии, разработал теоретический фундамент под названием «Переход от Новой демократии к социализму». Эта модель была основана на ленинской идее переходного периода от капитализма к социализму, сформулированной классиком в 1918 и 1921 годах. В условиях военного коммунизма Ленин отметил чрезмерную централизованность экономики и активный процесс национализации, который привел к тяжелым последствиям для крестьянства: их заставляли сдавать государству все излишки зерна, нередко лишая средств к существованию. Эта жесткая политика привела к экономическому кризису и неприятию новой власти крестьянством. В результате была введена новая экономическая политика (НЭП), заменившая изъятие излишков системой натуральных налогов, а также легализовавшая частную торговлю и позволившая частным предприятиям возобновить деятельность. Ленин также признал необходимость помощи со стороны капиталистов, предпринимателей и специалистов в управлении сложной экономикой, что выразилось в его известном высказывании: «мы должны учиться у этих [людей]» [Ленин 1974, 44: 34–54]. Ленин хотел донести до соратников мысль о том, что Советский Союз не может перейти от существующей экономической ситуации к социализму, не пройдя через промежуточные этапы [Сталин 1946].

По некоторым данным, на сентябрьском совещании ЦК КПК 1948 года Лю Шаоци, второе лицо в партийной иерархии, представил глубокий анализ Новой демократии и социализма, а также промежуточного переходного периода. Партийные документы подтверждают, что Мао одобрил исследование Лю и принял решение обнародовать концепцию переходного периода. Он поручил участникам совещания обеспечить распространение этой идеи в регионах [Gongheguo 1991: 16]. Высшее руководство и рядовые члены партии осознавали необходимость переходного этапа, который должен был продлиться 10–15 лет. После его завершения страна могла бы приступить к строительству социализма [Во 1953, 1: 48–49]. В 1949 году китайскому народу было объявлено, что новый политический строй основан на Новой демократии, гибридная экономика сохранится, а частная собственность останется неприкосновенной [Wenxian xuanbian 1993–1997, 1: 2]. В конце 1940-х годов КПК успешно продвигалась к достижению целей, поставленных в 1940 году в рамках Новой демократической революции. В этот период Мао и другие партийные лидеры пересмотрели понятие Новой демократии, адаптировав его под актуальную политическую программу партии. Они исходили из того, что оценка Лениным положения Советского Союза в 1921 году применима и к Китаю конца 1940-х. Поскольку Китай оставался отсталой страной с преимущественно аграрной экономикой, быстрая национализация невозможна. В качестве тактического решения была признана необходимость переходного этапа. НЭП сохраняла решающее значение, признаков в поддержку экономической программы, сходной с генеральной линией 1953 года, не наблюдалось. Единственной политической концепцией конца 1940-х, в которой прослеживался сталинский подход, была идея использования сельского хозяйства как материального источника для индустриализации.

Советские источники информации, используемые Мао и КПК

В процессе изучения советского опыта в деле строительства социализма в Китае Мао и другие руководители КПК опирались на четыре ключевых источника. Первый: *Краткий курс*, который являлся неким общим планом, подробно описывающим этапы развития Советского Союза с 1917 по 1937 год. Второй: труды и выступления Ленина и Сталина. Третий: постановления ВКП(б) по экономической политике на различных этапах построения социализма. Четвертый: рекомендации советских руководителей — в первую очередь Сталина и Микояна, а также советников и официальных лиц, с которыми китайские партийцы поддерживали личные контакты. При этом основными источниками оставались *Краткий курс* и политические рекомендации Сталина.

В процессе разработки политических программ для каждого этапа строительства социализма лидеры КПК обращались за советом к Сталину и другим советским руководителям. Значение личных контактов между китайскими и советскими деятелями неразрывно связано с полемикой, развернувшейся вокруг аргументов Деборы А. Капле в ее книге «Мечта о красной фабрике: Наследие высокого сталинизма в Китае». Автор утверждает, что при адаптации советской системы управления промышленностью китайские лидеры в первую очередь опирались на письменные материалы, переведенные с русского, а не на непосредственное наблюдение послевоенного советского опыта во время поездок. Однако этот взгляд упускает ряд важных фактов: в период с 1949 по 1953 год контакты между странами были интенсивными, и многочисленные личные встречи на всех уровнях служили одним из главных способов получения информации о социалистическом строительстве. Вопросы китайских деятелей адресовались как высшему советскому руководству, так и партийным функционерам с большим опытом управления [Kaple 1994: 5–7][67]. В конце 1940-х годов китайское руководство регулярно посещало Советский Союз. Как отмечается в главе 2, Сталин постоянно консультировал Мао Цзэдуна по разным политическим и военным вопросам, а начиная с 1950-х годов члены КПК советовались с ним по всем ключевым вопросам, связанным со строительством социализма.

Учиться у Советского Союза

В начале 1950-х годов Мао осознал необходимость не только экономической, но и технической поддержки со стороны Советского Союза. Он стремился установить тесное сотрудничество с советской Красной армией, чтобы создать вооруженные силы, уступающие по мощи лишь советским [Mao 1987–1998, 4: 1–2].

---

[67] См. также [Shi Zhe 1991: 386–388, 419–424; Li Yu. 1989: 22–23; Chen Zh. 1992: 183].

Мао принимал активное участие в организации встреч между советскими военными консультантами и китайскими военачальниками — с целью получения максимума знаний и опыта. При этом многие китайские командующие, прошедшие через гражданскую и Корейскую войны, не испытывали необходимости учиться у советских военных, которые были привлечены к модернизации вооруженных сил Китая.

С начала 1950 по 1953 год Мао Цзэдун неоднократно издавал директивы, призывая Народно-освободительную армию Китая (НОАК) максимально учиться у советских воинов. В начале 1951 года он поддержал рекомендации Гао Гана, направленные командующим в провинции Северо-Востока, о необходимости установить крепкие связи с советскими военными, включая военнослужащих ВВС и артиллерийских подразделений Красной армии [Мао 1987–1998, 2: 9–10]. Позже Мао издал собственные указания, в которых настоятельно поощрял военных улучшать отношения с советскими экспертами и углублять знания советской военной науки [Мао 1987–1998, 3: 643, 673–674]. Он даже предупреждал командующих, что они подвергнутся критике, если не будут уважительно относиться к специалистам из СССР и следовать их советам [Мао 1987–1998, 3: 607–608].

Мао стремился к усвоению китайским народом опыта Советского Союза в управлении экономикой и построении социализма. В период, когда были объявлены ППП и начало масштабной индустриализации, он инициировал общенациональную кампанию по обучению у советских специалистов. В начале февраля 1953 года, за десять дней до начала первой официальной инспекционной поездки по югу Китая, Мао Цзэдун провозгласил необходимость активного изучения советского опыта [Мао 1987–1998, 3: 610] с целью компенсации недостатка у КНР собственных компетенций в экономическом строительстве

Заключение

В начале осени 1952 года Мао Цзэдун пришел к выводу: экономика страны готова перейти к следующему этапу и начать борьбу с частным капиталом. Несмотря на значительные финансовые затраты, связанные с Корейской войной, Мао был уверен, что смог вывести экономику из кризиса и одновременно расширить влияние государственного сектора. С политической точки зрения Китай стал значительно стабильнее по сравнению с 1949 годом: КПК контролировала бо́льшую часть территории страны и с помощью жестких политических кампаний уничтожила враждебные силы.

Отношения между Китаем и СССР существенно улучшились в конце 1940-х, чему во многом способствовали усилия Мао и Сталина, разделявших как идеологические, так и практические взгляды на необходимость крепкого союза между двумя государствами.

С развитием взаимодействия зависимость Мао от Сталина возрастала, поскольку китайский лидер стремился перестроить страну по сталинистскому образцу. В политических вопросах Мао выступал как младший партнер, следуя сначала указаниям советского лидера, а затем и коллективного постсталинского руководства. Мао Цзэдун смирился с тем, что Сталин отвергал легитимность его идей. Мао настойчиво требовал от своих офицеров учиться у советской Красной армии, а от всего народа — перенимать советский опыт, чтобы сделать Китай современным социалистическим государством, сопоставимым с Советским Союзом. Пока Мао был готов идти за Сталиным и учиться у него, отношения между двумя странами оставались продуктивными. Однако он твердо отстаивал свою независимость в экономической сфере, умело лавируя в переговорах со Сталиным, чтобы продвигать собственные цели и одновременно сохранять его поддержку, как будет показано в главе 2.

Глава 2
Мао, Сталин и преобразование китайской экономики в 1948–1952 годах

В период с апреля 1948 по октябрь 1952 года Мао Цзэдун регулярно консультировался со Сталиным по ключевым вопросам социалистического преобразования китайской экономики. Главными темами обсуждения были сроки начала ликвидации старой экономической системы, роль зажиточных крестьян (наиболее производительных сил), а также политика в отношении национальной буржуазии. Поскольку конечной целью КПК была ликвидация капитализма и строительство социализма, особенно остро стоял вопрос, когда и каким образом положить конец капиталистическим отношениям. В ответ на запросы Мао Сталин давал умеренные и прагматичные рекомендации, помогая китайскому руководству выработать сбалансированную экономическую политику переходного периода.

Некоторые исследователи, особенно из Восточной Европы, выдвигают предположение, что в это время Сталин настаивал на проведении умеренной политики как в Китае, так и в Северной Корее, стремясь не допустить быстрого экономического роста этих стран и сохранить их подчиненное положение. Такая сдержанность, по мнению ряда исследователей, служила поддержанию влияния Советского Союза в регионе и обеспечению контроля над союзными странами без риска их выхода из сферы советского влияния[1]. Данная точка зрения имеет определенные основания, однако не всегда находит подтверждение в современных исторических источниках.

Умеренность рекомендаций Сталина по экономической политике Китая базировалась на его понимании текущего этапа китайской революции, особенностях китайской национальной буржуазии, опыте восточноевропейских стран и, что особенно важно, на личном опыте проведения социалистических преобразований. Его советы не выходили за рамки марксистской идеологии, они базировались на прагматизме, вытекающем из советского опыта, и анализе ситуации в Китае. Иными словами, в период общения с Мао Сталин проявлял меньшую радикальность, чем в конце 1920-х — начале 1930-х годов. Советский лидер уделял больше внимания поддержке экономики, стимулирующей развитие Китая, нежели строгому следованию идеологическим канонам и классовой борьбе.

Сталин сам не проявлял инициативу и не давал советов — обычно он отвечал на запросы китайской стороны[2]. Единственным известным исключением из общей схемы было апрельское предложение Сталина 1948 года, когда он без запроса со стороны Мао рекомендовал не изменять существующую экономическую структуру страны. Сталин акцентировал внимание на постепенном и сдержанном переходе экономики, но его советы оказывали на Мао лишь ограниченное влияние. Рекомендации советского лидера по экономическим вопросам воспринимались не столь полно, как в политической сфере. Вместе с тем мнение Сталина, вероятно, оказало большее воздействие на других высокопоставленных китайских лидеров, таких как Лю Шаоци и Чжоу Эньлай (они поддерживали более тесные отношения с советским руководством, чем сам Мао). Их мнение в ряде случаев расходилось

---

[1] Эту точку зрения высказал в беседе со мной 30 июня 2002 года доктор Балаж Салонтаи, в то время докторант Центрально-Европейского университета в Будапеште, Венгрия.

[2] Обсуждение взаимодействия Сталина и Лю Шаоци летом 1949 года см. в [Shi Zhe 1991: 418].

с радикальной линией Мао, и тот был вынужден идти на компромиссы. Очевидно, что советы Сталина, напрямую или опосредованно переданные Мао, способствовали либо смягчению политики Мао, либо отсрочке ее реализации. Особенно это проявилось после лета 1949 года, когда Мао официально обязался следовать «инструкциям» Сталина.

В данной главе рассматривается общая политическая линия советского лидера, его советы и реакция Мао. Все это касается основных трех рекомендаций, направленных Сталиным в период с апреля 1948 по октябрь 1952 года. Ответы Мао на каждый из них были разными, что, вероятно, связано с его стремлением совместить противоречивые идеологические задачи и практические требования для их реализации. В идеологическом плане Мао стремился как можно скорее построить в Китае социализм по советскому образцу. В то же время он понимал, что для достижения этой цели он должен заручиться политической поддержкой Сталина и привлечь советскую идеологическую, организационную, технологическую, финансовую и военную помощь. Однако Мао не был столь послушен, как утверждают некоторые; он следовал советам Сталина выборочно и обдуманно [Li H. 2001:31].

Общая политическая линия Сталина

В период с конца 1940-х до октября 1952 года (когда Мао в последний раз обращался к Сталину за помощью) советский вождь делился своими взглядами относительно национальной буржуазии, восстановления экономики, зажиточных крестьян, темпов роста в рамках ППП Китая и целесообразного времени для коллективизации. Во всех случаях Сталин настаивал на умеренности, тем самым сдерживая инициативы Мао. Существуют свидетельства прямой связи между советами Сталина и временны́ми изменениями в политике Мао. К концу 1948 года КПК проводила двустороннюю политику в отношении национальной буржуазии, ориентированную на сотрудничество и контроль. Сталин подчеркивал важность сотрудничества и поощрял улучшение отношений КПК с представителями капитала [Meliksetov 1996: 80]. Примерно в марте 1949 года он озвучил свое мнение по этому поводу Чэнь Юню, а летом того же года — Лю Шаоци.

Совет Сталина Чэнь Юню, который в то время руководил региональной экономикой на Северо-Востоке, был лаконичен. Его передал Чэню И. В. Ковалев, специальный посланник Сталина при Мао:

> Передайте Чэнь Юню, что мы, русские коммунисты, стоим за то, чтобы китайские коммунисты не отталкивали от себя национальную буржуазию, а привлекали к сотрудничеству как силу, способную помочь в борьбе с империалистами. Поэтому советуем поощрять торговую деятельность национальной буржуазии как внутри Китая, так и вовне, скажем, торговлю с Гонконгом и с другими иностранными капиталистами[3].

Давая рекомендации по национальной буржуазии, Сталин исходил из своих взглядов на сущность китайской революции. В конце 1940-х годов советский лидер, как и ранее в 1927 году[4], полагал, что революция в Китае направлена на борьбу с империализмом и будет продолжать ее. По мнению Сталина, политическая структура Нового Китая должна отражать особенности китайской революции и включать широкий спектр социальных групп. Сталин проводил четкое различие между китайской национальной буржуазией и капиталистами демократических стран Восточной Европы, подчеркивая, что первые не объединялись с империалистами, в отличие от вторых. Он утверждал, что китайская национальная буржуазия должна быть включена в единый фронт, и считал, что этот класс отчуждать или ликвидировать не следует. По крайней мере в текущий момент КПК должна использовать буржуазию и сотрудничать с ней [Goncharov 1992: 99–100].

---

3   [Русско-китайские отношения в XX веке 2005, 5: 126].

4   См. речь, произнесенную Сталиным в Москве 5 апреля 1927 года, и вступительное слово редактора А. М. Григорьева [FEA 2001, 1: 64–79].

Вероятно, под влиянием совета Сталина, данного в марте 1949 года Чэнь Юню, Лю Шаоци сделал акцент на сотрудничестве с капиталистами, выступив с серией докладов в Тяньцзине в апреле 1949 года. Летом 1949 года Лю вернулся из Москвы в Пекин, а затем посетил Северо-Восток страны. 28 августа того же года на встрече с местными кадрами он заявил, что политика КПК относительно национальной буржуазии заключается в поддержании долгосрочного сотрудничества с ней [Liu 1996, 2: 222; Jin, Huang 1998, 2: 655], подчеркивая таким образом лишь одно направление двусторонней официальной политики КПК.

Летом 1949 года Сталин дал Лю Шаоци и другим китайским руководителям рекомендации по этапам восстановления экономики, подчеркнув необходимость последовательного подхода. Он предупреждал, что любые действия, не соответствующие текущему уровню развития, могут привести к хаосу в экономике [Shi Zhe 1991: 416]. Насколько китайские руководители прислушались к этим советам, неизвестно. Как будет подробно рассмотрено в главе 3, Мао поставил задачу восстановить экономику страны всего за три года — на два года меньше срока, который понадобился Сталину в 1920-х. Летом 1952 года Мао с гордостью сообщил об экономических достижениях в столь сжатые сроки, несмотря на постоянные призывы Сталина к более умеренной политике.

Летом 1952 года Сталин предостерег китайское руководство от чрезмерных амбиций в установлении целевых показателей экономического роста в рамках ППП. Он рекомендовал заложить некоторый запас прочности и снизить запланированный годовой рост промышленного производства с 20 до примерно 15 % [Bulletin 1995/1996b, 6–7: 14]. Даже рекомендуемые им 15 % были весьма высокими для индустриализации того времени. Тем не менее Сталину удалось убедить Мао сократить целевой показатель роста с 20 до 15 % при пересмотре целей КПК на ППЛ в 1953 году [Wenxian xuanbian 1993–1997: 4709].

Во время одной из своих последних встреч с Лю Шаоци и китайской делегацией в конце 1952 года Сталин рекомендовал КПК создавать сельскохозяйственные кооперативы и проводить постепенную коллективизацию крестьянских хозяйств[5]. В октябре 1953 года, примерно через семь месяцев после смерти Сталина, Мао отверг его рекомендации, отказался от своей прежней умеренной позиции и ускорил процесс коллективизации, стремясь приблизить Китай еще на один шаг к социализму. История КНР показывает, что реакция Мао на советы Сталина значительно различалась в зависимости от обстоятельств. Это касается прежде всего трех ключевых случаев, подробно рассмотренных ниже.

Первый случай: Сталин рекомендует сохранить статус-кво. Апрель 1948 года

20 апреля 1948 года, отвечая на телеграммы китайского лидера от 30 ноября 1947 года и 15 марта 1948 года, Сталин предложил Мао и КПК сохранить экономическую структуру страны без изменений на неопределенный срок. Однако Мао не согласился с этим предложением, проявив независимость в вопросах экономической политики. Он поддержал политические рекомендации Сталина, но, вопреки его советам, начал проводить линию, направленную на подготовку к быстрому преобразованию экономики.

Сталин рекомендовал Мао сохранить экономику в неизменном виде, поскольку считал, что «китайское правительство... будет по своей политике... национальным революционно-демократическим правительством, а не коммунистическим»[6]. В более конкретных терминах эта политика сохранения статус-кво означала следующее:

---

[5] О том, что Лю Шаоци рассказал В. В. Кузнецову, советскому послу в Китае, относительно предложений Сталина во время их встречи осенью 1952 года, см. [Meliksetov 1996: 80–81].

[6] [Русско-китайские отношения в XX веке 2005: 412]. Эти две телеграммы были также опубликованы в Китае, см. [ZDY 2001, 2: 87–89]. Однако ответ Мао Сталину от 26 апреля 1948 года в Китае опубликован не был.

Это значит, что не будут пока что осуществлены национализация всей земли и отмена частной собственности на землю, конфискация имущества не только крупных землевладельцев, но и средних и малых, живущих наемным трудом. С этими реформами придется подождать на известный период[7].

Сталин ясно дал понять, что Мао должен придерживаться политики сохранения статус-кво, однако он не уточнил, как долго эта политика должна продолжаться [Русско-китайские отношения в XX веке 2005: 412]. Неизвестно, был ли Сталин осведомлен о программе аграрной реформы, начатой КПК в 1946 году в оккупированных районах и на Северо-Востоке, или о политике конфискации имущества бюрократических капиталистов, официально принятой осенью 1947 года. В любом случае он рекомендовал сохранять существующее положение дел. Точно не известно, каково было мнение Мао относительно политических советов Сталина.

Известно, что в телеграмме от 26 апреля 1948 года Мал Цзэдун заявил о полном согласии со всеми политическими рекомендациями Сталина [Westad 1993: 299]. В 1948 году Мао почти полностью принял политические советы, но в экономических вопросах старался сохранить автономию. Он был решительно настроен продолжить аграрную реформу и конфискацию имущества бюрократических капиталистов, однако, согласуясь с мнением Сталина, ограничил проведение реформы, а в некоторых областях отменил ее. Вместе с тем он оставался непреклонным в намерении продолжить политику конфискации капиталистической собственности.

Еще до того как в апреле 1948 года КПК получила политические рекомендации Сталина о сохранении экономического статус-кво в стране, партия уже начала исправлять ошибки, допущенные в ходе аграрной реформы. Так, 12 января 1948 года высокопоставленный деятель КПК Жэнь Биши выступил с речью и осудил

---

7   Там же.

недоработки аграрной реформы, такие как гонения на крестьян, которые фактически не были ни зажиточными, ни тем более помещиками[8]. В феврале 1948 года, стремясь заручиться поддержкой крестьянства, Мао сократил масштабы аграрной реформы в недавно освобожденных регионах, где поддержка КПК была относительно невелика. В своих телеграммах доверенным лицам — Лю Шаоци и Дэн Сяопину — он изложил план проведения реформы в два этапа. На первом этапе под реформу подпадали только помещики, а зажиточных крестьян не трогали — таким образом КПК надеялась избежать сопротивления с их стороны. На втором же этапе внимание следовало переключить на зажиточных крестьян[9]. Примерно в то же время Мао издал директиву, в которой изложил свою позицию по аграрной реформе [Mao 1991, 4: 1283–1284]. В другой директиве того же времени он которой критиковал излишний радикализм пропаганды в ходе аграрной реформы [Mao 1991, 4: 1280–1282]. Мао, вероятно, стремился сдержать чрезмерное усердие партийных работников, а также беднейших крестьян, которые активно захватывали конфискованную землю.

После обмена телеграммами со Сталиным в апреле 1948 года Мао твердо остался при своем мнении и продолжил аграрную реформу в старых освобожденных районах, где крестьяне активно поддерживали КПК. Однако в новых освобожденных районах он отказался от аграрной реформы в два этапа и предпочел вернуться к практике времен антияпонской войны. Так, в телеграмме Дэн Сяопину от 24 мая 1948 года Мао призвал к всестороннему пересмотру политики аграрной реформы в новых районах, отменив требование немедленного проведения двухэтапной реформы. Вместо этого он рекомендовал снизить арендную плату и проценты по кредитам, чтобы уменьшить нагрузку на крестьян, вызванную военными действиями. Мао был готов отложить аграрную реформу в недавно освобожденных районах на срок до трех лет, восстановить порядок и дать крестьянам

---

[8]   Краткое обсуждение этой темы см. в [Ren 1993: 566–567].

[9]   См. [Mao 1991, 4: 1278; Zhongyang 1992, 167: 45].

время на подготовку [Mao 1991, 4: 1326–1327]. Его стратегия была вполне разумной, поскольку конечной целью была победа над ГМД, а для этого требовалось заручиться поддержкой крестьян и помещиков.

Затем Мао установил более строгие требования в тех частях старых освобожденных районов, где аграрная реформа еще не началась. Он был осведомлен о злоупотреблениях в ходе принятия радикальных мер и стремился избежать их повторения. Мао четко дал понять, что аграрную реформу можно проводить только в тех частях старых освобожденных районов, где были соблюдены определенные условия. 25 мая 1948 года Мао подготовил директиву, согласно которой кадровые работники в течение следующих трех месяцев должны выбрать районы, где аграрная реформа была бы осуществима. В документе отдельно подчеркивалось, что такие районы должны отвечать трем условиям. Во-первых, обстановка должна быть стабильной, а сами они — свободными от враждебных вооруженных формирований. Во-вторых, большинство местных крестьян-арендаторов, бедных крестьян и крестьян среднего достатка должны поддержать реформу. В-третьих, местные кадровые работники должны понимать, как осуществить аграрную реформу [Mao 1991, 4: 1329].

Важное значение имеет и тот момент, когда Мао принял решение остановить двухэтапную аграрную реформу в недавно освобожденных регионах. Вероятно, на него повлияла телеграмма Сталина; при этом нежелание Мао полностью следовать его рекомендациям можно считать мотивированным как политически, так и идеологически. Несмотря на фундаментальные ошибки, допущенные в ходе аграрной реформы, эта политика становилась все более популярной, особенно среди крестьян-арендаторов и бедных крестьян, которые в результате получали землю. Так обеспечивалась политическая поддержка КПК, жизненно необходимая для победы в войне. Кроме того, Мао и КПК были привержены идее уничтожения старой структуры землевладения путем отчуждения земли у богатых и передачи ее бедным. В конце концов, именно так и поступили коммунисты в России после Октябрьской революции, как описано в *Кратком курсе*. Мао был готов видоизменить и усовершенствовать эту политику, но не отказывался от нее.

Через месяц Мао подтвердил решимость следовать директиве от 25 мая 1948 года при определении регионов, где можно проводить аграрную реформу. Он надеялся избежать повторения прошлых ошибок [Mao jingji nianpu 1933: 245]. Однако, по его мнению, как только ситуация улучшится, аграрную реформу можно продолжить. В октябре 1948 года он поручил кадровым работникам некоторых районов Шаньси, недавно захваченных КПК, грядущей зимой начать мероприятия по подготовке аграрной реформы. В начале января 1949 года, до визита Микояна в Сибайпо, КПК приняла решение о продолжении аграрной реформы [Hu Q. 1994: 536].

В октябре 1947 года Мао впервые публично объявил о политике конфискации собственности бюрократических капиталистов[10]. В декабре того же года он объявил, что их капитал будет конфискован КПК, а класс буржуазии — ликвидирован [Mao 1991, 4: 1254]. Выступая на Сентябрьском совещании 1948 года, Мао высказался о расширении своих планов и заявил, что партия «конфискует все крупные предприятия, крупные банки, крупные коммерческие организации, независимо от того, являются ли они бюрократическим капиталом или нет» [Hu Q. 1994: 543]. Такая политика, по его словам, будет реализована «в течение определенного периода после победы» — это и есть «новый демократический экономический принцип» [Hu Q. 1994: 543–544]. Конфискация имущества всех крупных капиталистов противоречила официальной позиции КПК, которая предусматривала изъятие собственности только у бюрократической буржуазии. Это свидетельствовало о радикализации курса и отходе от первоначально провозглашенных принципов.

В 1947 году на северо-востоке Китая началась конфискация крупных промышленных, финансовых и транспортных предприятий. По мнению Мао, такой шаг имел жизненно важное значение как в политическом, так и в экономическом плане. Изъятие собственности у богатых и влиятельных лиц существенно сократило

---

[10] См. [Fan 1984: 48; Hu Q. 1994: 543; Zhongyang 1992, 16: 552].

политическую оппозицию и облегчило партии задачу по укреплению власти. Кроме того, преобразование конфискованных предприятий в государственные компании позволило Мао и КПК в короткие сроки создать значимый государственный сектор. Уже в сентябре 1948 года, оценив его размер относительно всего хозяйства, Мао сделал вывод, что Китай близок к установлению социалистической модели экономики. После захвата в январе 1949 года Тяньцзиня — первого крупного промышленного города за пределами северо-востока — было конфисковано имущество представителей бюрократическо-капиталистического класса, включая фабрики, шахты, железные дороги, почтовые и телеграфные службы, а также банки[11].

В 1948 году Мао заявил о своей независимости в вопросах экономической политики и стремился свести к минимуму необходимость соблюдать рекомендации Сталина. Вероятно, он полагал, что, уступив в политической области, можно добиться большей свободы действий в экономике. Одной из причин избирательного подхода Мао к советам Сталина была его решимость начать строительство социалистической экономики. Успехи КПК на северо-востоке, возможно, дали ему уверенность в том, что этот опыт можно распространить и на другие регионы. Мао неоднократно игнорировал возражения советского лидера, включая кампанию по упорядочению стиля. Похоже, он был уверен, что может пренебречь указаниями Сталина без особых последствий.

Политика и формирование политического курса Китая после победы в гражданской войне

Планы Мао по изменению экономической структуры стали особо очевидными в период между Сентябрьским совещанием 1948 года и расширенным заседанием Политбюро в январе

---

[11] Директиву КПК от 15 января 1949 года см. в [Zhongyang 1992, 18: 31–33]. Более подробно о политике и практике КПК в отношении конфискации собственности у бюрократических капиталистов, а также собственности иностранных инвесторов в начале 1950-х годов см. [Liu Zhi. 1999: 101–115].

1949 года. Это был важный момент для Мао и КПК, поскольку они начали отстаивать свою независимость от Сталина в экономических вопросах, а также разработали собственный политический курс после победы в гражданской войне. Мао практически не участвовал в разработке концептуальной основы или конкретных политических направлений — решающую роль сыграли его соратники, особенно те, кто лучше разбирался в трудах Маркса, Ленина и Сталина.

В это время были написаны отчеты, произнесены речи, озвучены идеи и достигнуты компромиссы. Мао предпочел бы лично встретиться со Сталиным, прежде чем принять окончательное решение, однако советский лидер не предоставил ему такой возможности. В начале 1949 года Сталин для переговоров с китайскими товарищами направил в Сибайпо Анастаса Микояна, одного из высших чинов в иерархии ВКП(б). Мао и его соратники озвучили ему свою политическую программу. Экономический план был принят и включен в окончательную резолюцию II Пленума ЦК 7-го созыва, состоявшегося в марте 1949 года, в отличие от многих других идей, которым следовало руководство КПК. Некоторые направления, способные навредить отношениям с влиятельными слоями общества и широкими массами населения, намеренно исключили из документа. Другие сформулировали достаточно размыто, чтобы оставить возможность их дальнейшего пересмотра и уточнения.

В сентябре 1948 года руководство КПК, уверенное в предстоящей победе в гражданской войне, провело шестидневное заседание в Сибайпо, которое стало ключевым моментом в формировании будущей политической стратегии партии. Одним из центральных вопросов был переход от Новой демократии к социализму [Gongheguo 1991: 29–35]. Вдохновляясь ленинскими идеями начала 1920-х годов о «переходе от капитализма к социализму», руководство КПК стремилось разработать свою уникальную модель этого процесса. У Мао и его соратников решение о введении переходного периода перед началом социалистического строительства не вызвало возражений. Основная же сложность заключалась в адаптации советского опыта к китайским реалиям. Сколько должен длиться переходный период, когда перестраиваться на социалистический путь, как включать несоциалистические экономические элементы в новую систему и каким образом мобилизовать ресурсы для создания прочной промышленной базы? Помимо практических вопросов партия также сталкивалась с идеологическими дилеммами: например, какую степень свободы предоставлять буржуазии, предпринимателям и зажиточным крестьянам в преимущественно частной экономике переходного периода.

Идеи, которые легли в основу программы переходной экономики, были разработаны не центральным руководством партии: их сформулировали региональные партийные руководители северо-востока страны. Многие концепции, разработанные на основе практического опыта руководства КПК на Северо-Востоке в конце 1940-х годов, легли в основу национальной экономической политики начала 1950-х. Концепции были систематизированы и вошли в региональную политическую программу, подготовленную секретарем провинциального комитета партии Чжан Вэньтянем. Программа получила одобрение регионального руководства Северо-Востока, была просмотрена Лю Шаоци и окончательно утверждена Мао Цзэдуном как официальное политическое направление. По распоряжению Мао текст распространили среди партийных функционеров как внутренний документ, без публикации в партийной прессе[12].

На политическую программу Чжана большое влияние оказали экономические идеи Ленина, а также проводимая им Новая экономическая политика. Чжан Вэньтянь объединял ленинские идеи о направлении несоциалистических экономических элементов, в особенности частной капиталистической и мелкой товарной экономики, на социалистический путь с основным направлением Сталина на построение сильной государственной экономики. Основополагающим принципом политики Чжана было «увеличение социалистических экономических элементов в рамках "новодемократической" экономики с целью подготов-

---

¹² Инструкции Мао см. в [Zhongyang 1992, 18: 549].

ки почвы для мирного перехода к социализму» [Zhang Wentian 1985: 416][13]. Эти идеи органично вписывались в концептуальную основу, предложенную ранее Лю. Исходя из анализа экономической ситуации на северо-востоке, Чжан Вэньтянь предложил трехсторонний подход к развитию переходной экономики. Этот подход предполагал приоритетное развитие государственного сектора экономики, создание снабженческо-сбытовых кооперативов (ССК) и постепенное смещение капиталистической экономики в сторону государственного капитализма [Zhang Wentian 1985: 415–416].

Влияние идей Ленина на формирование внутренней политики

В 1921 году В. И. Ленин охарактеризовал советскую экономику периода 1918–1921 годов как переходную. По его мнению, «существующий экономический строй содержит элементы как капитализма, так и социализма» [Ленин 1974, 36: 295]. Ленин выделил пять «общественно-экономических укладов» в Советском Союзе: 1) патриархальное, то есть в значительной степени натуральное, крестьянское хозяйство; 2) мелкое товарное производство <...>; 3) частнохозяйственный капитализм; 4) государственный капитализм; 5) социализм. Мелкое товарное производство, названное Лениным «мелкобуржуазной» экономикой, было определено им как преобладающий тип в советской экономике и главный враг социализма [Ленин 1974, 5: 296]. Он считал, что «преобладает <...> мелкобуржуазная стихия» [Ленин 1974, 5: 296], поэтому нужен переход от этого типа капитализма к социализму.

В рамках общей концепции НЭП Ленин сначала ввел понятие «государственного капитализма», далее развил идею «кооперативного социализма» — как ключевых направлений экономической политики. Это означало отход от прежних радикальных

---

[13] Предложение Чжана было пересмотрено Лю Шаоци и одобрено Мао осенью 1948 года. В своем анализе я использую переработанную Лю версию предложения Чжана, поскольку она отражает окончательный вид политики КПК. Первоначальное предложение Чжана было опубликовано в [Zhang Wentian 1995, 4: 17–28].

методов национализации и оказало существенное влияние на мнение китайских политиков конца 1940-х годов при разработке экономической программы.

Китайское руководство узнало о «государственном капитализме» не из *Краткого курса* (в книге Сталина эта тема упоминается лишь вскользь), а из работы В. И. Ленина «О продовольственном налоге» (1921), где он анализирует применение этой формы капитализма в условиях НЭПа (1921–1925). В *Кратком курсе* понятие кооперативного социализма представлено уже после переосмысления Сталиным, и, вероятно, именно эта версия была принята китайскими политиками. Далее я рассмотрю ленинские концепции государственного и кооперативного социализма, а также сталинские трактовки этих понятий.

Государственный капитализм Ленина

Государственный капитализм не являлся ни отдельным типом экономики, как предполагал Ленин, ни теорией. По мнению Моше Левина, Ленин выдвинул эту идею во время введения НЭПа, чтобы внести некоторый «порядок» в идеологическую «неразбериху» [Lewin 1968: 26]. На мой взгляд, государственный капитализм представлял собой механизм, с помощью которого государство устанавливало контроль над капиталистической экономикой. Этот вид капитализма зародился в Германии и был заимствован Лениным из «широко и строго контролируемой государством немецкой военной экономики» [Ibid.]. Впечатленный успехами Германии, Ленин применил этот подход после Октябрьской революции 1917 года, а затем вводил его повторно в 1918 и 1921 годах.

Ленин выделял четыре формы государственного капитализма. Первую из них он называл «концессии» [Ленин 1950, 32: 324–328]. Эта форма основывалась на договорных отношениях между советским государством и иностранными капиталистами, призванными управлять теми отраслями экономики, которыми государство в тот момент самостоятельно управлять не могло. Левин объясняет намерения Ленина следующим образом:

России требовался длительный период капиталистического развития, чтобы усвоить организационные методы и технические знания, а также приобрести капитал и интеллектуальные способности, которыми государство рабочих еще не обладало. Очевидно, что государство должно постоянно сохранять бдительность и создавать необходимые методы надзора и контроля. Таким образом, Ленин надеялся построить социализм «руками иностранцев», которые, по его мнению, не отвергнут предложения, если те будут для них выгодны [Lewin 1968: 26–27].

Вторую форму государственного капитализма Ленин называет «кооперацией», или «кооперативной торговлей». В этой форме государство участвует в торговле и деловых операциях с кооперативами, включая мелкие ремесленные и устаревшие производства [Ленин 1950, 32: 324–328]. Третья форма — «комиссионно-агентский государственный капитализм» — предполагает наем капиталиста с получением процента за продажу государственных товаров и закупку продукции мелких производителей [Ленин 1950, 32: 324–328]. Четвертая форма заключается в сдаче государством в аренду предпринимателям предприятий, промыслов, лесных и земельных участков, причем договор аренды напоминает концессионный [Ленин 1950, 32: 324–328]. Центральным элементом всех этих форм является государственный надзор и контроль.

Государственный капитализм не оправдал ожиданий Ленина, и в 1923 году он был вынужден отказаться от этой концепции [Lewin 1968: 28]. Провал планов объяснялся сложностями, с которыми столкнулось государство при привлечении «недоверчивых» иностранных инвесторов [Nove 1992: 84] и «крупного капитала» [Lewin 1968: 28]. Кроме того, данная практика была непопулярна среди рядовых членов партии, многие из которых воспринимали сотрудничество с капиталистами как «предательство» революции и рабочего класса. Поскольку государственный капитализм не получил подробного освещения в *Кратком курсе*, к концу 1940-х годов о нем знали лишь немногие китайские руководители. Потребовался человек, хорошо знакомый с трудами Ленина и Сталина, такой как Чжан Вэньтянь, чтобы предложить применение этой концепции в Китае.

Кооперативный социализм Ленина

В конце жизни Ленин искал способ продвижения крестьян и всего советского общества по пути социализма. Он считал, что нашел его в «кооперативном социализме», и подчеркивал важность организации кооперативных обществ. В 1923 году Ленин объявил о кооперативном плане и призвал объединять крестьян «в достаточной степени широко и глубоко» [Ленин 1974, 45: 370]. Он писал:

> Собственно говоря, нам осталось «только» одно: сделать наше население настолько «цивилизованным», чтобы оно поняло все выгоды от поголовного участия в кооперации... «Только» это. Никакие другие премудрости нам не нужны теперь для того, чтобы перейти к социализму [Ленин 1974, 45: 372].

«Постепенный» подход Ленина к социализму требовал долгосрочной «культурной революции» для просвещения крестьян. Он полагал, что «при условии полного кооперирования мы бы уже стояли обеими ногами на социалистической почве» [Ленин 1974, 45: 376].

Ленин, однако, оставил на усмотрение своих последователей один из вопросов: какие именно кооперативы следует организовывать. Сам он говорил в основном о сельских потребительских кооперативах, а не о производственных [Lewin 1968: 115–116; Nove 1992: 105]. Этот недостаток конкретики позволил в дальнейшем вольно интерпретировать его идеи.

Переосмысление Сталиным кооперативного социализма Ленина

После смерти Ленина в 1924 году советские лидеры пытались доказать друг другу, что каждый из них является политическим преемником вождя.

> В каждом конкретном случае ведущие деятели и отдельные фракции подчеркивали определенные аспекты ленинского большевизма, при этом игнорировали или приуменьшали

значение других, некоторые преобразовывали его в нечто новое, при этом утверждая, что они следуют ленинской ортодоксии, как, например, Сталин в своих лекциях 1924 года «Основы ленинизма» [Tucker 1992: 39].

Колаковски, в частности, поясняет, что серия лекций Сталина, опубликованная в «Правде» в апреле и мае 1924 года под названием «Основы ленинизма», была не только частью его усилий доказать, что он является законным наследником Ленина, но и «первой попыткой кодифицировать доктрину Ленина по-своему» [Kolakowski 1981: 22]. Попытка Сталина «систематизировать» идеи Ленина о кооперативах началась именно с этих публикаций и продолжилась в *Кратком курсе*:

> Ленин указывал, что развитие сельского хозяйства в нашей стране должно пойти по пути вовлечения крестьян в социалистическое строительство через кооперацию, по пути постепенного внедрения в сельское хозяйство начал коллективизма, сначала в области сбыта, а потом в области производства продуктов сельского хозяйства [Сталин 1946: 157–158].

В целом историки сходятся во мнении, что В. И. Ленин мало говорил о производственных кооперативах [Lewin 1968: 115–116; Nove 1992: 105]. Ленин не дал четкой программы двухэтапного создания кооперативов. В свою очередь, Сталин выработал план, направленный на ужесточение государственного контроля над сельским хозяйством путем объединения разрозненных крестьянских хозяйств в производственные кооперативы — важный этап коллективизации советского крестьянства. Он переосмыслил ленинские идеи, подчеркивая значение производственных кооперативов как нового явления в деревне и видел в них основу будущего сельского хозяйства СССР. При этом Сталин позволил потребительским кооперативам продолжать деятельность до конца 1920-х годов. Вопрос о степени обязательности двухэтапного подхода вызвал острые разногласия среди китайских руководителей.

В качестве примера нового явления Сталин приводил специальную организацию производственных товариществ под названием «Льноцентр», высоко оценив ее роль в налаживании связей между сельскохозяйственными производителями и государственной промышленностью.

> «Льноцентр» занимается тем, что снабжает крестьян семенами и орудиями производства, потом у тех же крестьян покупает всю продукцию льна, сбывает ее в массовом масштабе на рынок; обеспечивает крестьянам участие в прибылях и, таким образом, связывает крестьянское хозяйство через Сельскосоюз с государственной промышленностью [Сталин 1947, 6: 136].

Сталин обозначил это новое явление как «домашнюю систему крупного государственно-социалистического производства в области сельского хозяйства» [Сталин 1947, 6: 137]. Он стремился оправдать свои усилия по внедрению производственных кооперативов в сельском хозяйстве, утверждая, что эта концепция восходит к Ленину, а также ссылался на западный опыт. Тем не менее в его доводах были существенные пробелы: Сталин упускал из виду, что кустарные производства и развитие капитализма на Западе базировались главным образом на индивидуальной инициативе, движимой рыночными законами, а не государственным контролем.

Создание сильной государственной экономики в Китае

Чжан Вэньтянь настаивал на приоритете государственной экономики, уделяя особое внимание тяжелой и оборонной промышленности с целью максимального ускорения их роста. Он предложил две взаимодополняющие стратегии для строительства мощного государственного промышленного комплекса. Первая базировалась на сталинской политике, предусматривающей использование всех возможных средств для накопления капитала и вложений прежде всего в государственную экономику, в особенности в тяжелый и оборонный секторы. Вторая опиралась на ленинские идеи и предполагала применение государственного капитализма для постепенного встраивания частного капиталистического сектора в экономические структуры государства [Zhang Wentian 1985: 397, 399]. Конкретные механизмы накопления капитала Чжан не раскрывал, этот аспект был детализирован позднее Жэнь Биши[14]. Особое значение Чжан придавал единству государственного управления и планирования в сфере национальной экономики [Zhang Wentian 1985: 398–399].

ССК как первый этап

Чжан Вэньтянь рекомендовал организовывать различные кооперативы, в том числе в деревне, на фабриках и государственных учреждениях, а также создавать ССК в основном в сельских районах. Поощрялось вступление крестьян в производственные группы взаимопомощи, основой которых были частная собственность на землю и добровольное участие. Коллективизация была произведена позже. Чжан пошел дальше Ленина в придании значения ССК — по его мнению, кооперативы должны служить связующим звеном между различными слоями деревенского общества:

> В настоящее время сельские кооперативы являются экономическими центрами, которые направляют экономическую деятельность мелких производителей и служат связующим звеном между сельскохозяйственным производством и потреблением. После аграрной реформы они стали важнейшей формой организации крестьян и мелких ремесленников. Без кооперативов было бы невозможно организовать экономическую деятельность тысяч мелких сельскохозяйственных производителей [Zhang Wentian 1985: 402].

Чжан, следуя сталинской интерпретации идей Ленина, делал акцент на двухэтапном подходе к организации кооперативов, предполагающем их создание сначала в сфере торговли, а затем

---

[14] Выступление Жэнь Биши на II Пленуме ЦК КПК 7-го созыва 13 марта 1949 года см. в [Ren Bishi 1987: 467–470].

в сфере производства. На раннем этапе, по мнению Чжана, следует создавать только малые и средние предприятия (МСП) [Zhang Wentian 1985: 401–402].

Целью Чжана в итоге было объединение крестьянской, государственной промышленной и коммерческой экономик, и он твердо отстаивал свои позиции в 1950 году, когда между партийными лидерами возникли споры по поводу аграрной политики на северо-востоке страны. По его мнению, партия должна «обеспечить частную собственность мелким производителям и поощрять их производить больше и накапливать семейное богатство» [Bo 1953, 1: 200–201], одновременно поощряя коммерческую деятельность ССК. Для достижения этих целей он рекомендовал объединять крестьян в группы взаимопомощи в соответствии с тремя принципами: сохранять частную собственность на землю для всех членов, спокойно относиться к неравенству между ними и разрешать им свободно вступать в группы и выходить из них [Zhang Wentian 1985: 412].

ССК, согласно позиции Чжана, должны были находиться под более строгим контролем со стороны центрального правительства, нежели потребительские кооперативы Ленина. ССК должны напрямую взаимодействовать с государственными экономическими организациями и работать в соответствии с центральным планированием. По его мнению, это единственный способ избежать нежелательной конкуренции. Кооперативы дополнительно были бы связаны по вертикали с центральным правительством через филиалы, организованные на районном, городском, уездном и провинциальном уровнях. Идея заключалась в создании контролируемой государством общенациональной коммерческой сети, которая в итоге контролировала бы всю экономическую деятельность. Чжан также предложил создать ССК в определенных отраслях, таких как соляная и рыбная промышленность [Zhang Wentian 1985: 403–404].

В конце 1940-х годов идеи Чжан Вэньтяня о создании снабженческо-сбытовых кооперативов (ССК) в сельских районах получили поддержку высшего партийного руководства. Однако, как стало ясно впоследствии, достигнутый в то время консенсус был хрупким. Мао одобрял двухэтапный метод в отношении кооперативов, но всегда отдавал предпочтение созданию производственных и многофункциональных кооперативов, подобных тем, что были сформированы в Шэньси-Ганьсу-Нинсяском пограничном районе начиная с 1942 года. В конце 1940-х он согласился с предложениями других партийных деятелей по вопросу ССК. В 1951 году Мао изменил свою позицию и отклонил предложение Лю и Чжана уделить приоритетное внимание развитию ССК, поддержав вместо этого некоторых провинциальных и уездных кадровых работников, которые выступали за организацию производственных кооперативов.

Организация государственного капитализма

Как и Ленин, Чжан считал, что дальнейшее существование частного капитализма неизбежно, поскольку государственный сектор в экономике еще недостаточно развит и не может удовлетворять потребности страны. Это наглядно продемонстрировала ситуация на северо-востоке, где государственная экономика была развита недостаточно, чтобы продолжать войну и кормить население. В отношении частного капитализма Чжан предложил политику, сочетавшую тактику привлечения и ограничения. Он считал особенно важным не «налагать ограничения на капиталистическую экономику, которая "в данный момент" все еще полезна для национальной экономики» [Zhang Wentian 1985: 408–409].

Придерживаясь ленинских позиций, Чжан утверждал, что государственный капитализм полезен для развития экономики Новой демократии. Неизвестно, знал ли Чжан о несостоятельности государственного капитализма в Советском Союзе, однако просил руководство КПК одобрить его подход [Zhang Wentian 1985: 407]. Чжан Вэньтянь также выделил четыре типа государственного капитализма, которые уже существовали на Северо-Востоке: система лизинга (*чуцзучжи*), комиссионно-агентская система (*даймайчжи*), система обработки товаров (*цзягунчжи*) и система заказа товаров (*динхочжи*). Первый и второй типы были заимствованы у Ленина, а третий и четвертый — разработаны Чжаном и другими руководителями Северо-Востока.

В рамках системы лизинга правительство вступает в договорные отношения с капиталистами и сдает им в аренду сельхозпредприятия, шахты и леса, которые самостоятельно эксплуатировать пока не может. Капиталисты сохраняют свою прибыль, а правительство может брать с них арендную плату [Zhang Wentian 1985: 406]. Такая система лизинга не работала ни в Советском Союзе, ни в Китае. Комиссионно-агентская система, позволяющая частным розничным торговцам продавать товары на комиссионной основе от имени правительства, предполагалась в качестве краткосрочной меры, которую впоследствии должны были сменить ССК [Zhang Wentian 1985: 406]. Система производства товаров основывалась на договорных отношениях, при которых государство предоставляло материалы капиталистам, а те получали прибыль, обрабатывая сырье и давая продукцию для нужд государства. В условиях системы заказа государство размещало заказы на определенные товары, которые затем изготавливались капиталистами по этим контрактам [Zhang Wentian 1985: 406].

Два последних типа государственного капитализма широко применялись в крупных городах в 1949–1954 годах, вплоть до «подъема социалистических преобразований» в промышленности и торговли в 1955–1956 годах. Обе эти практики давали государству полный контроль над буржуазией, поскольку оно становилось самым сильным игроком — предоставляло рабочие места и рынки сбыта. Выживание капиталистов в Китае стало тесно связано с коммунистическим государством. Несмотря на то что в Советском Союзе государственный капитализм оказался не особенно эффективным, в разных своих модификациях он прочно укоренился в Китае. Это объясняется, с одной стороны, военными условиями того времени, которые требовали сотрудничества государства с капиталистами, а с другой — относительно небольшим размером китайской буржуазии, что делало ее более подконтрольной государству.

Главный вклад Чжана заключался в формулировании постепенной переходной экономической стратегии, адаптирующей идеи Ленина и Сталина к реалиям Китая, а также во введении ленинской концепции государственного капитализма в экономическую и политическую дискуссии страны. Вероятно, за исключением Чэнь Бода и Лю Шаоци, крайне немногие китайские деятели были знакомы с этой теорией [Gongheguo 1991: 22; Bo 1953, 1: 63–64]. На основе экспериментов на Северо-Востоке Чжан разработал две новые формы государственного капитализма, адаптированные под китайские условия. Эти модели были впервые апробированы на Северо-Востоке, а к 1950 году нашли применение в крупных городах, таких как Тяньцзинь и Шанхай.

Чжан Вэньтянь также развил ленинскую концепцию кооперативов, создав для них в Китае четкую структуру и функции. К ленинским идеям он добавил сталинское представление о двухэтапном подходе. По его мнению, Китай в итоге должен был постепенно сформировать колхозы по советскому образцу, хотя он и не ожидал, что это произойдет в ближайшее время. Чжан признавал, что создание колхозов возможно лишь при наличии промышленной базы, способной обеспечить механизацию сельского хозяйства, а также при готовности крестьян вступать в такие объединения и передавать свою землю в коллективную собственность [Zhang Wentian 1985: 412]. Он разделял позицию Ленина о том, что было бы неразумно принуждать крестьян к участию в кооперативном производстве.

Программа Чжана столкнулась с двумя внутренними противоречиями. Первое — стремление КПК использовать частный капитал для стимулирования экономического роста противоречило ее основной цели — ликвидации экономики частного капитала. Второе противоречие — между планом партии сохранять сельское хозяйство в частной собственности в течение длительного времени и целью КПК как можно быстрее увеличить долю государственной промышленности. Решение КПК в 1949 году использовать сельхозресуры для поддержки индустриализации в государственной экономике, при этом уделяя минимум внимания повышению производительности самого сельского хозяйства, подорвало баланс между двумя секторами и неизбежно привело к упадку последнего как самодостаточной части крупной экономики и основы для поддержки индустриализации в государственном секторе.

Трехсторонний подход, являвшийся основой официальной экономической стратегии партии, оказался крайне сложным из-за своей внутренней идеологической неоднозначности. Не представлялось возможным одновременно уравновесить две экономические сферы: частное сельское хозяйство, существовавшее длительный период, и государственную промышленность, стремительно развивавшуюся по инициативе партии. Это осложнилось еще и тем, что с самого начала партия намеренно направляла ресурсы, полученные от сельского хозяйства, на поддержку индустриализации. План КПК применять капиталистическую экономику в корне противоречил ее обязательству ликвидировать ее. Внедрение данного трехстороннего подхода к развитию экономики стало серьезным испытанием для партии в первые годы КНР.

Позиция Мао

В конце 1940-х годов Мао был приверженцем ряда идей, часть из которых он открыто обсуждал со своими ближайшими соратниками, а некоторые раскрывал только узкому кругу доверенных лиц. Среди этих взглядов были его размышления о том, как адаптировать концепцию Новой демократии к реалиям Китая того времени, будущей траектории экономического развития страны, роли Советского Союза в процессе перехода к социализму, а также надлежащего отношения к классу буржуазии. Из этого многообразия идей в официальную политическую программу было включено лишь настойчивое требование Мао о необходимости поддержки со стороны Советского Союза в социалистическом преобразовании Китая. При этом малоизвестные, но важные для понимания глубинного мышления Мао идеи раскрывают его подлинное ви́дение и предвосхищают его последующую политику.

Мао придерживался твердых убеждений касательно будущего пути развития экономики новодемократического Китая. В январе 1949 года на расширенном заседании Политбюро он заявил, что несмотря на то, что экономика Китая находится на стадии Новой демократии, она неизбежно движется к социализму. По его мнению, было бы ошибочным считать, что страна идет к свободной торговле, свободной конкуренции и капитализму. Мао особо подчеркивал значение государственной экономики, отмечая, что социалистическое развитие Китая зависит от роста ее государственного сектора, несмотря на его незначительный масштаб [Hu Q. 1994: 544].

В конце 1940-х годов Мао был убежден, что Советский Союз поможет Китаю в подготовке к завершению перехода от Новой демократии к социализму. Он полагал, что экономическое развитие станет первым направлением, где Советский Союз окажет поддержку Китаю [Gongheguo 1991: 17]. Его оптимизм, вероятно, основывался на поддержке, которую Сталин предоставил КПК при захвате власти на северо-востоке в 1945 году, задолго до того, как ГМД смог войти в этот регион. Ожидание советской помощи в экономическом развитии Китая базировалось на убеждении Мао, что Советский Союз несет историческую ответственность за китайскую революцию.

Выстраивание отношений с классом буржуазии в конце 1940-х годов оказалось непростой задачей. Основная дилемма КПК заключалась в необходимости сохранять правильный баланс между использованием и ограничением — официальной партийной политикой в отношении капиталистического класса, принятой в октябре 1948 года. Эта политика была крайне противоречива, поскольку примирить две противоположные цели было практически невозможно. Тем не менее при необходимости КПК подчеркивала важность сотрудничества с национальной буржуазией, а также изучения ее опыта[15]. На деле же КПК предпочитала контролировать и ограничивать деятельность этого класса.

---

[15] Обсуждение решения КПК, принятого в январе 1949 года, см. в [Zhonggong dangshi chubanshe 1996, 1: 498–500].

Как было отмечено ранее в этой главе, несмотря на то что Мао не участвовал напрямую в формировании концептуальных основ Северо-Восточной экономической модели, именно он окончательно утвердил ее в качестве фундамента национальной экономической политики страны. В то же время он озвучил собственные взгляды по ряду важных вопросов, которые не всегда совпадали с основополагающими элементами новой национальной политики, но именно эти взгляды в дальнейшем повлияли на экономическое развитие Китая. Например, вопреки официальной линии Мао намеревался предоставить капиталистической экономике возможность существовать лишь ограниченное время.

В письме от 26 октября 1948 года Мао сообщил Лю Шаоци об изменениях, внесенных им в предложения Чжан Вэньтяня. Среди них он особо подчеркнул добавленные им слова «в настоящее время», относившиеся к утверждению «партия не должна накладывать ограничения на ту часть капиталистической экономики, которая все еще приносит пользу национальной экономике» [Zhonggong 1986, 18: 85; Gongheguo 1991: 17]. Это дополнение отражало стремление Мао ограничить временные рамки существования капиталистической экономики в Китае. В том же письме он вновь подчеркнул свою идею о том, что партийная политика должна быть направлена на ограничение частного капитала:

> Что касается нашей общей экономической политики, она должна заключаться в ограничении частного капитала <...> Чтобы добиться этого, [мы] должны регулярно бороться с частным капиталом, который пытается сойти с [социалистических] рельсов. Несмотря на то что частный капитал был поставлен на [социалистические] рельсы, он всегда пытается сойти с них. Поэтому ограничение [частного капитала] — это непрерывная борьба [Zhonggong 1986, 18: 549].

Иероглифы «ограничение» (*сяньчжи*) и «непрерывная» (*цзинчан будуань*) были подчеркнуты лично Мао. Может показаться, что его комментарии соответствуют линии партии, однако бескомпромиссная позиция относительно того, что партия должна сохранять контроль над буржуазией и что любое сотрудничество с ней может быть только временным, показывает, насколько сильно его взгляды отличались от публично заявленной в то время позиции КПК.

Приоритеты Мао в отношении городов значительно отличались от официальной партийной линии, согласно которой после 1949 года основное внимание должно было сместиться с сельской местности на города, а военные действия сменились бы экономическим строительством. Его соотечественник из провинции Хунань, генерал НОАК Хуан Кэчэн, узнал о взглядах Мао на развитие городов в мае 1949 года — всего через два месяца после II Пленума ЦК КПК 7-го созыва, где были приняты ключевые решения по национальной политике на послевоенный период. Командующий, Хуан, который возглавил взятие коммунистами Тяньцзиня в начале 1949 года, был приглашен Мао в Пекин для доклада о положении в городе. Во время совместного обеда Мао поинтересовался у Хуана, какие задачи и приоритеты партия должна поставить для развития городов. Хуан не задумываясь ответил: «Развитие производства». Такой ответ отражал официальную политику, принятую на II пленуме, однако Мао покачал головой и серьезно сказал: «Неправильно! Приоритетом должна быть классовая борьба, и [мы] должны решить вопрос с классом буржуазии» [Huang 1989, 1: 364–365; Huang 1995: 217]. Хуан сразу понял, что «между мышлением Мао и моим собственным существует большой разрыв»[16]. Точнее было бы сказать, что разрыв существовал между приоритетами Мао и официальной политикой партии.

Мао иногда делился сокровенными мыслями с ближайшими соратниками, в этот раз он озвучил их Хуану, земляку из Хунани. Необычно в этом эпизоде то, что даже такой близкий к Мао человек, как Хуан, был застигнут врасплох, впервые узнав о реальных намерениях лидера. Из последующих действий Мао становится ясно, что он имел в виду именно то, о чем говорил в мае

---

[16] В книге 1995 года Хуан повторил тот же рассказ, что и в книге 1989 года о заявлении Мао, сделанном в мае 1949 года. См. [Huang 1989, 1: 365] и [Huang 1995: 217].

1949 года. В начале 1950-х годов Мао стремился как можно скорее уничтожить класс буржуазии и на протяжении всего правления страной отдавал приоритет классовой борьбе.

Обсуждение с Микояном: конец января — начало февраля 1949 года

Доподлинно неизвестно, знал ли Микоян о телеграмме Сталина к Мао, в которой тот рекомендовал ему проводить политику сохранения экономического статус-кво после победы над ГМД в гражданской войне. Известно лишь, что во время встреч в начале февраля 1949 года и Мао, и Лю рассказали Микояну о некоторых планах. Мао сообщил Микояну о намерении КПК провести аграрную реформу в недавно освобожденных районах, но отметил, что она будет осуществляться поэтапно и в зависимости от ситуации на фронте. Кроме того, Мао говорил о необходимости поддерживать гибридную экономику [Во 1953, 1: 29], но не сказал ничего определенного о сроках. В настоящее время нет информации о том, как Микоян отреагировал на слова Мао. Мао, рассказывая о своих планах, знал об их расхождении с рекомендациями Сталина, но его, очевидно, не беспокоило мнение советского высокопоставленного представителя.

Лю, как и Мао, высказывал взгляды, отличающиеся от рекомендаций Сталина, в частности, сообщил Микояну, что КПК намерена конфисковать частную собственность, помимо той, что принадлежит бюрократическим капиталистам, включая собственность так называемой компрадорской буржуазии, «под видом конфискации бюрократического капитала»[17]. Заявление Лю было свидетельством того, что КПК стремилась конфисковать как можно больше частной собственности, но не хотела признаваться в этом публично. Кроме того, он сообщил Микояну, что КПК намерена национализировать предприятия, принадлежащие буржуазии: «...через 1–2 года можно поставить вопрос об их судьбе в плане национализации»[18].

---

[17] [Русско-китайские отношения в XX веке 2005, 5: 58].

[18] Там же.

Микоян также изложил свои взгляды Лю. Он предложил КПК проводить «осторожную политику» в отношении национальной буржуазии и отметил, что «пока не следует говорить о национализации ее предприятий, лучше присмотреться к ней и, когда власть окрепнет, поднять вопрос»[19]. В ответ на это, судя по стенограмме, Лю выразил свое полное согласие с Микояном[20]. Как бы то ни было, нельзя утверждать, что Мао или Лю когда-либо серьезно относились к рекомендациям Микояна.

Частота и содержание переписки между Сталиным и Мао с момента отъезда Микояна из Сибайпо в начале февраля 1949 года до созыва II Пленума ЦК 7-го созыва в начале марта 1949 года остаются неизвестными. Также неизвестно, давал ли Сталин какие-либо рекомендации Мао по вопросам политики после того, как Микоян доложил ему о ходе переговоров по возвращении из Китая.

За короткий период с осени 1948 до лета 1949 года руководство КПК разработало экономическую программу, главным образом опираясь на Северо-восточную модель, чтобы наметить путь к социализму. Вопреки первоначальной рекомендации Сталина о сохранении существующей формы собственности, с чем Мао был согласен в начале, КПК приняла политическую программу, нацеленную на создание прочной экономической базы для социалистического строительства с самого основания КНР [Hu Q. 1994: 543]. Большинство высших партийных руководителей, включая Лю и Чжана, искренне поддерживали этот подход, однако не знали о глубинных взглядах Мао на классовую борьбу и буржуазию, вследствие чего не осознавали его стремления ускорить строительство социализма в Китае. На фоне серьезных идеологических разногласий между Мао Цзэдуном и другими лидерами партии, а также в условиях, когда партийная пропаганда формировала ожидания обычных членов и массовой аудитории, отличающиеся от официальной линии, при осуществлении экономической программы неизбежно возникали значительные трудности.

---

[19] Там же.

[20] Там же.

Второй случай: изменение политики Мао в отношении зажиточных крестьян. 1950 год

В начале 1950 года Мао целенаправленно приступил к выполнению рекомендации Сталина о проведении «двухэтапной» аграрной реформы в недавно освобожденных районах. Первый этап реформы предусматривал сохранение права собственности и контроля над землей за обеспеченными крестьянами. Согласно этой стратегии, земля зажиточных крестьян не подлежала конфискации вплоть до второго этапа. Для Мао выполнение этих рекомендаций оказалось относительно простым, поскольку они совпадали с двухэтапной аграрной реформой, которую он временно реализовывал в Северном Китае с начала 1948 года. Кроме того, Мао следовал прежним обязательствам, принятым летом 1949 года, соблюдать политические указания Сталина. Необходимо отметить, что личная встреча Мао со Сталиным в Москве в начале 1950 года усилила давление на Мао касательно политики в отношении зажиточных крестьян, а также подтолкнула его к дальнейшему выполнению рекомендаций советского руководства.

Во время своего визита в Москву в феврале 1950 года Мао проинформировал Сталина о политике КПК по аграрной реформе в недавно освобожденных районах. Мао и КПК решили провести реформу в этих районах зимой 1950 года. Подробной записи беседы нет, однако очевидно, что Сталин не возражал против плана Мао, при этом высказал свои соображения, как поступать с зажиточными крестьянами. Сталин предложил провести аграрную реформу в два этапа: сначала обратиться к помещикам, а затем — к зажиточным крестьянам, причем между этими этапами предусматривался длительный промежуток времени. Проявляя характерный для себя проницательный прагматизм, он рекомендовал нейтрализовать возможное сопротивление со стороны зажиточных крестьян, не трогая их до тех пор, пока не будет окончательно ликвидирован класс помещиков, чтобы не навредить сельскохозяйственному производству. Кроме того, Сталин дал совет Мао использовать стремление бедняков завладеть землей состоятельных соседей как инструмент влияния, при этом официальная позиция КПК должна была оставаться нейтральной — ни запрещать, ни поощрять акты конфискации [Mao 1987–1998, 1: 264].

Реализация предложений Сталина по аграрной реформе требовала строгой дисциплины. Политика нейтрализации зажиточных при одновременном разрешении бедным крестьянам конфисковывать их землю могла создать ситуацию, которую партии сложно было бы контролировать. Сталин был готов допустить временное существование класса зажиточных крестьян, при этом он прекрасно осознавал серьезность предстоящей борьбы с этим классом. Его двухэтапная стратегия в аграрных вопросах представляла собой чисто тактический маневр, лишенный идеологических оснований. Позже Сталин предлагал схожие рекомендации коммунистическим лидерам других стран, подчеркивая необходимость балансировки между социальными процессами и экономической стабильностью. В январе 1951 года он советовал руководителям болгарской компартии «не проводить раскулачивание, не копировать советский опыт 1930-х годов и не нагнетать искусственно напряженность»[21]. Предложение Сталина фактически положило конец рассматривавшемуся в то время в Болгарии плану конфискации земли зажиточных крестьян [Migev 1997: 63].

Предложения Сталина прозвучали как раз в тот момент, когда у КПК возникли серьезные проблемы с помещиками и зажиточными крестьянами в недавно освобожденных районах. Опасаясь аграрной реформы и политических преследований, многие из них продавали свои земли или использовали другие средства, чтобы избавиться от земли и другого имущества и изменить статус собственника. Последствия аграрной реформы, проведенной в Китае в начале 1950-х годов, оказались катастрофическими. Во-первых, значительное число наемных рабочих, трудившихся на помещиков и зажиточных крестьян, осталось без работы, лишившись средств к существованию. Во-вторых, дробление земель привело сначала к сокращению посевов зерновых культур, а затем и к снижению урожайности, что вынудило правительство закупать зерно на международном рынке. Лю сообщил Николаю Рощину, в то время бывшему советским послом в Китае, о сложившейся тяжелой си-

---

[21] [Migev 1997: 62–63].

туации[22]. Уже в феврале 1950 года КПК направила во все пострадавшие регионы директиву, в которой настоятельно требовала как от помещиков, так и от зажиточных крестьян для стабилизации сельскохозяйственного производства не дробить землю[23].

Согласившись с рекомендациями Сталина о двухэтапном проведении аграрной реформы, Мао, желая отсрочить ее до своего возвращения в Пекин, изменил подход партии в недавно освобожденных районах. 17 февраля 1950 года он связался с Лю, который находился в Пекине и руководил общей работой правительства, и велел ему отложить проведение аграрной реформы в недавно освобожденных районах[24]. В соответствии с разным отношением к помещикам и крестьянам, предполагаемым в рамках двухэтапной политики аграрной реформы, Мао еще в Москве решил снять с зажиточных крестьян запрет на дробление земель. 2 марта 1950 года Лю направил в Восточно-китайское бюро телеграмму, в которой сообщал, что запрет на дробление земли и имущества распространяется только на помещиков [Liu 1998, 2005, 1: 405]. Мао понимал, что если он согласится с рекомендациями Сталина по аграрной реформе, разделению помещиков и зажиточных крестьян, то ему придется пересмотреть политику реформы и земельный закон, принятые в 1947 году в старых освобожденных районах на севере Китая. В упомянутых документах не проводилось различий между зажиточными крестьянами и помещиками[25]. Были у него и практические соображения. Если двухэтапная политика будет проводиться в новых освобожденных районах на юге страны, как оправдать ее перед зажиточными крестьянами в старых освобожденных районах на севере, которые уже потеряли свои земли и имущество?

---

[22] Беседа Лю с Николаем Рощиным 26 августа 1950 года, см. [АВП РФ, 43: 157–179].

[23] Телеграмма от 9 февраля 1950 года, которую Лю направил в Южно-центральное бюро, см. [Liu 1998, 2005, 1: 402].

[24] [Gongheguo 1991: 205; Mao 1987–1998, 1: 264–265; Wenxian xuanbian 1993–1997, 1: 126–27].

[25] [Zhongyang 1992, 16: 546–550]. Особенно см. п. 8, с. 548.

В начале марта 1950 года Мао вернулся в Пекин и начал предпринимать решительные меры по выполнению рекомендаций Сталина. Он осознавал необходимость не только выработать новую политику аграрной реформы, но и разработать новый земельный закон, который должен был заменить прежний, принятый в 1947 году, действовавший в старых освобожденных районах Северного Китая. Мао проявил определенную демократичность, проконсультировавшись с широким кругом партийных руководителей; этот процесс продолжался около трех с половиной месяцев — с середины марта до конца июня 1950 года — и включал три раунда переговоров. Окончательный вариант политической линии, позволявший зажиточным крестьянам сохранить свои земли [Wenxian xuanbian 1993–1997, 1: 337], соответствовал рекомендациям Сталина.

Первый раунд Мао провел с Дэн Цзыхуэем из Центрально-китайского бюро —главным экспертом по крестьянскому вопросу. Дэн попросил расширить обсуждение, включив руководителей Восточно-китайского, Южно-китайского, Северо-Западного и Юго-Западного бюро, в этих регионах аграрная реформа не была проведена. Этот раунд начался 12 марта 1950 года[26]. К 25 марта Мао получил два ответа от Дэна и один от Ван Шоудао из Южно-китайского бюро. Оба поддержали идею проведения двухэтапной аграрной реформы согласно рекомендациям Сталина, но при этом добавили, что выступают за конфискацию арендной собственности зажиточных крестьян и распределение ее среди бедных крестьян на первом этапе — объектом «борьбы» должны стать помещики [Lang 2001: 10–11; Deng Z. 1996: 404–405]. Ко второму раунду Мао привлек еще большее число руководителей и задал им более конкретные вопросы. 30 марта он направил телеграммы руководителям всех шести центральных бюро, а также партийных комитетов КПК уровня провинций, городов и районов. В телеграммах запрашивалось их мнение о новом земельном законе, однако примерно половина из 14 вопросов касались действий в отношении зажиточных крестьян [Lang 2001: 10].

---

[26] См. [Mao 1987–1998, 1: 272–273] и [Mao wenji 1993, 1996, 1999, 6: 47–48], также [Wenxian xuanbian 1993–1997, 1: 137–138].

Это была серьезная попытка получить от партийных функционеров отзывы об идеях Сталина, при этом не упоминая его имени. Мао попросил руководителей высказать мнение, можно ли проводить аграрную реформу поэтапно с интервалами в несколько лет. Он также хотел узнать их позицию по возможной нейтрализации зажиточных крестьян на первом этапе аграрной реформы. В связи с этим Мао Цзэдун задал вопрос, какие наделы должны получить бедные крестьяне в результате перераспределения конфискованной у помещиков земли и изъятой у зажиточных крестьян арендной собственности. Его также волновало, не повредит ли конфискация арендной собственности зажиточных крестьян их нейтрализации[27].

Тщательность, с которой Мао проводил эти совещания, показывает, насколько сильно он стремился обеспечить успех аграрной реформы. Кроме того, возможно, он не хотел, чтобы другие партийные деятели считали, что он просто выполняет указания Сталина. Это была своего рода попытка создать впечатление, что КПК может опираться на свой прошлый опыт при разработке успешной политики аграрной реформы. Однако большинство региональных руководителей, вероятно, уже знали, что источником идей, по которым запрашивали их мнение, был Сталин.

К концу апреля Мао получил ответ от региональных руководителей, включая третий ответ от Дэн Цзыхуэя. Все придерживались мнения, что аграрную реформу целесообразно проводить в два этапа и не включать в первый этап зажиточных крестьян. Разногласия возникли по вопросу, следует ли конфисковывать арендную собственность зажиточных крестьян, а затем перераспределять ее в пользу бедных на первом этапе. Дэн Цзыхуэй же убедительно объяснил, почему он по-прежнему выступает за конфискацию арендной собственности[28].

Решительное возражение Дэна вынудило Мао 30 апреля 1950 года начать третий раунд переговоров, но на этот раз с одним пред-

___

²⁷ См. [Wenxian xuanbian 1993–1997, 1: 167–169], также [Gongheguo 1991: 210–212].

²⁸ [Lang 2001: 11–12; Deng Z. 1996: 405–406]. Телеграмму Дэна Мао от 25 апреля 1950 года см. в [Wenxian xuanbian 1993–1997, 1: 206–209; Gongheguo 1991: 213–215].

ставителем — Жао Шуши из Восточно-китайского бюро [Lang 2001: 12]. Вероятно, Мао понравился его первоначальный ответ, и он хотел более подробно изучить его взгляды, чтобы впоследствии использовать их для переубеждения Дэна. В первоначальном ответе Жао подчеркивалось, что объем арендной собственности, принадлежащей зажиточным крестьянам, на востоке страны невелик, а проблемы, которые возникнут в результате сопротивления, намного превзойдут те незначительные выгоды, которые КПК получит в результате изъятия собственности. Он также предложил решать вопрос с зажиточными крестьянами на этапе социализма [Lang 2001: 11]. 1 мая 1950 года, не дожидаясь ответа Жао, Мао направил Дэну телеграмму с изложением схожей позиции по этому вопросу. Чтобы не провоцировать разногласия между Дэном и Жао, Мао попросил каждого из них разработать свой вариант закона о земле и приехать с проектом в Пекин[29]. В итоге закон о земле, принятый 30 июня 1950 года, не только включал в себя предложения Сталина, но и позволял делать исключения: в тех районах, где это требовалось, можно было конфисковать часть или всю арендную собственность зажиточных крестьян. Такие исключения, однако, могли происходить лишь с одобрения центральных властей [Wenxian xuanbian 1993–1997, 1: 337]. Вероятно, Мао включил в закон положение об исключениях, чтобы успокоить Дэн Цзыхуэя и других сторонников конфискации арендной собственности.

Мао умело решил проблему с зажиточными крестьянами, однако политику аграрной реформы еще предстояло проверить на соответствие реальным условиям страны. С началом Корейской войны в июне 1950 года Мао был вынужден перенести акцент на установление более жесткого контроля над сельской местностью и на уничтожение бандитов и контрреволюционеров. В рамках общего подхода он стремился ускорить проведение аграрной реформы в недавно освобожденных районах[30]. Вскоре после этого Мао пришлось предостеречь региональных руководителей

---

[29] Ответ Мао от 1 мая 1950 года см. в [Gongheguo 1991: 216; Mao 1987–1998, 1: 323].

[30] См. [Gongheguo 1991: 219] и [Mao 1987–1998, 1: 680].

от «левацких» методов, поскольку многие из них злоупотребляли своими полномочиями в отношении зажиточных и средних крестьян и ущемляли экономические интересы обоих [Gongheguo 1991: 221–222]. Мао и другие партийные руководители приложили немало усилий, чтобы переломить существующую политику аграрной реформы в соответствии с рекомендациями Сталина, но на этапе ее реализации особых изменений не наблюдалось. Следуя советам Сталина, Мао изменил подход партии к этому вопросу в недавно освобожденных регионах. Таким образом, Сталин смог заставить Мао придерживаться своих пожеланий относительно решения проблемы зажиточных крестьян.

Мао попытался отмежеваться от политики двухэтапной аграрной реформы в феврале 1953 года, когда во время инспекционной поездки по Южному Китаю принял решение ускорить преобразование китайской экономики. Тогда он заявил местным руководителям на юге страны, что именно Сталин предложил сохранить зажиточное крестьянство в ходе аграрной реформы, чтобы избежать негативных последствий для производства. Далее Мао объявил, что «развитие сельскохозяйственного производства в Китае зависит не от зажиточных крестьян, а от кооперативов взаимопомощи» [Guo S. 1990: 42], и тем самым не только разорвал связи с политикой, в разработке которой принимал активное участие в 1950 году, но и подготовил почву для разработки новой политики.

Третий случай: Сталин и новый план Мао перехода к социалистической экономике. Осень 1952 года

К осени 1952 года Мао принял решение опередить официальный график перехода страны к социализму. Он поделился этими идеями с небольшой группой высших партийных руководителей в сентябре 1952 года, а затем решил, что пришло время доложить Сталину о предварительных планах перехода Китая к социализму и заручиться поддержкой советского лидера. Осенью 1952 года необходимо было обсудить со Сталиным и другие важные для обоих вопросы: сроки проведения первой сессии Всекитайского собрания народных представителей (ВСНП) и разработку первой конституции КНР. Мао, прежде чем принимать решение о новой политической структуре, предпочитал дождаться вступления страны в социализм. Однако Сталин ставил иные задачи и стремился как можно скорее завершить политическую сталинизацию Китая, поэтому призвал Мао перенести дату открытия ВСНП и ускорить разработку новой конституции [Jin, Huang 1998, 2: 758; DY 2005, 1: 11–12]. Сталин поддержал программу постепенного перехода к социализму, которую Лю представил ему в начале XIX партийного съезда КПСС в октябре 1952 года в Москве.

Прибыв на XIX Съезд, Лю проследил за тем, чтобы письмо КПК от 20 октября 1952 года, в котором излагались дальнейшие планы, было передано Сталину [Bo 1953, 1: 218]. С лета 1949 года, начав интенсивные переговоры со Сталиным, лидеры КПК выработали практику представления ему докладов или писем перед личной встречей. Это был эффективный способ подготовить Сталина к предстоящему обсуждению; кроме того, у него появлялась возможность заранее подготовить ответы. 24 октября, через четыре дня после получения Сталиным письма, Лю и три высокопоставленных китайских деятеля — Чэнь И, Ван Цзясян и Жао Шуши — получили возможность встретиться с ним лично и обсудить широкий круг важных вопросов.

В связи с особенностями ситуации, связанными с письмом Лю, прежде чем приступить к обсуждению его содержания, следует выделить несколько важных обстоятельств, заслуживающих внимательного рассмотрения. Во-первых, именно Мао попросил Лю написать письмо Сталину с просьбой дать указания по четырем вопросам: срокам перехода Китая к социализму, предварительному плану КПК по проведению первого заседания Всекитайского собрания народных представителей, отношению к японской компартии и коммунистическим партиям Вьетнама и Индонезии [DW 2005, 1: 10]. Во-вторых, долгое время была известна только первая часть этого письма[31]; в начале 2005 года

---

[31] Текст первой части письма см. в [DW 1988, 5: 53–55; Zhonggong zhongyang 1993a: 239–243; Wenxian xuanbian 1993–1997, 3: 367–371; Zhengui dang'an 1999, 1: 229–32]. См. также [Liu 1996, 2: 304–305].

увидела свет и вторая часть [DW 2005, 1: 9]. Третья и четвертая части до сих пор не опубликованы. В-третьих, вплоть до октября 1952 года китайское руководство обдумывало переход Китая к социализму, о чем свидетельствует первая часть письма Лю к Сталину, но по многим вопросам, изложенным в нем, еще не было достигнуто консенсуса. Это следует из заявления Лю: «идеи, изложенные в письме, являются лишь предварительными соображениями некоторых товарищей и обсуждались только во время неофициальных бесед»[32]. Кроме того, в письме не предлагалось никаких конкретных сроков реализации описанных в нем мер [Liu 1996, 2: 723]. В-четвертых, в первой части письма Лю прямо заявляет, что руководство КПК не уверено в «правильности» предложенных планов в отношении перехода Китая к социализму, особенно в отношении упомянутого «нового элемента». Лю не уточняет, что имеется в виду под «новым элементом», но можно предположить, что это косвенно указывает на то, что Китай должен начать переход к социализму незамедлительно. Судя по всему, именно по этому вопросу Лю просил совета у Сталина [DW 2005, 1: 9].

В письме Лю представил Сталину подробный анализ экономического положения Китая, перспектив развития различных отраслей промышленности, а также соотношения частного и государственного секторов на ближайшие 5–10 лет. Согласно прогнозам Лю, при сохранении нынешней политики КПК будет в состоянии ликвидировать капитализм через десять лет, к этому времени, согласно его письму, государственные отрасли будут занимать доминирующее положение в экономике [DW 1988, 5: 54]. Идеи, изложенные Лю, не были ни новыми, ни радикальными. Переход Китая к социализму будет достигнут мирными средствами и благодаря долгосрочным усилиям [DW 1988, 5: 54–55]. Идеи, красной нитью проходящие через письмо, во многом соответствовали идеям, принятым КПК в 1949 году. План состоял в том, чтобы продвигать экономику страны к социализ-

---

[32] См. [DW 1988, 5: 53; Gongheguo 1991: 18; Wenxian xuanbian 1993–1997, 3, 371(1); DW 2005, 1: 9]. Краткое обсуждение см. в [Mao 1987–1998, 3: 695].

му, постепенно усиливая присутствие государства в городской экономике и роль коллективов в сельской. Лю также включил в него подробное обсуждение методов, которые КПК планировала использовать для борьбы с классом капиталистов и капиталистической промышленностью в течение следующих десяти лет. Лю подробно объяснил эти планы, вероятно, он счел необходимым их обосновать. При этом в письме не были упомянуты некоторые старые идеи, например приоритет, который ранее отдавался организации ССК в сельской местности. Поскольку Сталин был согласен с «отношением» КПК к классу капиталистов, необходимо описать позицию партии по отношению к ним.

Лю сообщил Сталину в октябрьском письме 1952 года, что КПК планирует национализировать капиталистическую промышленность через десять лет. Он полагал, что это можно будет сделать легко, поскольку к тому времени более 90 % промышленности будут принадлежать государству, а капиталистическая составляющая станет частью плановой экономики и, следовательно, не сможет существовать самостоятельно. Тогда КПК предложит капиталистам передать свои фабрики государству и договориться с ним об оставшейся собственности после передачи предприятий и большей части капитала [DW 1988, 5: 54].

Лю назвал пять причин уверенности КПК в том, что большинство капиталистов согласятся передать свои предприятия в распоряжение государства. Эти причины были связаны с характером китайской буржуазии, политикой, которую КПК уже проводила в отношении этого класса, изменениями внутри него и, наконец, с соотношением сил в социалистической экономике через десять лет. Лю рассказал Сталину, что КПК уже применяет двустороннюю политику, то есть позволяет капиталистам получать определенную прибыль и одновременно наказывает тех, кто действует незаконно. В долгосрочной перспективе выживут только законопослушные капиталисты. Наряду с этой двусторонней политикой использовали и другие меры, ставившие капиталистов в бóльшую зависимость от правительства во всех сферах, связанных с предпринимательской деятельностью. Лю также отметил полный контроль профсоюзов над классом капиталистов [DW 1988, 5: 54].

Лю дал понять, что не сомневается в том, что через десять лет государственная промышленность станет доминирующей и что в таких условиях классу капиталистов не останется ничего, кроме как сдаться и перейти под полный контроль КПК. Его уверенность в 1952 году, вероятно, была подкреплена успехом политических кампаний Против трех зол и Против пяти зол, направленных на подавление класса буржуазии. Он также рассказал Сталину о планах партии относительно деревни. Никаких новых идей предложено не было. Цель КПК была ясна: преобразовать частную сельскую экономику в коллективную. К осени 1952 года около 40 % сельскохозяйственной рабочей силы уже было объединено в группы взаимопомощи, но в течение следующих 10–15 лет предполагалось создать организации более высокого уровня, такие как сельскохозяйственные производственные кооперативы и коллективные хозяйства. Лю сказал Сталину, что класс зажиточных крестьян стал незначительным, и, когда придет время, КПК решит, как ликвидировать его [DW 1988, 5: 55].

Лю также выделил две области, в которых партия столкнулась с трудностями при расширении государственного присутствия: розничная торговля и кустарное производство. Расширение государственных предприятий в розничной торговле было ограничено из-за опасений КПК, что их быстрое увеличение приведет к безработице среди миллионов владельцев магазинов, продавцов и лоточников и вызовет социальные беспорядки, а этого необходимо избежать. В кустарном производстве была другая проблема: в отрасли не было партийного организационного руководства, она была раздроблена, что затрудняло организацию кооперативов, как планировалось изначально [DW 1988, 5: 55].

Во время встречи со Сталиным 24 октября 1952 года Лю и другие китайские руководители имели возможность обсудить с советским лидером переход Китая к социализму и прочие идеи, содержащиеся в письме [Shi Zhe 1991: 529–530]. Доступ к стенограмме этой беседы был ограничен, обнародован лишь официальный ответ Сталина на письмо Лю. 26 октября 1952 года Лю направил Мао телеграмму, в которой сообщил о реакции Сталина на письмо. Советский лидер одобрил постепенный план, освещенный в письме Лю, переданном ему в начале работы XIX съезда КПСС[33]. Сталин дал краткий устный ответ: «Ваши идеи верны. После захвата власти партия должна осуществлять постепенный переход к социализму. Ваша позиция в отношении китайского капиталистического класса верна»[34]. В этом лаконичном заявлении Сталин выразил поддержку постепенному переходу Китая к социализму. Нет сведений о том, что Сталин пытался предложить какие-либо политические меры или поднять вопрос о сроках. В своем заявлении о классе капиталистов он поддержал позицию, занятую руководством КПК, но не высказал никакой конкретики.

Почему на важный политический запрос Мао Сталин дал столь неопределенный ответ, резко контрастирующий с его четким и подробным заявлением о сроках первого заседания ВСНП?[35] И почему Сталин избежал прямого ответа на самый насущный вопрос, который беспокоил Мао: правильно ли переходить к построению социализму в настоящее время?

По одной из версий, Сталин просто не обратил внимания на слово «сейчас» (*сяньцзай*) в письме. Оно встречается в тексте лишь дважды: один раз в начале, второй — в разделе, описывающем политику, которую КПК намеревается проводить по отношению к классу капиталистов. Можно предположить, что Сталин в то время был болен и занят другими делами, поэтому не обратил внимания на это слово и сконцентрировался на рассмотрении более важных вопросов. Однако по другой версии, Сталин не был согласен с идеей срочного перехода к социализму в Китае, но решил не отвечать отрицательно, лишь сделал неоднозначное заявление.

Сталин имел собственные представления о том, какой должна быть политика в Китае в тот период, и стремился к тому, чтобы его взгляды были определяющими. Он желал, чтобы Мао сначала создал однопартийную политическую систему с доминирова-

---

[33] См. [Liu 1996, 2: 723]. Телеграмма Лю Мао, см. [DW 2005, 1: 10].

[34] См. [Bo 1953, 1: 221; Liu 1996, 2: 723; Mao 1987–1998, 3: 695].

[35] Более подробно см. [DW 2005, 1: 11–12].

нием КПК и формальной конституцией, после чего сосредоточился бы на осуществлении экономических преобразований[36]. Аргументы Сталина оказались убедительными, в итоге он добился своего: Мао создал однопартийную политическую систему, закрепленную в Конституции 1954 года.

О внутренних дискуссиях в КПК по поводу ответа Сталина нет информации, однако известно, что Мао решил интерпретировать его как поддержку своего плана. Руководство КПК пошло на поводу у Мао. Начиная со второй половины 1953 года высшие лидеры КПК, включая Мао, Лю, Чжоу и других, приступили к формированию политики немедленного перехода к социализму, учитывая экономические особенности страны [Liu 1996, 2: 724–725].

Заключение

В течение четырех с половиной лет — с момента, когда Сталин рекомендовал сохранять существующую экономическую структуру, и до периода поддержки постепенного перехода к социализму — он неизменно придерживался умеренной линии относительно аграрной реформы, отношения к зажиточным крестьянам, национальной буржуазии, темпов экономического развития в период Первой пятилетки и темпов социалистического преобразования Китая. Сталин не только давал рекомендации и оказывал помощь китайским товарищам, но и стремился сдерживать радикальные политические устремления Мао, добиваясь в этом определенных успехов. Пока Сталин был жив, Мао вынужденно проявлял некоторую сдержанность в своей политике.

В каждом из трех рассмотренных случаев Мао действовал по своему. В первом он не выразил несогласия с рекомендацией Сталина о сохранении существующей экономической структуры на неопределенный срок. Чтобы не вызвать конфликт, он на словах поддержал позицию советского лидера. Однако в политике Мао Цзэдун последовательно придерживался собственной линии. В 1948–1949 годах он осуществлял политическую про-

---

[36] Более подробно см. [Li H. 2001: 28–47].

грамму, отличную от той, что рекомендовал Сталин, и это имело долгосрочные последствия для Китая. Во втором случае Мао первоначально последовал совету Сталина, но впоследствии дистанцировался от него, когда рекомендации стали расходиться с его новой политической стратегией. Третья ситуация отражает стремление Мао максимально отстоять свою независимость, но в итоге он был вынужден использовать авторитет Сталина, порой даже искажая его позицию, ради продвижения собственных планов. Только после кончины Сталина Мао получил возможность свободно реализовать свои радикальные проекты.

Глава 3

Краткий курс Сталина и социалистическое преобразование китайской экономики в начале 1950-х годов

Введение

Как уже отмечалось, подражание Мао советской модели развития основывалось как на обсуждениях ситуации с советскими руководителями, в особенности со Сталиным, так и на изучении трудов классиков марксизма. Рекомендации Сталина, как показано в главе 2, главным образом служили ограничением для радикальных планов Мао по скорейшему установлению социалистической системы в Китае. Особенно значительное воздействие на идеи Мао оказал *Краткий курс* Сталина, который стал для него ключевым пособием для формирования в начале 1950-х годов экономической системы сталинского образца.

Подчеркивая значимость *Краткого курса*, нельзя приуменьшать роль других источников идей того времени, включая труды Ленина, другие работы Сталина, выступления и политические доклады советских руководителей начала 1950-х годов, а также устные рекомендации, предоставленные Сталиным и советскими чиновниками. Особое значение *Краткого курса* заключается в том, что он служил своеобразным планом построения социализма в Китае. С уверенностью можно утверждать, что социалистические преобразования в Китае после 1949 года в значительной мере развивались согласно этапам, изложенным в этой работе Сталина.

Некоторые западные исследователи обращают внимание на то, как повлиял *Краткий курс* на Мао и КПК. Так, Бенджамин Шварц отмечает отсутствие критики со стороны Мао по отношению к описанному в *Кратком курсе* образу «социализма» [Schwartz 1979]. Тони Сайч указывает, что попытки переписать историю КПК в рамках Кампании по упорядочению стиля были вдохновлены сталинским *Кратким курсом*, а Мао стремился, чтобы история партии базировалась на маоистском дискурсе [Saich 1994: 303, 315].

Я разделяю позицию Шварца, согласно которой в начале 1950-х годов Мао был предан взглядам на социализм, изложенным в *Кратком курсе*. Более того, можно утверждать, что Мао создал экономическую модель, во многом следуя шагам, обозначенным Сталиным. Он опирался на радикальные идеи Сталина 1920–1930-х годов, отраженные в *Кратком курсе*, особенно на представления о мерах, необходимых для разрушения старой экономической структуры и формирования новой социалистической системы. Особое внимание Мао уделял условиям, обозначенным Сталиным, при которых капитализм подлежит ликвидации, а также срокам, необходимым для завершения социалистической трансформации. По сути, следуя этапам, прописанным в *Кратком курсе*, Мао стремился «сократить путь» и сделать так, чтобы Китай прошел каждый этап социалистического строительства быстрее, чем СССР.

Приверженность Мао наследию Сталина выявляет парадоксальную сторону его идеологической позиции: с одной стороны, он с недоверием воспринимал советы Сталина о постепенности, с другой — безоговорочно принимал его ранние радикальные концепции.

Как характеризует столь сильная зависимость Мао от *Краткого курса* его как лидера, его идеологическую ориентацию, приверженность сталинизму и сталинскому пути построения социализма, а также компетенции Мао как независимого мыслителя? Чтобы подготовить почву для обсуждения этого вопроса, я сначала кратко расскажу о содержании *Краткого курса*, затем рассмотрю историю применения изложенных в нем идей в Китае и отношение Мао к сталинскому труду.

Краткий курс

«История Всероссийской коммунистической партии (большевиков). Краткий курс» — учебник по истории партии, впервые изданный в Москве в 1938 году. На Западе книга известна как «Краткий курс». Труд был подготовлен под личным руководством Сталина: он не только редактировал текст, но и внес существенные коррективы, особенно в раздел главы 4, посвященный диалектическому и историческому материализму — теме, вызывавшей у Мао особый интерес. Несмотря на то что эта книга — коллективный труд, после Второй мировой войны Сталин заявил о своем единоличном авторстве[1] [Tucker 1992: 531]. Китайские коммунисты продолжали верить, что Сталин в одиночку написал *Краткий курс*[2]. В отличие от большинства значимых книг на Западе, которые пользуются популярностью благодаря оригинальности и силе изложенных в них идей, *Краткий курс* был навязан Сталиным коммунистическому миру, советский лидер использовал его в качестве инструмента сталинизации. В период с 1938 по 1953 год было выпущено более 42 миллионов экземпляров в 301 издании на 67 языках [Maslov 1989–1990, 3: 42].

В книге освещалась ранняя история советской коммунистической партии (ВКП(б)), исторические этапы революции и социалистических преобразований в СССР в период с 1883 по 1937 год. В *Кратком курсе* история партии излагалась таким образом, что каждое значимое событие было представлено результатом политической борьбы между правильной линией, которую представляли Ленин и Сталин, и неправильными позициями различных

---

[1]   Обсуждение создания и развития книги см. в [Brandenberg 2002: 251–260].

[2]   Пример распространенной практики обозначения книги как «Краткий курс Сталина» см. в [Mao zaonian 1998: 221].

антипартийных групп. Лейтмотивом книги шло оправдание Сталиным жестоких чисток своих противников, таких как Троцкий и Бухарин, которые помогли ему прийти к власти, но впоследствии были с ним не согласны. Поскольку теперь эти бывшие «товарищи» представляли собой «антипартийные» элементы, они могли быть раздавлены и не заслужили пощады. В книге исторические факты перетасованы, а идеи искажены с целью демонстрации правильности партийной политики — даже в самые трудные периоды для сталинской линии. Все нацелено на прославление Сталина, его роли в революции и строительстве социализма в Советском Союзе. Этот труд отражал систему ценностей Сталина, его мировоззрение и подход к социалистическому строительству.

С конца 1930-х годов и вплоть до начала хрущевской десталинизации в 1956 году, *Краткий курс* воспринимался во всем коммунистическом мире как энциклопедия марксизма-ленинизма и авторитетный источник «официального толкования» советской партийной истории. Эта точка зрения была закреплена в пропагандистской резолюции ВКП(б) от 14 ноября 1938 года, сразу после выхода книги в свет [Zuotanhui 1989: 16]. На протяжении многих лет считалось, что *Краткий курс* дает компетентные ответы на вопросы идеологии, партийной и экономической политики, а также социалистического преобразования государства[3]. Это мнение разделяли руководители коммунистических стран, включая Мао, который, как будет показано далее, питал особое уважение к *Краткому курсу*. После 1956 года книга утратила свою значимость в большинстве стран коммунистического мира, но продолжала пользоваться большим влиянием в Китае. Мао продолжал рассматривать *Краткий курс* как сакральный текст, принимая его без критики, а высшее руководство КПК черпало из него идеи для политических дискуссий по идеологическим, политическим, социальным и экономическим вопросам начиная с 1938 года, когда был опубликован китайский перевод книги в Советском Союзе.

---

[3] Интервью с Яношем Корнаи, 2 февраля 1994 года.

*История применения **Краткого курса** в **Китае***

Краткий курс был переведен с русского языка на китайский Бо Гу и Се Вэйчжэнем в Москве[4]. Жэнь Биши, один из самых преданных сторонников Мао, также сыграл важную роль в публикации переведенной работы в Москве. Жэнь был делегатом КПК в Коминтерне, тесно сотрудничал с Советским бюро иностранных языков и помогал проверять китайский перевод, кроме того, перевел один раздел главы 4 [Ren 1993: 375]. Интересно, что с момента появления книги в Китае в 1938 году и до 1970-х годов, несмотря на китайско-советский раскол, китайцы продолжали использовать переводное издание 1938 года, напечатанное в Советском Союзе[5].

Вскоре после того как книга появилась в Яньани, ее стали использовать в качестве «учебного материала ускоренного курса» [Lou 1997: 24] для обучения молодых кадров в партийных школах [Li W. 1986: 434][6]. В середине 1980-х годов Ли Вэйхань, преподававший *Краткий курс* в Яньани, утверждал, что в 1930–1940 годах деятели КПК изучали марксизм-ленинизм именно по этой книге [Li W. 1986: 388]. Такая практика продолжалась вплоть до 1960-х. Таким образом, *Краткий курс* использовался для обучения нескольких поколений китайских коммунистических деятелей [Mao zaonian 1998: 324].

Краткий курс распространялся не только в районе Яньани, но и направлялся в другие регионы, контролируемые КПК. Книга пользовалась значительным спросом. Так, в конце 1939 года из 100–120 экземпляров *Краткого курса*, направленных в Шаньдун из Яньани, лишь 7 достигли адресата, а большинство были перехвачены кадровыми работниками по пути [Li W. 1986: 434]. Кроме того, книга распространялась среди коммунистов в оккупированных японскими войсками районах. Один из источников сообщил, что его отец, будучи молодым коммунистом, работав-

---

4   Устный источник.

5   Устный источник.

6   См. также [Gong 1996: 111].

шим в этих районах, однажды чуть не подвергся опасности из-за экземпляра *Краткого курса*. Во время поездки по проселочной дороге с двумя крестьянами они столкнулись с приближающимися японскими войсками. Чтобы избежать ареста, он быстро спрятал книгу в поле, а позже попросил одного из крестьян вернуться за ней и принести обратно[7]. Вероятно, большинству современников трудно понять привлекательность *Краткого курса*, но для марксистов того времени она была Евангелием[8].

Краткий курс служил не только руководством для коммунистических кадров в формировании правильного мышления, но и подлинным источником вдохновения. Дух этой книги оказал глубокое влияние на некоторых коммунистов, вдохновляя их на решительные поступки. Например, одна молодая студентка из Яньани, тронутая выводами книги о важности установления коммунистами тесной связи с народными массами, отдала своего новорожденного сына в крестьянскую семью, чтобы оказаться ближе к народу [Gong 1996: 117].

Один из руководителей КПК — Лю Шаоци — цитировал вдохновляющие фразы из *Краткого курса*, обсуждая самые тяжелые времена в истории КПК. Лю проводил параллели между историей советской партии 1905–1912 годов и историей КПК после 1927 года, и приходил к выводу, что исход самого трудного периода в истории КПК был идентичен периоду советской коммунистической партии, описанному в *Кратком курсе*: «Несмотря на все гонения и тяжелые внешние удары, <...> партия пролетариата сохранила свое знамя и организацию» [Сталин 1946: 85]. Мао, однако, вдохновлялся совершенно другими идеями: он пришел к выводу, что Сталин критиковал идеи как Маркса, так и Энгельса, следовательно, даже великие теоретики могли совершать ошибки [Mao wenji 1993, 1996, 1999, 6: 347].

К 1945 году КПК включила *Краткий курс* в список из пяти «обязательных к прочтению» трудов для кадровых работников[9].

---

[7] Устный источник — Ли Хайвэнь.

[8] Интервью с Адамом Уламом, 22 февраля 1993 года.

[9] См. [Lou 1997: 25]. Названия пяти книг см. в [Mao Zedong zai qida 1995: 226].

Более того, КПК стремилась распространить влияние идей, содержащихся в книге, на широкую общественность, так что усилиями партии книжные магазины в недавно оккупированных районах на северо-востоке быстро заполнились ею. Первая продажа *Краткого курса* в книжном магазине состоялась 6 апреля 1948 года в городе Цзямусы, и это событие выглядело как настоящая церемония. Региональные руководители, такие как Чжан Вэньтянь, не просто присутствовали — они стояли за прилавком вместе с продавцами [Wei 1990: 422–423]. Деятели КПК проявляли необычайный энтузиазм в стремлении распространить идеи Сталина.

В 1949 году Мао уделил особенно пристальное внимание систематическому теоретическому образованию кадров КПК. Под его руководством был составлен сборник из 12 томов под названием *Ганьбу биду* («Обязательное чтение для кадров»), в который *Краткий курс* вошел в качестве четвертого тома[10]. Мао осознавал необходимость установить принципы для руководства восстановлением экономики после гражданской войны, поэтому инициировал составление двух томов, содержащих избранные труды Ленина и Сталина по вопросам экономического строительства. Эти сборники получили название *Ленин Сыдалинь лунь шэхуэйчжуи цзинцзи цзяньшэ* («Ленин и Сталин о социалистическом экономическом строительстве») и стали пятом и шестым томами 12-томного *Ганьбу биду*. Примечательно, что работы Ленина и Сталина, включенные в эти тома, были созданы в период, практически совпадающий с тем, что охватывается главами 9–12 *Краткого курса* (1921–1937). Сам *Краткий курс* охватывает события с 1917 по 1937 год (см. приложение 1, *Ленин Сыдалинь лунь шэхуэйчжуи цзинцзи цзяньшэ* («Ленин и Сталин о социалистическом экономическом строительстве»)).

В первый из двух томов включены главным образом работы Ленина, охватывающие его статьи и выступления с 1917 по 1923 год — время Октябрьской революции, гражданской войны

---

[10] Названия 12 томов см. в [Ye 1996: 13].

и НЭП; некоторые труды Сталина также вошли в этот том. Второй том целиком посвящен работам и выступлениям Сталина с 1924 по 1939 год, структурированным по этапам индустриализации, коллективизации и завершения строительства социалистического общества, как это отражено в *Кратком курсе*. Еще в 1949 году Мао готовился вести Китай по пути создания социалистической экономики, основанной преимущественно на сталинских принципах.

После 1949 года целевая аудитория *Краткого курса* значительно расширилась и включала более широкие слои китайского общества. КПК продолжала использовать эту книгу для обучения кадров в Центральной партийной школе до 1957 года [Gong 1996: 158]. С 1958 года *Краткий курс* стал важным учебным пособием для учеников высшей школы и студентов университетов, изучающих марксистскую теорию [Zuotanhui 1989: 14]. Китайские студенты, изучавшие русский язык, также находили эту книгу полезной: многие стремились выучить ее наизусть в надежде таким образом лучше овладеть русским языком[11]. По мере того как у студентов улучшались знания русского языка, они, вероятно, осознавали, что диапазон словарного запаса, используемого в *Кратком курсе*, весьма ограничен. Эта книга также оказала влияние на стиль письменного китайского языка.

В начале 1960-х годов, когда КПК вела дебаты с советским руководством, ее деятели опубликовали ряд открытых писем КПСС. Из них самым важным можно считать девятое, поскольку в нем содержались открытые нападки на Советский Союз, оно было написано в идеологически насыщенном стиле *Краткого курса*[12]. В 1964 году, всего за два года до «культурной революции», *Краткий курс* был включен в список избранных произведений для чтения старшими кадрами [Gong 1996: 25].

После конца 1950-х и начала 1960-х годов, когда экономика Китая завершила начальную переходную стадию, *Краткий курс* как источник экономических идей утратил свою актуальность.

---

[11] Устный источник, лето 1999 года.

[12] Устный источник, лето 1999 года.

Его постепенно заменили другие книги, такие как последняя книга Сталина «Экономические проблемы социализма в СССР» и советские учебники по политэкономии[13]. Однако *Краткий курс* по-прежнему использовался в других областях, особенно в качестве образца для написания учебников по истории партии и обучения партийных кадров. В 1961 году история КПК была изложена с особым акцентом на «борьбе двух линий», описано 10 подобных случаев, в то время как в *Кратком курсе* упоминалось 15. В этом изложении Мао предстает ключевой фигурой партийной истории: его имя встречается около 1000 раз, тогда как имена Ленина и Сталина в *Кратком курсе* упоминаются примерно 650 раз. Кроме того, около 150 страниц текста посвящены анализу трудов Мао, что составляет примерно треть книги, тогда как работы Ленина и Сталина рассматриваются лишь на 100 страницах[14]. Китайские редакторы ориентировались на *Краткий курс* как на образец стиля даже в оформлении заголовков и пунктуации [Zuotanhui 1989: 15]. Кадровые работники КПК продолжали изучать учебник по истории партии, изданный в 1961 году, вплоть до 1970-х, и в процессе продолжали формировать свое мышление, пусть косвенно и в китайском историческом контексте, но на основе идей *Краткого курса* Сталина.

С началом реформ в конце 1970-х годов ученые и партийные исследователи начали критиковать *Краткий курс* за негативное влияние, оказанное на Китай, особенно в области исследований и преподавания. Во время симпозиума 1989 года, на котором присутствовали многие либерально настроенные историки партии и университетские профессора, *Краткий курс* подвергся резкой критике [Zuotanhui 1989: 7–16]. После распада Советского Союза в 1991 году критика в Китае значительно ослабла. Деятели КПК опасались, что осуждение этой книги может при-

---

[13] После 1958 года Мао неоднократно предлагал руководителям КПК изучить раздел этого учебника, посвященный социализму. С 10 декабря 1959 года по 9 февраля 1960 года Мао возглавил небольшую группу, изучавшую эту книгу. Подробнее см. [Shi Zh. 1986:35–39; DW 1991–1994].

[14] См. [Lou 1997: 27; Zuotanhui 1989: 10].

вести к нападкам на прежнюю политику КПК и вызвать крах коммунистического режима в Китае, подобный тому, что произошел в СССР. В результате либерально настроенным молодым китайским ученым не позволяли высказывать критические замечания в адрес *Краткого курса*, что существенно ограничивало академическую свободу в этой области[15].

Что именно китайские коммунисты почерпнули из *Краткого курса*? В какой степени эта книга сформировала их образ мышления, мировоззрение и способы управления страной? Они познакомились с различными идеями, однако наиболее важным уроком для них стала необходимость адаптации марксистской теории к китайской реальности, подобно тому, как это сделали Ленин и Сталин в Советском Союзе. С начала 1940-х годов Мао неоднократно подчеркивал, что он первым стал приспосабливать марксистские концепции к китайской действительности. Китайские коммунисты усвоили уроки истории ВКП(б), в том числе жестокую «борьбу двух линий» и суровые политические чистки. Они пришли к пониманию различных этапов экономического развития Советского Союза, сталинского пути к социализму и времени, необходимого для перехода к социализму через ликвидацию капитализма, быструю индустриализацию и коллективизацию. Они также узнали, что в основе процесса строительства социализма лежит борьба между капитализмом и социализмом, или, как впервые заявил Ленин, а позднее повторил Сталин, вопрос в том, «кто победит» в этой борьбе.

Мао и Краткий курс

В отличие от многих лидеров КПК, получивших системное образование в области марксизма-ленинизма в Советском Союзе, Мао изучал эти идеи самостоятельно в Китае и читал гораздо меньше литературы. Поэтому его знания марксистской теории

---

15 Летом 2000 года один устный источник сообщил мне, что все его критические замечания по поводу *Краткого курса* в готовящейся к публикации журнальной статье были удалены редакторами.

были весьма ограничены. Тем не менее он быстро принял официальную советскую позицию и признал *Краткий курс* основополагающим источником марксизма-ленинизма. В мае 1941 года Мао начал искать способы адаптировать марксистское учение для КПК и утверждал, что партия должна использовать *Краткий курс* в качестве главного авторитетного источника, поскольку он

> ...есть высший синтез, высшее обобщение коммунистического движения во всем мире за 100 лет, образец соединения теории с практикой, пока единственный во всем мире совершенный образец такого соединения» [Mao 1969–1977, 3: 24].

Тот самый Мао, который сопротивлялся политике Коминтерна, безоговорочно признал идеологический авторитет *Краткого курса*. Об этом он заявил в своей речи 9 марта 1953 года, восхваляющей Сталина. Мао назвал три работы — *Краткий курс*, «Основы ленинизма» и «Экономические проблемы социализма в СССР» — настоящей энциклопедией марксизма-ленинизма [Mao 1987–1998, 4: 105]. Однако с началом десталинизации Мао признался, что хвалил труды Сталина не по своей воле [Kaituo 1996: 197].

Мао ценил *Краткий курс*, хотя в 1940-х признавался, что никогда полностью не читал книгу, изучая лишь заключения каждой главы. Он гордился этим, считая, что уловил суть и лучше готов к применению сталинских идей в китайских условиях, чем другие лидеры КПК [Shi Zhe 1991: 235]. В 1942 году Мао подчеркнул, что основным уроком из *Краткого курса* для него стал значение большевизма и правильность методов его реализации в Советском Союзе. Он также отметил, что большевизм был создан Лениным и его партией через адаптацию марксистской теории к российской реальности [Mao 1985, 1: 8].

Особенно Мао ценил заключение *Краткого курса*, состоящее из шести пунктов. С начала 1940-х и до начала 1950-х он рекомендовал партийным кадрам изучить его [Jin 1996, 2: 648]. Большое внимание он уделял пунктам 4 и 5 [Zuotanhui 1989: 9]. В пункте 4 подчеркивалась важность внутрипартийной борьбы с нежелательными элементами в истории ВКП(б), а в пункте 5 — умение партии признавать свои ошибки ради достижения революционных целей. Безусловно, эти позиции были особенно созвучны мыслям Мао, поскольку он сам активно вел внутрипартийную борьбу и заставлял оппонентов признавать ошибки.

Непоколебимая вера Мао в *Краткий курс* не ослабла и после активного развенчания культа Сталина в 1956 году. В 1959 году, спустя несколько лет после отказа Советского Союза от сталинизма, Мао Цзэдун продолжал использовать *Краткий курс* как важный источник идей и теоретического вдохновения. Во время октябрьской поездки по стране Мао взял с собой 23 книги, среди которых был и *Краткий курс* [Gong et al. 1996a: 16–17; Lou 1997: 28]. Несмотря на свои резкие нападки на партийных деятелей, обучавшихся в Москве, особенно Ван Мина и Чжан Вэньтяня, за их догматизм при адаптации марксизма к китайской реальности, сам Мао без критики продвигал *Краткий курс* в качестве энциклопедии марксизма и ленинизма. Хотя китайский лидер был известен как независимый и оригинальный мыслитель, он никогда не ставил под сомнение идеи, изложенные в *Кратком курсе*

Применение Мао Краткого курса в Китае

После появления *Краткого курса* в Китае можно выделить два периода, когда Мао внедрял его наиболее активно. Первый из них пришелся на 1941–1944 годы, в ходе кампании по упорядочению стиля. Мао умело использовал идеи, выраженные в *Кратком курсе*, для укрепления власти и самоутверждения не только как бесспорного лидера КПК, но и как марксистского теоретика. Из книги Сталина он узнал о применении марксистских идей, политических чистках в партии, «борьбе двух линий» как базовой структуре для интерпретации внутрипартийной политики и о многом другом. Как утверждал Тони Сайч, Мао усвоил важность написания истории КПК, подобно той, что изложена в *Кратком курсе*, но с использованием маоистского дискурса [Cheek, Saich 1997: 299–338]. Подход Мао к политике характеризовался последовательностью и проницательностью, благодаря чему он и пришел к успеху.

Второй период интенсивного внедрения *Краткого курса* пришелся на начало 1950-х годов, когда Мао начал насаждать в Китае сталинистскую экономическую систему. Как будет изложено далее, начиная с 1950 года Мао следовал этапам развития, описанным в *Кратком курсе*, чтобы направить Китай по сталинистскому пути к социализму, и использовал формы экономического анализа, представленные в книге, для обоснования своих решений в области экономической политики. В 1953 году Мао утвердил генеральную линию на переход к социализму. Чтобы обеспечить соответствие линии партии новой политике, он запустил очередную учебную кампанию в апреле 1953 года, в ходе которой потребовал от партийных кадров провести следующие 18 месяцев за изучением глав 9–12 *Краткого курса*[16].

Краткий курс *и Кампания Мао по упорядочению стиля (1941–1944)*

В начале 1940-х годов Мао стремился реформировать восприятие истории КПК среди высшего партийного руководства. Ориентируясь на новые методы изучения и практического внедрения марксистско-ленинской теории, он критиковал своих оппонентов, особенно тех, кто уже имел глубокие знания в марксизме и ранее противостоял его взглядам. Свои критические взгляды Мао начал выражать в серии выступлений, первое из которых прозвучало в Яньани в мае 1941 года под названием «Перестроим нашу учебу». В этой речи Мао настаивал на отказе от традиционных, ригидных и оторванных от реальности способов обучения, призывал к разработке новых подходов к марксизму-ленинизму и к изучению опыта Ленина и Сталина по адаптации марксизма к советской, а значит, практической действительности [Mao 1969–1977, 3].

Мао Цзэдун, столкнувшись с отсутствием желаемого отклика на призыв к новому методу изучения и практики марксизма, решил привлечь старших партийных руководителей к активному

---

[16] Инструкции Мао см. в «Жэньминь жибао» от 25 апреля 1953 года.

сбору и изучению исторических документов КПК [Jin 1996, 2: 630]. В рамках кампании по упорядочению стиля он поручил высшему руководству изучить отдельные фрагменты *Краткого курса* и связанные с ним материалы [Wenxian he yanjiu 1984, 8: 1–2]. В результате многие были вынуждены признать прежние заблуждения и ошибки[17]. В 1943 году, после того как Мао вынудил большинство высших партийных руководителей принять свой взгляд на марксистскую теорию, он приступил к чисткам среди рядовых членов партии, опираясь на частные истории их политического прошлого. Во время этой кампании Мао применял жестокие методы, многие из подвергшихся репрессиям впоследствии были лишены свободы, а некоторые погибли[18]. Кампания по упорядочению стиля завершилась тем, что высшее партийное руководство вновь приступило к углубленному изучению марксистской теории и истории КПК. Несмотря на то что Сталин не одобрял эту кампанию, ему не удалось ее остановить — во-первых, из-за того, что основное внимание в то время он уделял войне, во-вторых, вследствие роспуска Коминтерна в 1943 году, что лишило его важного инструмента влияния. Как отмечалось в первой главе, Г. Димитров направил Мао телеграмму с выражением обеспокоенности по поводу жесткого отношения Мао к своим «товарищам».

К 1945 году, с завершением кампании по упорядочению стиля, Мао окончательно укрепил свою позицию в партии, устранив или «поставив на место» конкурентов. Было создано новое руководство среди высших партийцев, которое сохранялось до начала «культурной революции» в 1966 году. Кроме того, благодаря этой кампании Мао закрепил свою идеологию в КПК как ведущую. Получив новую власть, он утвердил официальную партийную историю КПК, построенную на маоистском дискурсе, где в «борьбе двух линий» единственно правильной считалась его

---

[17] См. письмо Мао Пэн Дэхуаю от 6 июня 1943 года [Wenxian he yanjiu 1984, 8: 6–7].

[18] О громком деле Ван Шивэя, репрессированного во время кампании по упорядочению стиля, см. [Dai Q. 1993].

позиция. В начале и середине 1940-х руководство Сталина служило Мао ключевым инструментом укрепления лидерства в партии. Он действительно был настоящим последователем *Краткого курса*.

Краткий курс *как дорожная карта Мао для построения социализма*

При построении социализма китайское руководство во многом опиралось на советский опыт, в частности на *Краткий курс*. Ли Жуй, бывший личный секретарь Мао, позже подвергшийся чистке после Лушаньского пленума 1959 года, отмечал важность *Краткого курса* для Мао. Он писал, что в начале 1950-х годов «единственной работой, которой Мао придавал наибольшее значение и которую просил всю партию тщательно и всесторонне изучить, был *Краткий курс*, "классика", написанная Сталиным» [Mao zaonian 1992: 221]. Особое внимание Мао уделял главам 9–12, где рассматривались этапы построения социализма в Советском Союзе с 1921 по 1937 год: глава 9 «Партия большевиков в период перехода на мирную работу по восстановлению народного хозяйства (1921–1925)»; глава 10 «Партия большевиков в борьбе за социалистическую индустриализацию страны (1926–1929)»; глава 11 «Партия большевиков в борьбе за коллективизацию сельского хозяйства (1930–1934)» и глава 12 «Партия большевиков в борьбе за завершение строительства социалистического общества и проведение новой конституции (1935–1937)». Что же почерпнул Мао из этих глав? Как идеи, высказанные в них, повлияли на его мышление и политику? Почему отношение Мао к ним было иным, нежели к личным советам Сталина?

Поскольку китайское руководство, особенно Мао, уделяло особое внимание сталинскому подходу к строительству социализма, отраженному в главах 9–12 *Краткого курса*, необходимо кратко изложить их содержание. Эти главы в искаженном виде описывают процесс социалистического строительства в Советском Союзе в период с 1921 по 1937 год, а также разъясняют задачи и достижения каждого этапа. По версии, изложенной в *Кратком курсе*, путь строительства социализма был полон трудностей: партию атаковали антипартийные группы, внешние классовые враги — кулаки, а также зарубежные недруги. Однако под руководством Ленина, а затем Сталина партия смогла одержать победу над всеми. К 1937 году партия заявила о завершении строительства социализма, провозгласив страну передовой и оснащенной передовыми технологиями [Сталин 1946]. Несмотря на идеализированный образ советской действительности и сомнительность достижений за столь короткий период, многие китайские лидеры, включая Мао, верили. Поддержка таких идей у Мао, вероятно, укрепилась во время его пребывания в Советском Союзе в конце 1949 — начале 1950 года, когда он посетил современные советские предприятия.

Глава 9 *Краткого курса* называется «Партия большевиков в период перехода на мирную работу по восстановлению народного хозяйства (1921–1925)». В ней рассматриваются проблемы и достижения ВКП(б) в этот период, ключевыми из которых стали принятие НЭПа, ленинского плана кооперации и курс на социалистическую индустриализацию страны. Глава описывает два важнейших политических поворота: переход от военного коммунизма к ленинскому НЭПу и затем к сталинской программе строительства социализма. Предоставляется обоснование смены экономической политики от ленинского НЭПа к сталинской стратегии. Отмечается, что Ленин воспринимал НЭП как временное отступление, намереваясь прекратить эту политику через год, однако в 1922 году он фактически изменил свою позицию, провозгласив, что «из России нэповской будет Россия социалистическая» [Сталин 1946: 157]. В *Кратком курсе* подчеркивается, что заявление Ленина 1922 года отражает изменение его первоначальной оценки НЭПа как временного отступления. В 1924 году Сталин не отвергал ленинскую позицию напрямую, однако выражал сомнения в целесообразности одновременного развития социализма и временного допуска капиталистического развития в рамках НЭПа. Переход Сталина от НЭПа к собственной экономической программе был вызван именно этой обеспокоенностью.

В главе 9 также отмечается, что в 1924 году, в год смерти Ленина, Сталин заявил, что в стране «есть все необходимое для того, чтобы построить социалистическое хозяйство, построить полное социалистическое общество» [Сталин 1946: 164]. Он пояснял, что начиная с 1917 года для создания условий построения социализма были приняты важные политические и экономические меры. В политической сфере установилась диктатура рабочего класса, а в экономической — проведены меры по разрушению старого экономического порядка и созданию нового:

> Экспроприация капиталистов и помещиков; превращение земли, фабрик, заводов, путей сообщения, банков в общенародную собственность; проведение новой экономической политики; строительство государственной социалистической промышленности; проведение ленинского кооперативного плана, — таковы эти мероприятия. Теперь главная задача состоит в том, чтобы развернуть по всей стране строительство нового, социалистического хозяйства и тем добить капитализм также и экономически [Сталин 1946: 164].

Мао мог извлечь из этой главы множество идей, однако, похоже, он сосредоточил внимание главным образом на двух ключевых аспектах: необходимости принять определенные предварительные меры перед переходом к социализму и на том, что Сталин начал активные социалистические преобразования в Советском Союзе в 1924 году, полагая, что к тому времени были созданы все необходимые условия, хотя официальный «период экономического восстановления» (1921–1925) еще не завершился.

Глава 10 *Краткого курса* «Партия большевиков в борьбе за социалистическую индустриализацию страны (1926–1929)» стала для Мао особенно важной в начале 1950-х годов, так как в ней излагались шаги, предпринятые Сталиным после экономического подъема. Глава начинается с описания мер ВКП(б) по реализации генеральной линии Сталина на социалистическую индустриализацию, предусматривавшую ускоренное развитие промышленности за счет перераспределения ресурсов из сельской местности. Однако в *Кратком курсе* отсутствует подробное изложение формирования этой генеральной линии. Известно, что вокруг политики индустриализации велись острые дебаты, в ходе которых Сталин победил Бухарина, представлявшего альтернативную генеральную линию [Cohen 1980: 335][19]. Сталин добился утверждения ВКП(б) варианта генеральной линии, значительно менее радикального, чем тот, что впоследствии был реализован на практике[20]. Далее в этом исследовании мы покажем, как осенью 1952 года Мао начал формулировать собственную генеральную линию, направляя усилия КПК на строительство социализма в Китае.

Глава 10 освещает проблемы, с которыми ВКП(б) столкнулась в период индустриализации, а также достижения партии в преодолении этих трудностей. В это время началась борьба с кулачеством, была реализована разработка и начало выполнения Плана первой пятилетки (ППП), а массовая коллективизация стала ответом на проблему низкого качества сельскохозяйственного производства. Уже в 1927 году, через год после начала индустриализации, Сталин заявил, что государственный промышленный сектор доминирует, и в промышленности вопрос «кто кого» решен в пользу социализма [Сталин 1946: 172]. На XV съезде ВКП(б) в 1927 году были приняты три важных решения: расширить и укрепить сеть колхозов и совхозов, продолжить наступление на кулачество с новыми мерами для ограничения развития капитализма в деревне и направить крестьянские хозяйства к социализму, а также составить первый пятилетний план народного хозяйства [Сталин 1946: 174]. Глава завершается 1929 годом — на высокой ноте, отмечая принятие партией Плана первой пятилетки и начало массовой коллективизации.

Глава 11 «Партия большевиков в борьбе за коллективизацию сельского хозяйства (1930–1934)», пожалуй, содержит наиболее искаженную интерпретацию исторических событий по сравнению со всеми главами этой книги. Переход «от политики огра-

---

[19] Полный отчет о падении Бухарина см. на с. 270–336.

[20] Более полный отчет об этой борьбе см. в [Tucker 1992: 69–80].

ничения кулацких элементов к политике ликвидации кулачества, как класса» оправдывается тем, «что она была произведена сверху, по инициативе государственной власти, при прямой поддержке снизу» [Сталин 1946: 184]. В этот период также произошло дальнейшее расширение коллективизации и завершение за четыре года ППП, что привело к победе социализма во всех секторах экономики.

Глава 12 «Партия большевиков в борьбе за завершение строительства социалистического общества и проведение новой конституции (1935–1937)» посвящена успехам в промышленности и сельском хозяйстве, а также реализации Плана второй пятилетки (ПВП), который, подобно первому, был завершен досрочно. В 1936 году была принята новая конституция. Глава отражает «глубокие» перемены, произошедшие с начала 1920-х годов:

> За истекшие годы совершенно изменилось соотношение классовых сил в СССР: создана была новая социалистическая индустрия, разгромлено кулачество, победил колхозный строй, утвердилась социалистическая собственность на средства производства во всем народном хозяйстве, как основа советского общества [Сталин 1946: 205].

Далее в главе утверждается, что в 1936 году «полностью были ликвидированы капиталистические элементы — победила социалистическая система во всех областях народного хозяйства» [Сталин 1946: 206].

Из этих четырех глав Мао также почерпнул идеи о том, как использовать статистику для оценки экономического прогресса страны, особенно в отношении меняющегося соотношения государственного и частного секторов, а также для определения оптимального момента устранения капиталистических элементов из экономики. В главах статистические показатели, выраженные в процентах, служили демонстрацией успехов Советского Союза в достижении социализма и ликвидации капитализма. При оценке промышленности, в особенности крупной тяжелой отрасли, и торговли Сталин активно применял процентные данные для иллюстрации изменений в соотношении между социалистическим (государственным) и частным секторами. Спустя год после начала индустриализации, согласно *Краткому курсу*,

> быстро шел рост социалистического сектора промышленности за счет частного сектора, поднявшись с 81 процента в 1924–1925 г. до 86 процентов в 1926–1927 г., тогда как удельный вес частного сектора упал за тот же период с 19 процентов до 14 процентов [Сталин 1946: 172].

Также отмечается, что

> ...еще более быстрым темпом шел рост крупной социалистической промышленности, давшей за 1927 год, первый год после восстановительного периода, прирост продукции в сравнении с предыдущим годом в 18 процентов. <...> Так же быстро вытеснялся частник из торговли, доля которого упала в области розницы с 42 процентов в 1924–1925 г. до 32 процентов в 1926–1927 г., не говоря уже об оптовой торговле, где доля частника упала за тот же период с 9 процентов до 5 процентов [Сталин 1946: 172].

Не вполне ясно, расценивал ли Сталин эти сферы экономики в качестве важных показателей прогресса на пути к социалистической экономике. Сталин также не указывает, какой именно процент социалистического сектора в каждой из этих сфер позволяет считать его доминирующим и когда можно начать ликвидацию капиталистических элементов. Эти упущения не помешали китайским руководителям, в особенности Мао, попытаться установить количественные показатели, отражающие прогресс в движении китайской экономики в направлении социализма.

Из *Краткого курса* Мао узнал о четырех этапах построения социализма в Советском Союзе, задачах, решавшихся на каждом из них, и продолжительности периода. Это (1) экономический подъем (1921–1925), (2) индустриализация (1926–1929), (3) коллективизация (1930–1934) и (4) завершение построения социалистического общества (1935–1937). Мао отметил, что после экономического подъема (1921–1925) Сталин незамедлительно приступил к реализации генеральной линии с упором на быструю индустриализацию за счет крестьянства, к разработке ППП и подготовке решающей атаки на капитализм. А главное — Мао усвоил из *Краткого курса* идею о том, что построение социализма означает ликвидацию частной экономики и рыночных сил — принцип сталинизма, которому он следовал до конца своей жизни.

Знакомство Мао с *Кратким курсом*, а также формирование у него представления о содержании дорожной карты для следования сталинскому пути построения социализма в Китае произошли задолго до его обращения к книге в начале 1950-х годов. По меньшей мере дважды — в 1942 и 1945 годах — Мао делился своим достаточно поверхностным пониманием идей, изложенных в книге, с партийными кадрами. Особое внимание в этих выступлениях он уделял срокам, необходимым для завершения социалистического строительства в Советском Союзе, этапам ликвидации кулачества и капиталистов, а также процессу коллективизации.

В 1942 году, обращаясь к партийным кадрам, Мао заявил, что в *Кратком курсе* показано, как Сталин создал социалистическое государство, реализовав три пятилетних плана [Mao 1985: 8]. Не вполне ясно, на каких основаниях он пришел к такому выводу, но сама идея о том, что выполнение трех пятилетних планов представляют собой оптимальный период для построения социализма, глубоко запала ему в душу и неоднократно упоминалась в конце 1940-х — начале 1950-х годов.

В апреле 1945 года, выступая на VII съезде КПК, Мао вновь обратился к *Краткому курсу* для иллюстрации советского опыта строительства социализма. Он говорил о том, как ВКП(б) управляла капиталистической экономикой после Октябрьской революции, признавая, что в течение определенного времени партия проводила НЭП, позволяя приблизительно 50 % экономики оставаться в частных руках. Мао также отмечал, что ВКП(б) не уничтожала капиталистов и богатых крестьян и не проводила коллективизацию до второго пятилетнего плана [Mao Zedong zaiqida 1995: 126–127]. К тому времени у Мао сложилось достаточно поверхностное представление о советском социалистическом опыте, которое затем определило его политические решения в начале 1950-х годов.

Экономическое развитие Китая после 1949 года в значительной мере следовало пути, описанному в *Кратком курсе,* но с учетом национальных особенностей. Мао предполагал более сжатый период экономического восстановления, чем в Советском Союзе, и начал разработку Плана первой пятилетки раньше, чем Сталин. Завершив этап восстановления, он быстро перешел к формированию генеральной линии перехода к социализму, направленной на ускорение ликвидации капиталистической экономики в Китае. В свою линию 1953 года Мао включил те же ключевые элементы, что и Сталин в 1929 году: стремительную индустриализацию, коллективизацию и создание экономики, основанной на государственной собственности через упразднение капиталистических элементов. Для достижения целей он действовал осмотрительно и при необходимости прибегал к скрытности и манипуляциям, так как сталкивался с сопротивлением части высшего партийного руководства. Часто он раскрывал свои планы лишь частично или формулировал их расплывчато, даже перед ближайшими соратниками, что позволило ему добиться желаемого с минимальным сопротивлением со стороны товарищей по партии.

Призыв Мао к трехлетнему периоду восстановления экономики

В начале декабря 1949 года, перед отъездом в Москву, Мао выразил уверенность в том, что Китай сможет завершить экономическое восстановление в течение трех — пяти лет и добиться больших успехов в экономике в течение восьми — десяти лет [Mao 1987–1998, 1: 174]. Однако он не стал уточнять, сколько именно лет потребуется для завершения экономического восстановления и достижения этих экономических успехов, оставляя себе право на некоторую погрешность в прогнозах.

Через два месяца после создания КНР и после нескольких неудачных попыток получить приглашение от Сталина Мао Цзэдун наконец получил приглашение и совершил свой первый визит в Москву. По возвращении из продолжительной поездки в Советский Союз он официально оформил свои прежние идеи и выступил с предложением установить трехлетний период экономического восстановления — на два года менее того срока, который был предусмотрен в Кратком курсе для Советского Союза (с 1921 по 1925 год), а также короче, чем то, что он сам озвучил в декабре 1949 года. О своем плане сокращения периода восстановления Мао объявил в июне 1950 года на III Пленуме ЦК 7-го созыва, за несколько недель до начала Корейской войны. В своей речи он признал, что страна пока не готова начать плановое экономическое строительство, кроме северо-востока, где такой процесс уже запущен. По его мнению, перед переходом к плановой экономике нужно выполнить три условия: завершить аграрную реформу, рационально урегулировать промышленность и торговлю, а также значительно сократить расходы на содержание госаппарата. На реализацию этих задач, по его оценке, потребуется около трех лет или чуть больше [Mao 1987–1998, 1: 393].

В феврале 1951 года Мао начал подготовку к периоду «поствосстановления» Китая. Согласно *Краткому курсу*, основными задачами после восстановления в Советском Союзе с 1926 по 1929 год были реализация генеральной линии Сталина, индустриализация, начало воплощения Плана первой пятилетки, ликвидация несоциалистических экономических элементов и коллективизация. В феврале того же года Мао приступил к разработке и решению вопросов, связанных с ППП. Несмотря на то что Корейская война продолжалась и обстановка на фронте оставалась нестабильной, Мао настойчиво стремился к проведению своей внутренней экономической программы.

Решение о начале реализации ППП в 1953 году было принято на расширенном заседании Политбюро в феврале 1951 года [Zhou zongli 1991: 153]. Мао Цзэдун инициировал разработку программы, выделив на ее завершение 22 месяца. На том же расширенном заседании Политбюро 18 февраля 1951 года Мао выдвинул новый руководящий принцип: «3 года подготовки, 10 лет планового экономического строительства» [Mao 1969–1977, 5: 47]. Историки партии, исследовавшие труды Мао после 1949 года, отмечают, что он никогда не давал четких разъяснений относительно способов конкретного воплощения этого принципа в политике. К примеру, Мао так и не объяснил, что подразумевает под «трехлетней подготовкой» или какие конкретные задачи ставятся в рамках «десятилетней плановой экономики». Неясно, равнозначна ли его «трехлетняя подготовка» представленному им же «трехлетнему периоду экономического восстановления». Мао никогда прямо не связывал ни одну из своих идей с подготовкой к переходу к социализму. Уже в 1951 году у него сформировался замысел достичь социализма после десятилетнего периода планового экономического строительства, однако он не считал нужным делиться этим с кем-либо и держал планы в тайне. Вместе с тем он поручил Лю Шаоци донести эти принципы до руководящих кадров в ходе их многочисленных бесед, и тот неоднократно это делал[21].

Тем не менее в двух ключевых выступлениях Лю Шаоци в 1951 году, где он разъяснял идеи Мао, не было упоминаний о новом принципе, и он продолжал опираться на первоначальный план, утвержденный в 1948 и 1949 годах [Gongheguo 1991: 10–18]. Представляя идеи Мао в своем понимании, Лю считал, что тот остается приверженцем центральной идеи первоначального плана, согласно которой Новая демократия должна еще некоторое время сохраняться. Весной 1951 года Лю сказал своему близкому соратнику Бо Ибо, что «похоже, Новая демократия будет существовать еще некоторое время» [Во 1953, 1: 58]. Эти слова свидетельствуют о том, что Лю Шаоци не ожидал в ближайшее время значительных политических изменений. Возможно, Мао намекал ему, что кардинальных сдвигов не предвидится. Несмотря на это, Лю продолжал излагать позицию так, будто никаких серьезных отклонений от первоначального плана не планируется. Однако беседа Лю Шаоци, второго по иерархии партийного лидера, с Бо

---

[21] Подробно см. [Mao 1987–1998, 1: 393]. Инструкции Мао Лю см. в [Mao 1987–1998, 2: 206].

Ибо создает впечатление, что он не обладал реальными рычагами влияния на направление национальной экономической политики. В начале 1950-х годов полный контроль над экономической политикой государства принадлежал именно Мао Цзэдуну.

Подготовка партии и нации к новому этапу

События в период с июня по сентябрь 1952 года ясно свидетельствуют о том, что Мао начал готовить партию и страну к новым экономическим приоритетам. Еще задолго до июня 1952 года, как отмечалось ранее, он принял решение, что экономические условия Китая уже оправдывают создание плановой экономики. К середине 1952 года, без ведома большинства партийных руководителей, он решил активизировать усилия по преобразованию преимущественно частной экономики страны в социалистическую и вместе с несколькими высокопоставленными деятелями начал открыто говорить о переходе к социализму. Для большинства членов КПК такие намерения оказались полной неожиданностью. Возможной причиной такого скрытного подхода стала боязнь сопротивления внезапным переменам в генеральной линии, поэтому Мао излагал свои политические планы весьма расплывчато — настолько, что даже его ближайшие соратники, включая Лю Шаоци, не понимали, что именно он замышляет для будущего Китая.

Мао начал готовить партию и страну к переменам, разделив процесс на пять этапов. Во-первых, он начал активно использовать внутрипартийные мероприятия для обсуждения идеи «продвижения к социализму» в контексте строительства плановой экономики. Так, в начале июня 1952 года на Национальной конференции по финансово-экономической работе рассматривался проект ППП, и Мао был подробно информирован о ее результатах. Он заявил:

> Для обеспечения национальной независимости приоритетом ППП должна стать тяжелая промышленность, способствующая укреплению национальной обороны и развитию

социализма. После пятилетнего экономического строительства отношения между государственным и частным секторами изменятся, поскольку государственная тяжелая промышленность станет преобладающей[22].

Хотя идея приоритета государственной тяжелой промышленности была известна ранее, продолжающаяся Корейская война придала этому утверждению особую актуальность. Оптимистичная оценка Мао изменения соотношения между государственным и частным промышленным секторами после реализации Плана первой пятилетки (ППП) совпадает с подобной оценкой, данной Сталиным в Кратком курсе. Следует отметить, что до начала июня 1952 года Мао не предпринимал конкретных заявлений о «продвижении к социализму» или «переходе к социализму»[23].

На втором этапе Мао приступил к переосмыслению роли китайской национальной буржуазии в контексте определения основных общественных противоречий. Сделал он это еще до окончания кампании Против пяти зол. В своих комментариях по политике партии в отношении Единого фронта от 6 июня 1952 года Мао подчеркнул, что после проведенной аграрной реформы характер общественных противоречий в Китае изменился. В частности, он заявил, что национальную буржуазию уже нельзя рассматривать как промежуточный класс, что свидетельствовало о новой линии в партийной идеологии[24]. Мао не относил национальную буржуазию к враждебному классу, однако его намерения были очевидны: он готовил соратников к ее ликвидации.

На третьем этапе Мао начал проводить реорганизацию партии, обусловленную новой задачей — экономическим строительством страны. Процесс стартовал 20 июня 1952 года, когда Мао направил Сталину телеграмму с просьбой использовать опыт советского ЦК как образец для преобразования ЦК КПК.

---

[22] Неопубликованная статья из устного источника, 14.

[23] Неопубликованная статья из устного источника, 14.

[24] [Мао 1987–1998, 3: 458]. Более подробно об этом см. [Мао 1987–1998, 3: 687–92].

Он предложил назначить ответственного, знакомого с организационными вопросами партии, для переговоров с Чжан Вэньтянем, который в то время был послом КНР в Советском Союзе [Мао 1987–1998, 3: 474].

Мао был твердо намерен создать партийную организацию, способную эффективно управлять сложной экономикой. Он четко поставил задачу Чжан Вэньтяню, поручив получить детальную информацию от советской стороны о организационной структуре ЦК ВКП(б), уделяя особое внимание функциям и взаимодействию между Политбюро, Оргбюро и Секретариатом [Мао 1987–1998, 3: 474–475]. Чжану было поручено вести переговоры с Маленковым и другими руководителями ЦК, выясняя характер, задачи, структуру и полномочия партийных органов, а также их взаимные связи. Ему предоставлялась полная свобода задавать любые вопросы, чтобы получить полное представление о партийных структурах советских республик и республик, находящихся под прямым контролем правительства. Итоги переговоров Чжан должен был доложить ЦК КПК [Мао 1987–1998, 3: 475(2)].

На четвертом этапе Мао официально завершил период экономического восстановления страны. В начале августа 1952 года, стремясь раз и навсегда отойти от прежней политики, на заседании Народного политического консультативного совета Китая (НПКСК) Мао заявил, что задачи по восстановлению национальной экономики выполнены и цели достигнуты досрочно. На том же заседании Мао констатировал, что Китай «вступает в новый этап планового экономического строительства»[25]. В сентябре 1952 года в партийных изданиях появилась целая серия статей, написанных партийными деятелями и государственными чиновниками, ответственными за экономику и другие общественные сферы. В числе авторов были Бо Ибо, Се Цзюэцзай, Сюэ Муцяо, Ляо Луянь, Ло Жуйцин, Ли Фучунь и Яо Илинь [XX 1952, 7: 3–6].

Министр финансов Бо предоставил общую оценку достижений правительства. Министр внутренних дел Се рассказал о форми-

---

[25] Неопубликованная статья из устного источника, 15.

ровании режима и деятельности гражданской администрации. Сюэ, руководитель недавно созданного Статистического управления, рассказал об экономических достижениях страны. Ляо, заместитель генерального секретаря Центрального административного совета Центрального народного правительства КНР, преобразованного в Государственный совет в 1954 году, рассказал о ходе аграрной реформы. Ло, министр общественной безопасности, доложил об успехах партии в подавлении контрреволюции. Ли, заместитель председателя Финансово-экономического комитета, доложил о состоянии промышленности, а Яо, заместитель министра внешней торговли, — о состоянии торговли.

Все эти материалы подтверждали позицию партии: период экономического восстановления подходит к успешному завершению и экономика страны готова перейти на новый этап. Даже по сравнению со сталинскими оценками эти статьи значительно преувеличивали экономические достижения КНР к тому времени. Понятие «экономическая готовность» несет ярко выраженный сталинский подтекст и, по сути, перекликается с утверждением из Краткого курса, которое обосновывало смену политики к концу периода восстановления в Советском Союзе, как уже упоминалось ранее.

В 1952 году Мао употребил термин «экономическая готовность» в узком значении, указывая, что в том году доля государственной промышленности в общем объеме производства достигла 67,3 %, что значительно превысило показатель 43,8 % 1949 года. К лету 1952 года большинству высших партийных руководителей и рядовым членам КПК было известно, что страна скоро вступит в период планового экономического строительства. Однако небольшой круг высших руководителей понимал, что у Мао были иные планы.

Неожиданное заявление Мао осенью 1952 года

В конце лета — начале осени 1952 года Мао Цзэдун был уверен, что Китай готов начать переход к социализму. Он решил не откладывать этот процесс на десять и более лет, как это предусматривает официальная партийная политика 1949 года, а начать незамедлительно. К тому времени о плане Мао знали, вероятно, только Лю Шаоци и Чжоу Эньлай. Однако уже в сентябре 1952 года Мао был готов обсудить свое новое видение достижения социализма в течение 10–15 лет с избранной группой высших руководителей. В качестве первого шага на пути к социализму он намеревался начать наступление на национальную буржуазию. Как упоминалось ранее, в начале июня 1952 года Мао заявил, что национальная буржуазия больше не является промежуточным классом, подразумевая тем самым, что она становится объектом партийных атак.

24 сентября 1952 года Мао заявил присутствующим на заседании Секретариата: «Мы потратим 10–15 лет на достижение социализма; [мы не собираемся ждать, чтобы начать] переход к социализму через десять лет»[26]. В 1991 году Бо Ибо, присутствовавший на том заседании, признался, что не ожидал от Мао подобных слов. Он отметил, что выступление Мао «произвело глубокое впечатление» и что он впервые услышал от лидера такие идеи. Несмотря на то что слова Мао озадачили Бо, он пришел к выводу, что «Мао, вероятно, пришел к новой оценке в ответ на изменившиеся условия». Бо чувствовал, что это новое видение расходилось с изначальными планами партии и самого Мао 1949 года, однако, как и большинство других лидеров, не стал возражать [Во 1953, 1: 214].

Согласно первоначальному плану КПК, сразу после создания КНР должна быть установлена Новая демократия — на этот этап отводилось не менее 10–15 лет. В течение этого времени партия будет следовать первоначальным идеям 1949 года о построении переходной экономики и только после завершения этого периода приступит к строительству социализма. Согласно новому видению Мао, партия должна немедленно начать переход к социализму, который должен быть построен в течение 10–15 лет. В этом сценарии Новая демократия не предусматривалась. Мао Цзэдун радикально отклонился от официального плана 1949 года.

---

[26] Неопубликованная статья из устного источника, 15; [Во 1953, 1: 213].

24 сентября 1952 года — в тот же день, когда Мао сделал свое заявление, — Чжоу Эньлай вернулся в Пекин после месячного пребывания в Москве[27]. Во время его визита Сталин дал твердое обещание помочь Китаю в реализации ППП, и Чжоу, в соответствии с обычной практикой, несомненно, передал эту информацию Мао. Тот, вероятно, был воодушевлен, получив сообщение о содействии Сталина. В 1991 году стало известно, что Мао действительно встречался с Чжоу перед тем, как сделать свое заявление [Во 1953, 1: 213]. Помощь Советского Союза позволила бы Китаю провести индустриализацию и увеличить присутствие государственного промышленного сектора в экономике довольно быстро.

На том же заседании 24 сентября 1952 года Мао доложил о заслугах партии в расширении государственного присутствия в промышленности и торговле. Мао основывался на экономических идеях, изложенных в *Кратком курсе*, поэтому считал, что чем крупнее государственный сектор, тем ближе экономика к социализму. Кроме того, следуя собственной интерпретации *Краткого курса*, он был уверен, что, когда государственный сектор достигнет доминирующего положения в экономике, можно будет ликвидировать остатки капитализма.

Мао не делал прямых отсылок к *Краткому курсу*, представляя свое новое видение, но совершенно очевидно, что он использовал критерии из этой книги для оценки достижений Китая. По его данным, к сентябрю 1952 года государственный и частный секторы составляли соответственно 67,3 % и 32,7 % общего объема промышленного производства [Во 1953, 1: 213]. В 1949 году цифры были совершенно иными: государственный промышленный сектор составлял всего 34 %, кооперативы — около 3 %, а частная промышленность — 63 % [Wenxian xuanbian 1993–1997, 4: 703]. Однако в торговле и рознице изменения были не столь значительными: частный сектор по-прежнему доминировал, составляя около 60 %, в то время как государственный сектор составлял около 40 %. Тем не менее Мао смотрел на будущее оптимистично,

---

[27] Неопубликованная статья из устного источника, 15.

предвидя преобразования частной промышленности и торговли в направлении, которое он называл «новым типом капитализма» [Bo 1953, 1: 213].

На Сентябрьском совещании Мао представил график проведения коллективизации, а также необходимые предварительные условия. «Согласно предварительным расчетам, — заявил он, — коллективизация сельского хозяйства будет осуществлена только после завершения реализации ППП, если объемы государственного и частного промышленного секторов достигнут соотношения 9:1»[28]. Вероятно, устанавливая это предварительное условие, Мао ориентировался на примерное соотношение 6:1 (86 % против 14 %), которое наблюдалось в Советском Союзе в конце 1927 года, когда Сталин призывал к коллективизации [Сталин 1946]. Для Китая он считал более предпочтительным соотношение 9:1. Тем не менее в 1953 году Мао не придерживался собственного плана и принял решение о радикализации и ускорении процесса преобразований.

В период 1952–1953 годов Мао Цзэдун формулировал Генеральную линию партии, опираясь на идеи *Краткого курса* как ключевого источника. Он следовал приоритетам, обозначенным Сталиным, сосредоточиваясь на создании экономики, основанной преимущественно на государственной собственности, и систематическом устранении элементов капитализма из национального хозяйства[29]. Важнейшей идеей, повлиявшей на Мао, была концепция из *Краткого курса*, согласно которой, как только государственный сектор экономики становится доминирующим, наступает время ликвидации капиталистических элементов. В 1952 году, утверждая генеральную линию, Мао исходил именно из этого принципа [Mao zaonian 1998: 223]. Он пересмотрел значение термина «доминирующая», приняв, что государственная экономика достигает этого статуса, когда ее доля в общем объеме превышает 50 %.

---

[28] Неопубликованная статья устного источника, 15.

[29] Неопубликованная статья устного источника, 10–11. Эта информация также базируется на обсуждениях с другими устными источниками.

При расчете времени, необходимого Китаю для завершения процесса социалистического преобразования, Мао Цзэдун также ориентировался на *Краткий курс*. Он установил срок в 10–15 лет для полного перехода к социализму, опираясь на два типа расчетов. Первый из них основывался на времени, которое, по его мнению, потребовалось Советскому Союзу для проведения индустриализации, второй — на сроках ликвидации капитализма и установления социализма в СССР. Мао считал, что Советскому Союзу потребовалось восемь лет для индустриализации начиная с 1926 года, который он принял за начало советской индустриализации, а 1933 год — за год ее решающего успеха, согласно Краткому курсу ВКП(б) [Во 1953, 1: 217]. Кроме того, основываясь на речи Сталина от 25 ноября 1936 года, он определил, что для ликвидации капитализма и завершения социалистического перехода Советскому Союзу понадобилось около 13 лет — от 1924 года, обозначенного Сталиным как отправная точка, до 1936 года, когда капитализм был полностью побежден во всех сферах советской экономики. Эти временные горизонты — 8 лет для индустриализации и 13 для социалистического перехода — Мао взял в качестве ориентиров для своих расчетов и предложил для Китая срок 10–15 лет, необходимый для полного социалистического преобразования страны [Во 1953, 1: 217–218][30]. Сам Мао полагал, что довольно консервативен в своих оценках, поскольку отводит Китаю более длительный период для завершения этого процесса, чем потребовалось Советскому Союзу.

Однако расчеты Мао были, мягко говоря, неточными. Очевидно, он не ставил под сомнение историческую достоверность положений *Краткого курса* и не сомневался в их применимости к экономическим реалиям Китая. Несмотря на то что в итоге он принял 15 лет — то есть три пятилетних плана — в качестве срока, необходимого для завершения процессов индустриализации и перехода к социализму в Китае, он не был истинным

---

[30] Бо Ибо не говорил прямо, что расчеты делал Мао, но судя по ключевой роли последнего в разработке политики и его приверженности *Краткому курсу*, не приходится сомневаться, что именно он занимался этим.

приверженцем этого плана. Мао стремился завершить процесс за более короткий период, но в 1953 году был вынужден пойти на компромисс, чтобы заручиться поддержкой высших партийных руководителей.

Заключение

В начале 1950-х годов *Краткий курс* служил Мао Цзэдуну дорожной картой для построения социалистической экономики в Китае. Основываясь на собственном переосмыслении сталинской концепции «готовности условий» для начала строительства социализма, в 1953 году он направил Китай по сталинскому пути. Ориентация Мао на *Краткий курс* и его приверженность изложенным в нем идеям свидетельствуют о том, что он был убежденным сталинистом. Мао отнюдь не был независимым мыслителем, в лучшем случае он может претендовать на роль весьма ограниченного теоретика. Однако он пошел даже дальше Сталина — для построения социализма в более короткий, чем в СССР, срок, он радикализировал идеи советского лидера. Догматическое применение сталинской экономической мысли в Китае в начале 1950-х годов и позже привело к катастрофическим последствиям для страны.

Приверженность Мао *Краткому курсу* была частью его парадоксального подхода к сталинским идеям. С одной стороны, он стремился применить на практике изложенное в *Кратком курсе*, с другой — игнорировал прагматичные и умеренные советы Сталина в конце 1940-х — начале 1950-х годов. Мао Цзэдун считал, что такие рекомендации подавляют революционный пыл и мешают быстрому построению социализма в Китае.

Глава 4

Разработка Мао Цзэдуном Генеральной линии на переход к социализму, октябрь 1952 — сентябрь 1953 года

Получив одобрение Сталина на немедленное преобразование капиталистической экономики Китая, Мао приступил к разработке Генеральной линии на переход к социализму. Его цель — «гладко осуществить социалистический переход капиталистической промышленности и торговли» [Jin, Huang 1998, 2: 725], не вызывая при этом социальных волнений. Мао был уверен, что уже в 1952 году нашел способ реформировать частный сельскохозяйственный сектор[1], но он все еще не был готов начать коллективизацию. В сентябре 1952 года он принял решение отложить ее проведение до 1957 года, когда будут выполнены определенные условия[2]. Он также не был готов начать преобразование кустарной промышленности. Мао признавал, что преобразование сельского хозяйства и кустарной промышленности потребует «больше усилий», чем трансформация капиталистической промышленности и торговли, хотя обе эти задачи он считал «огромным начинанием» [Zhou 1984, 2: 109]. Подобной

---

[1] Устный источник, 19 декабря 2001 года.

[2] Неопубликованная статья устного источника, 15.

точки зрения придерживался и Чжоу Эньлай, который описывал трудности, стоящие перед КПК, в преобразовании частного крестьянского хозяйства и кустарного производства как столкновение с «двумя океанами» [Zhonggong 1986, 20: 147].

Разработка и формулирование генеральной линии происходили в два этапа. На первом этапе, с конца октября 1952 года по конец сентября 1953 года, Мао в основном завершил подготовку концептуальных основ перехода к социализму и политики преобразования капиталистической промышленности и торговли. На втором этапе, с начала октября по декабрь 1953 года, он отказался от принятого в сентябре 1952 года решения отложить коллективизацию до 1957 года. Так Мао проигнорировал совет, данный Сталиным Лю в Москве в конце 1952 года «не торопиться с созданием сельскохозяйственных кооперативов и колхозов» [Meliksetov 1996, 1: 80–81]. Это спровоцировало зерновой кризис летом 1953 года. А Сталина, который мог бы сдержать Мао, уже не было.

Процесс формирования генеральной линии имел ряд особенностей. Во-первых, это был постепенный и эволюционный путь, предполагающий непрерывную корректировку как теоретических концепций, так и практических политических решений в соответствии с меняющимися реалиями. Во-вторых, этот процесс выявил авторитарные черты Мао, который доминировал в принятии ключевых решений и задавал тон политическим дискуссиям, отсекая и критикуя все взгляды, расходящиеся с его позицией. При этом в качестве союзника он привлек Гао Гана. В-третьих, Мао мастерски использовал партийную пропаганду для популяризации и продвижения своей линии.

Действия Мао после «одобрения» Сталина

С конца октября 1952 года Мао осторожно раскрывал свои планы по формированию генеральной линии, делясь ими лишь с ограниченным кругом руководящих кадров. Он настаивал на взвешенном подходе и отвергал поспешное внедрение плана, избегая упоминаний о нем в национальной пропаганде. В период с октября 1952 по февраль 1953 года, до своей первой инспекционной поездки в Южный Китай, Мао неоднократно поднимал вопрос о переходе к социализму на заседаниях Секретариата и однажды затронул его на совещании с провинциальными и городскими руководителями. Он подчеркивал, что окончательное решение еще не принято, поэтому информация должна была оставаться строго конфиденциальной и распространяться лишь среди узкого круга. Такая осторожность была оправдана, так как новая линия шла вразрез с предыдущей политикой партии и вызвала резкую критику среди местных кадров, когда стала известна широкой партийной аудитории в октябре 1953 года. Несмотря на это, Мао проявил снисходительность к министру общественной безопасности Ло Жуйцину, который был готов понести наказание за случайное раскрытие содержания новых идей некоторым нижестоящим руководителям [Mao 1987–1998, 3: 609].

Мао стремился уничтожить класс буржуазии и ликвидировать капиталистическую экономику, но не был готов сделать это одномоментно. Под влиянием особого указания Сталина на постепенное проведение реформ и, возможно, из-за опасений социальных волнений он выступал за поэтапный переход. Его сторонники, по всей видимости, согласились поддержать программу лишь при условии ее последовательного осуществления. Он еще не определил точно ни сроки, ни средства, однако был убежден, что капитализм следует ликвидировать постепенно [Во 1953, 1: 214].

К февралю 1953 года Мао Цзэдун сумел четко выделить отрасли, которые уже в значительной мере стали социалистическими, и те, что предстояло преобразовать. К первой категории относились государственная промышленность, транспорт и оптовая торговля, а к второй — сельское хозяйство, кустарное производство, капиталистическая промышленность и розничная торговля. При этом Мао подчеркивал необходимость расширения государственного сектора в розничной торговле, одновременно осознавая важность решения растущей социальной напряженности, вызванной высокой безработицей в частном секторе [Во 1953, 1: 214; Mao 1987–1998, 3: 610–611].

В начале 1953 года Мао Цзэдун обрел бо́льшую уверенность в необходимости перемен и начал активно использовать пропаганду как для подготовки членов КПК, так и для широких слоев общества. В центре внимания пропаганды оказались четыре ключевые темы: (1) экономические достижения Советского Союза и стран восточноевропейских народных демократий[3], (2) успехи в проведении индустриализации на Северо-Востоке[4], (3) идеи Сталина о необходимых условиях для перехода к социализму, а затем и к коммунизму[5] и (4) советский опыт выполнения ППП и индустриализации[6].

Важным элементом этой пропагандистской кампании стало своевременное ее проведение. Мао стремился убедить китайский народ в том, что жители стран восточноевропейских народных демократий живут значительно лучше, чем в капиталистических государствах Европы. В этой связи особое значение имела статья Чэнь Ювэя под названием «Великие достижения народных демократий в экономическом строительстве в 1952 году», опубликованная в газете «Жэньминь жибао» 1 февраля 1953 года. В статье не только подробно освещались результаты производственной

---

[3]   См. редакционную статью «Великое развитие советского народного хозяйства», «Жэньминь жибао», 29 января 1953 года; редакционную статью Чэнь Ювэя «Великие достижения стран народной демократии в их экономическом строительстве в 1952 году», «Жэньминь жибао», 1 февраля 1953 года.

[4]   Обсуждение того, как государственные предприятия Северо-Востока накопили крупный капитал для проведения национальной индустриализации, см. в «Жэньминь жибао» от 7 января 1953 года. Информацию о директивах, изданных Северо-восточным бюро о производствах государственных предприятий, см. в «Жэньминь жибао» от 9 января 1953 года.

[5]   См. «Сталин о подготовке к переходу к коммунизму», «Жэньминь жибао», 6 января 1953 года (перевод с русского оригинала).

[6]   Перевод с русского статьи Сталина «Итоги первой пятилетки», приуроченный к 20-й годовщине ее первоначальной публикации, см. в «Жэньминь жибао» от 7 января 1953 года; дополнительную информацию см. в статье Ша Ин «Сталин о национальной индустриализации», «Жэньминь жибао», 17 апреля 1953 года. Статья Ша состоит из четырех частей: Сталин как создатель теории социалистической индустриализации, методы национальной индустриализации, темпы национальной индустриализации и накопление капитала для национальной индустриализации.

деятельности стран народной демократии за прошедший год, но и приводилась диаграмма, наглядно сравнивающая темпы роста промышленного производства в странах Восточной Европы — Польше, Чехословакии, Венгрии, Румынии, Болгарии, Албании — с аналогичными показателями капиталистических стран Западной Европы, включая Францию, Бельгию, Австрию, Нидерланды, Грецию и Люксембург. Исследование Чэня демонстрировало впечатляющий рост промышленного производства в странах Восточной Европы, что служило сильным аргументом в пропагандистской борьбе за социалистическую ориентацию Китая.

Мао использовал пропаганду для убеждения нации в том, что северо-восток страны опережает остальную часть Китая в стремлении к индустриализации и что этот регион должен стать образцом. Мао Цзэдун также заявлял о том, что Китай должен следовать по стопам Советского Союза и стран Восточной Европы, то есть встать на путь плановой экономики и перехода к социализму, а в итоге прийти к коммунизму. К началу 1953 года большинство китайцев знали о намерении КПК начать реализацию ППП и индустриализацию. При этом они были мало осведомлены о плане Мао осуществить немедленный переход к социализму путем полного уничтожения капиталистической экономики. Люди даже представить себе не могли, насколько страшными и долгими окажутся последствия этого плана. Мао же точно знал, чего он хочет для Китая.

Первая инспекционная поездка Мао: февраль 1953 года

К середине февраля 1953 года Мао, вероятно, уже добился от членов Политбюро одобрения своего плана немедленного начала перехода к социализму. Возможно, он столкнулся с некоторым несогласием со стороны осторожных политиков — Лю и Чжоу. В это время Мао решил отправиться в Ухань и Нанкин, чтобы лично увидеть обстановку в стране. Примечательно, что он совершил свою инспекционную поездку после того, как в октябре 1952 года по настоянию Сталина созвал Всекитайское собрание народных представителей (ВСНП) и организовал разработку новой конституции. Кроме того, 15 февраля 1953 года, непосредственно перед отъездом, Мао принял два важных решения, имевших серьезные последствия.

Первое: он завершил проект резолюции о группах взаимопомощи, начатый еще в декабре 1951 года, и внес важное изменение в раздел, посвященный условиям создания таких коллективов [Мао 1987–1998, 4: 62, 62–63(1)]. КПК долгое время придерживалась ленинской идеи о том, что механизация должна предшествовать коллективизации. Однако с 1950 года Мао начал поддерживать кадры провинции Шаньси, выступавшие против частной собственности на землю в сельской местности. Лидер был недоволен старым ленинским принципом и решил изменить резолюцию. Вместо объявления механизации предпосылкой коллективизации он включил в резолюцию положение о том, что коллективизация может быть начата «при полном согласии крестьян и наличии соответствующих экономических условий» [Мао 1987–1998, 4: 62]. Использование такого расплывчатого термина, как «подходящие экономические условия», давало Мао полную свободу действий, позволяя начать коллективизацию в любое время, когда бы он того ни пожелал. Так ему удалось кардинально изменить существующую политику в отношении коллективизации.

Второе: 15 февраля 1953 года Мао принял важное решение по совместным государственно-частным предприятиям. Он поддержал мнение Бо Ибо относительно того, что правительству пока не следует торопиться с созданием совместного предприятия с частной судоходной компанией, поскольку у КПК нет необходимых средств и опыта для участия в таком эксперименте. В целом соглашаясь с позицией Бо, Мао утверждал, что в будущем создание такого предприятия неизбежно [Мао 1987–1998, 4: 64][7]. Затем он попросил Чжоу Эньлая взять на себя решение вопросов по совместным предприятиям [Мао 1987–1998, 4: 64]; Чжоу оперативно одобрил создание двух новых предприятий[8]. В фев-

---

[7] Краткое описание доклада Бо Ибо см. в [Мао 1987–1998, 4: 64–65(2)].

[8] Письмо Чжоу Эньлая Бо Ибо от 21 февраля 1953 года см. в [Zhou 1988: 488].

рале 1953 года, перед отправлением из Пекина в инспекционную поездку, Мао был убежден в следующем: (1) коллективные хозяйства могут быть созданы без механизации и (2) в определенный момент должны быть сформированы совместные государственно-частные предприятия. Он собирался осуществить эти идеи на юге Китая и подбирал способы преобразования преимущественно частной экономики страны в социалистическую.

Поездка в феврале 1953 года считается первой официальной инспекцией Мао с 1949 года, однако еще в октябре 1952 года он совершил семидневную поездку, совмещая отдых с инспектированием объектов в бассейне реки Хуанхэ. Бо́льшую часть времени Мао проводил за осмотром исторических мест, однако у него также была возможность посещать деревни и беседовать с крестьянами о сельскохозяйственном производстве и налогах. Кроме того, он долго беседовал с разработчиками планов по «усмирению» реки Хуанхэ [Pang, Lin 1996: 318–319][9].

Мао прибыл в Ухань поздно вечером 16 февраля и отбыл в Нанкин до полудня 19 февраля 1953 года. Во время своего визита в Ухань он встречался с партийными руководителями всех уровней, включая членов Южно-Центрального бюро, провинциальных, городских, районных и квартальных партийных организаций. К этому времени Мао выработал собственный стиль поездок: у него был личный специальный поезд, на котором он по желанию переезжал с места на место. Поскольку его главной целью был сбор информации, по пути он приглашал присоединиться местных кадровых работников, и те ехали с ним, попутно отвечая на вопросы. Компаньоном Мао Цзэдуна стал (по имеющейся информации) как минимум один местный чиновник — Чжан Юймэй, начальник округа Синтай провинции Хэбэй [Zhang Yu. 1993]. За время совместной поездки Мао задал ему ряд вопросов. Во время путешествия на военном судне из Уханя в Нанкин Мао пригласил с собой кадрового работника по имени Лю Хуэйнун и расспросил его об опыте работы представителя правительства в совместной государственно-частной судоходной компании.

---

[9] Подробное обсуждение этой поездки см. в [Mao zaonian 1998: 189–296].

Одной из главных целей инспекционной поездки Мао было изучение результатов кампании по подавлению контрреволюционеров [Pang, Lin 1996: 219]; были и другие цели, такие как изучение обстановки и сбор информации в рамках подготовки к переходу страны к социализму. Его также интересовали политические кампании Против трех зол и Против пяти зол, деятельность групп взаимопомощи, сельскохозяйственных производственных кооперативов, состояние обрабатывающей промышленности, условия жизни портовых рабочих, состояние совместной государственно-частной собственности, жизнь городских жителей и локальных общественных объединений, а также кустарное производство, которое, по мнению Мао, было сложной сферой для преобразования[10].

Весной 1953 года Мао Цзэдун задумался не только о преобразовании капиталистической промышленности и торговли, но и о судьбе капиталистов. Он говорил, что так же, как для переправы через реку нужна лодка, для социалистической трансформации Китая необходимы средства, позволяющие перейти с одного этапа на другой [Guo S. 1990: 42]. Возможно, с этой целью он и проявлял особый интерес к группам взаимопомощи, сельскохозяйственным производственным кооперативам и успешным примерам совместных предприятий с государственной и частной собственностью.

Той же весной 1953 года Мао отправился в Ухань, чтобы распространить свои идеи о переходе к социализму. В отличие от трех месяцев ранее, 12 ноября 1952 года, когда он старался держать свои замыслы в тайне, теперь Мао открыто делился ими. Во время инспекционной поездки он счел необходимым ознакомить руководство района Сяоган с новым планом социалистического перехода и поручил довести эту информацию до руководителей уездного уровня [Bo 1953, 1: 215; Gong Y. 1988]. Эти проекты еще не приобрели официального или публичного статуса, однако Мао стремился испытать их среди кадровых работников низшего, но не нижестоящего уездного, уровня. Ту же осторожность он проявил и в мае

---

[10] Подробнее см. [Guo S. 1990: 41, 43–45]. См. также: [Li et al. 2000: 36–38].

того же года [Mao 1987–1998, 4: 232]. Его решение проинформировать кадровых работников вплоть до уездного уровня, вероятно, было обусловлено растущей уверенностью в своем плане и пониманием необходимости заручиться поддержкой среди них.

Как Мао Цзэдун определял значение перехода к социализму в это время? В феврале 1953 года, продолжая следовать концепции, сформулированной осенью 1948 года, он заявил группе региональных руководителей, что Новая демократия — переходный этап, требующий постановки новых задач [Guo S. 1990: 42]. При этом обозначил уже решенные задачи: свержение империализма, ликвидация феодализма и бюрократического капитализма. Он наметил области, в которых еще предстоит много работы: национальная буржуазия, частное сельское хозяйство, кустарное производство и безграмотность [Guo S. 1990: 44]. Мао полагал, что в отношении буржуазии и частников следует применять метод исправления (*шумай*), который позволит заменить частные хозяйства и кустарные производства государственными и кооперативными [Guo S. 1990: 44]. Мао также высказал свои соображения о продолжительности переходного периода:

> По моим оценкам, для завершения преобразования сельского хозяйства, ремесленного производства, а также частной промышленности и торговли, вероятно, потребуется около трех пятилеток [Li et al. 2000: 28–29].

Еще в 1942 году, комментируя выводы по итогам изучения *Краткого курса*, он отмечал, что Сталину потребовалось для установления социализма три пятилетки.

Мао также использовал свою поездку в Ухань для разоблачения идей, которые, по его мнению, были ошибочными. Выступая перед группой высокопоставленных руководителей из Южно-Центрального бюро, провинции Хубэй и города Ухань, он заявил: «Я считаю неправильным говорить об укреплении Новой демократии и "четырех свободах"» [Guo S. 1990: 41–42]. Вероятно, это заявление было ответом на обеспокоенность высшего руководства его новыми инициативами. Оно также подготовило почву для нападок летом 1953 года на партийных функционеров высокого ранга, включая Лю Шаоци, Чжоу Эньлая, Дэн Цзыхуэя и Бо Ибо. Почему Мао сделал эти заявления именно сейчас? Прощупывал ли он почву для будущего нападения? Или же стремился заручиться поддержкой в низовых эшелонах партии? Мао часто «тестировал» свои идеи на слушателях, в уважении и понимании которых был уверен.

Несмотря на то что идею укрепления Новой демократии связывают с Лю Шаоци, другие руководители, также поддерживали ее. Например, в проекте политического доклада в феврале 1953 года и Чжоу Эньлай, и Дэн Сяопин писали о том, что установлен новодемократический общественный строй. Прочитав это заявление, Мао забеспокоился, счел его вредным и после тщательного рассмотрения вычеркнул из проекта политического доклада [Pang, Lin 1996: 322].

Лю считал, что партия должна укрепить Новую демократию, прежде чем предпринимать какие-либо шаги к построению социализма, и что этот подход соответствует первоначальному плану КПК 1949 года [Во 1953, 1: 46–49]. Фактически он лишь однажды сделал официальное заявление об укреплении новодемократического строя при рассмотрении целей КПК. В речи, произнесенной на Первом всекитайском совещании КПК по вопросам организационной работы в марте 1951 года, Лю говорил о настоящих, будущих и финальных целях КПК: «КПК ныне борется за укрепление новодемократического строя, затем будет бороться за переход к социалистическому строю и в конечном счете за построение коммунизма» [Лю 1991: 74]. Эти три цели КПК позже были включены в число восьми принципов, которых должны придерживаться коммунисты и которые были одобрены Центральным Комитетом [Mao 1987–1998, 2: 664]. Критика идеи укрепления Новой демократии, позже последовавшая со стороны Мао во время инспекционной поездки в Ухань, была истолкована другими партийными деятелями как нападки на Лю Шаоци.

Концепция «четырех больших свобод» была предложена Дэн Цзыхуэем на Первом национальном совещании по вопросам сельского хозяйства в апреле 1953 года. Эти четыре свободы включали: право нанимать рабочую силу; право брать и давать деньги в долг; право покупать, продавать, брать и сдавать землю в аренду, а также свободу торговли. Однако Дэн Цзыхуэй утверждал, что эти свободы не являются безусловными [Gao 1981]. Например, кредиты, предлагаемые ростовщиками под высокие проценты, не соответствуют концепции «четырех больших свобод». Мао раскритиковал предложение Дэна, поскольку любое объединение «четырех больших свобод» с концепцией Новой демократии препятствовало воплощению его планов по реализации генеральной линии.

Во время инспекционной поездки Мао ознакомился не только с достоинствами, но и с недостатками функционирования объединений взаимопомощи, аграрных кооперативов и смешанных предприятий с участием государства и частного капитала. Несмотря на обнаруженные трудности, поездка укрепила его убеждение в ценности этих инициатив. Лидер остался приятно впечатлен стремительным формированием союзов взаимопомощи в бывших освобожденных землях и, вероятно, еще более воодушевился, когда представители местных партийных кадров уведомили его о глубоком принятии идеи коллективной организации населением [Zhang Yu. 1993: 105]. Он также выяснил, что в последние два года — с 1951-го по 1953-й — в уезде Синтай, входящем в число старых освобожденных территорий, осуществлялись эксперименты по внедрению сельскохозяйственных производственных кооперативов, представляющих собой более прогрессивную модель объединения, и что эти испытания завершились положительно. Мао стремился содействовать делу коллективизации, продвигая две ключевые позиции: «кооперация и ассоциации взаимопомощи предпочтительнее индивидуального земледелия» [Zhang Yu. 1993: 104], а также «переход к коллективной форме возможен без механизации, значит, Китай не обязан воспроизводить советский опыт» [Zhang Yu. 1993: 110]. Мао неоднократно возвращался к этим тезисам, приступив к формулированию стратегического курса преобразования страны в социалистическое общество.

Стремление Мао во время инспекции собрать сведения о передовом опыте совместных государственно-частных предприятий подчеркивает, что он всерьез обдумывал распространение подобной формы собственности по всему Китаю как инструмента преобразования капиталистической индустрии. Покинув Ухань 19 февраля 1953 года на борту военного корабля, — вероятно, малогабаритного, поскольку национальный военно-морской флот еще только формировался, — он спустя трое суток прибыл в Нанкин. Сопровождать его в пути был приглашен Лю Хуэйнун, партийный функционер, назначенный генеральным директором судоходной корпорации «Миньшэн» и представлявший интересы государства в управлении этим смешанным предприятием. Именно этот управленец должен был доложить председателю о специфике речного транспорта на Янцзы и пояснить, каким образом масштабная частная компания, подобная «Миньшэн», трансформирована в предприятие с государственным участием [Guo S. 1990: 46–53].

Дело компании «Миньшэн» было особенным. Эта частная организация столкнулась с финансовыми трудностями и обратилась за поддержкой к государству, которое в итоге взяло ее под полный контроль. Основанная в 1925 году Лу Цзофу, «Миньшэн» стала крупнейшим частным предприятием в сфере внутреннего водного транспорта Китая. Однако с 1949 года предприятие начало терпеть серьезные убытки, главным образом по причине неэффективного руководства. За полтора года после прихода коммунистов к власти в 1949 году, согласно оценкам специалистов, долг компании достиг 13 миллионов юаней в старой валюте. Еще в марте 1950 года Лу через пекинское представительство компании обратился к Чжоу Эньлаю с просьбой о помощи со стороны правительства. В рамках достигнутого соглашения государственный представитель был включен в состав совета директоров. В 1952 году Лу, используя своих посредников в Пекине, вступил в контакт с Министерством транспорта и инициировал переговоры по вопросу создания партнерства с государственным участием. В сентябре того же года судоходная фирма «Миньшэн» официально преобразовалась в совместное государственно-частное предприятие [Guo S. 1990: 49].

Мао проявлял «исключительный интерес» к судоходной компании «Миньшэн» и «задавал детальные вопросы о предприятии и всем процессе его трансформации в совместное государственно-частное предприятие». Лю Хуэйнун объяснил, что государство установило контроль над компанией в три последовательных этапа. Во-первых, оно предоставило финансовые кредиты и топливо для поддержания деятельности. Во-вторых, было создано совместное предприятие с государственным участием, куда правительство вложило 10 миллионов юаней в старой валюте. В-третьих, именно государство стало источником всех социальных и материальных льгот для персонала [Guo S. 1990: 49, 51]. Согласно первоначальному замыслу, управление предприятием должно было осуществляться совместно — первоначальным владельцем и представителем государства, однако фактическим руководителем выступало правительство. Поэтому неудивительно, что вскоре после объявления генеральной линии (в конце сентября 1953 года) 11 октября того же года в газете «Жэньминь жибао» была опубликована статья об истории компании «Миньшэн», названной «рождением без боли». Кроме того, была размещена краткая редакционная заметка, восхваляющая «Миньшэн» как «образец совместной государственно-частной собственности» [Guo S. 1990: 50].

Утром 19 февраля 1953 года Мао Цзэдун покинул Ухань и направился в Нанкин, несомненно испытывая глубокое удовлетворение. Он не только собрал важнейшие сведения, но и смог распространить собственные идеи, подвергнув критическому разбору «ошибочные воззрения», высказанные некоторыми высокопоставленными партфункционерами. Однако важнейшим для него стало подтверждение искреннего воодушевления простого народа по отношению к его персоне. Этот опыт произвел на него столь сильное впечатление, что в 1966 году, незадолго до начала «культурной революции», он вновь посетил Ухань, чтобы вновь зарядиться этой живительной энергией, совершив при этом широко освещенный заплыв по реке Янцзы.

Ван Жэньчжун, занимавший в начале 1950-х годов должность секретаря горкома Уханя и сопровождавший Мао во время его знаменитого заплыва в 1966 году, вспоминал о теплом приеме, оказанном лидеру во время его короткого визита в город в феврале 1953 года, включая посещение живописного озера Дунху. Чтобы избежать узнавания толпой, Мао прикрыл лицо большой белой маской, подобной той, которую китайцы традиционно используют зимой для защиты от холодного воздуха и микробов. Однако вскоре его опознал один из учеников начальной школы, который громко воскликнул: «Председатель Мао здесь!» [Guo S. 1990: 42][11]. Слух об этом быстро распространился среди толпы. Ван увидел, как тысячи и тысячи людей устремились к Мао и окружили его. По словам Вана, все были в восторге от встречи с Председателем [Guo S. 1990: 42]. Растроганный Мао заявил: «Уханьцы действительно замечательные!» (*Ухань жэньминь чжэнь хао я!*) [Li et al. 2000: 35]. Вероятно, в Пекин Мао вернулся преисполненный уверенностью в себе и в полной готовности продвигать новую программу. Весной 1953 года Мао был полон решимости привести Китай к социализму в кратчайшие сроки и противостоять любому, кто помешает его планам.

Исследование государственного капитализма Ли Вэйханя: март 1953 года

Весной 1953 года политика КПК в отношении капиталистической промышленности заметно отличалась от политики в отношении капиталистической торговли. В первом случае партия опиралась на партийное осмысление государственного капитализма, подробно изложенное во второй главе, акцентируя внимание на контроле над капиталистическими промышленными отраслями. Что касается второго направления, КПК внедряла стратегию, известную как «пайчу» («выдавливание»), нацеленную на устранение капиталистических коммерческих предприятий всех масштабов и замену их государственными или кооперативными структурами. Весной 1953 года начались активные поиски

---

[11]   Более подробно о том, как Мао узнало местное население и как его принимали, см. [Li et al. 2000: 32–35].

эффективных методов преобразования капиталистической промышленности, выходящих за рамки простого установления контроля над ней. Помимо краткосрочной инспекционной поездки Мао в Южный Китай в феврале 1952 года велась более масштабная и амбициозная исследовательская работа по данной проблематике.

Весной 1953 года Ли Вэйхань, в то время руководитель Рабочего отдела Единого фронта ЦК КПК, получил задание возглавить группу специалистов для проведения полевых исследований в ряде крупных городов юга Китая, включая Ухань, Шанхай и Нанкин. Главной целью этих экспедиций было детальное изучение процесса внедрения государственного капитализма в ведущих промышленных центрах страны за прошедшие несколько лет [Li W. 1986, 2: 739]. Кроме того, в марте того же года Ли Лисань провел более месяца, осуществляя полевой анализ кустарной промышленности в Ухане [Tang 1989: 193], однако сведения о его деятельности и результатах остаются ограниченными.

В мае 1953 года, после проведения исследования, Ли Вэйхань представил центральному руководству доклад под названием «Вопросы государственных и частных отношений в капиталистических отраслях промышленности» [Li W. 1986, 2: 741][12]. Лю Шаоци счел этот доклад важным и предложил обсудить его на предстоящих заседаниях Политбюро[13]. Чжоу Эньлай, который в это время также искал способы преобразования частного капитала, высоко оценил доклад Ли [Li W. 1986, 2: 748]. Как и в случае с политическими предложениями, представленными Чжан Вэньтянем почти четырьмя годами ранее, Мао заинтересовался докладом Ли, переговорил с ним по телефону и предложил обсудить доклад на ближайших заседаниях [Li W. 1986, 2: 742].

Исследование Ли выявило, что в период с 1949 по 1952 год государственный капитализм, предложенный Чжан Вэньтянем,

---

[12] Этот доклад включен в [Li W. 1987: 263–267]; его доклад о государственном капитализме см. на с. 268–284. Оба доклада также опубликованы в [Wenxian xuanbian 1993–1997, 4: 212–232].

[13] См. [Xu 1980: 23] и [Teiwes 1990: 59].

широко применялся к капиталистическим предприятиям крупных городов, обеспечивая быстрый рост их производства. Ли представил детальный анализ всех действовавших тогда форм государственного капитализма, включая: «государственный капитализм закупок» (*шоугоу*), при котором государственные коммерческие предприятия приобретали продукцию по краткосрочным контрактам у частных фабрик; «государственный капитализм эксклюзивных агентов» (*баосяо*), когда государственные фирмы выступали в роли эксклюзивных торговых представителей частных производителей; а также «государственный капитализм обработки товаров» (*цзягун*) и «государственный капитализм заказа товаров» (*динхо*), подробно рассмотренные во второй главе.

В докладе Ли отмечалось, что повсеместное принятие государственного капитализма после 1952 года буржуазией было обусловлено жестокой кампанией Против пяти зол, проходившей с 26 января по 25 октября 1952 года. В ходе этой кампании владельцы фабрик и магазинов подвергались суровым психологическим и даже физическим преследованиям. К концу кампании КПК удалось сломить дух китайской национальной буржуазии и заставить ее подчиниться коммунистической власти. В 1952-м у представителей этого класса не оставалось иного выбора, кроме как принять государственный капитализм в любой навязываемой форме [ZDZ 1985: 65–66]. В семи крупнейших промышленных центрах доля промышленного производства предприятий, находившихся под государственным капитализмом, была впечатляющей: Шанхай — 58 %, Ухань — 65,5 %, Сиань — 70,3 %, Харбин — 76 %, Ханчжоу — 63,7 %, Шэньян — 55,9 %, Гуанчжоу — 32,8 % [Li W. 1986, 2: 270; Zhonggong 1986, 20: 147].

Ли выделил ряд форм государственного капитализма, расположив их в порядке развития от базовых к более продвинутым: *шоугоу, баосяо, цзягун, динхо* и *гунсы хэин* — совместная государственно-частная собственность. Первые две признавались начальными, следующие две — промежуточными, а последняя, *гунсы хэин*, — наиболее развитой формой государственного капитализма [Xu 1980: 67]. Исследователь сделал вывод, что трансформация капиталистической собственности должна осуществляться через применение государственного капитализма в целом и особенно через *гунсы хэин*. Следует отметить, что исследования Ли проводились после инспекционной поездки Мао в район Ухани, и рекомендации по внедрению совместной собственности, вероятно, были предложены самим Мао. Ли осознавал, что к 1952 году, когда на совокупный объем промышленной продукции совместных предприятий приходилось всего 5,7 %, данная форма собственности оставалась незначительной и существовали множество нерешенных проблем. Тем не менее он продолжал настаивать на внедрении *гунсы хэин* как «основного метода преобразования капиталистической собственности» [Li W. 1986, 2: 742]. В период с 1948 по 1953 год государственный капитализм, разработанный Чжан Вэньтяном, использовался для контроля над классом капиталистов Китая. После 1953 года этот тип капитализма приобрел для Мао новое значение: он стал инструментом реструктуризации форм собственности в капиталистической экономике и постепенного приближения ее к социализму. Идея применения *гунсы хэин* получила решительную поддержку среди руководителей партии. Летом 1953 года Чжоу Эньлай и Чэнь Юнь выдвинули предложения о необходимости расширения области применения *гунсы хэин*, при этом оба считали, что его внедрение должно проходить постепенно [Xu 1980: 67].

Совместная государственно-частная собственность не укладывалась в традиционные ленинские категории государственного капитализма, вынуждая китайских идеологов искать обоснование для ее легитимизации. Ли Лисань и Чжоу Эньлай выступали на ее защиту от имени Мао, однако их аргументы звучали неубедительно. Ли утверждал, что «государственный капитализм, практикуемый в Китае, [полностью соответствует] ленинским принципам» и что *гунсы хэин* в Китае является эквивалентом концессионного государственного капитализма, когда-то имевшего место в Советском Союзе [Li W. 1986, 2: 746]. Чжоу изложил свое объяснение совместной собственности в заключительном слове на 49-м заседании Постоянного комитета Народного политического консультативного совета Китая (НПКСК) в сентябре

1953 года. Он отметил, что китайский государственный капитализм схож с советским и обладает общими чертами, но добавил, что он «отличается от него по форме и содержанию» [Zhonggong 1986, 20: 146]. Эти обоснования были неубедительными, однако партийное руководство начала 1950-х стремилось вписать китайский опыт в советскую ортодоксальность.

К весне 1953 года Мао выработал свой подход к искоренению капитализма в городской экономике и решил, что настало время донести до всех членов партии, что ждет впереди. В качестве аргументов для убеждения рядовых членов партии он использовал идеи, почерпнутые в *Кратком курсе.* 23 апреля 1953 года вышла директива ЦК, предписывающая всем членам партии в течение полутора лет, с июля 1953 по декабрь 1954 года, изучить *Краткий курс,* в особенности главы с 9-й по 12-ю [Wenxian xuanbian 1993–1997, 4: 141–46; Ma Q. et al. 1989: 63]. Эта директива появилась в официальной газете КПК «Жэньминь жибао» два дня спустя. Она послала нации мощный сигнал о том, что необходимо следовать по сталинскому пути к построению социализма, и ознаменовала начало сталинизации Китая — как идеологической, так и экономической. Начиная с мая 1953 года в партийном издании «Сюэси» («Исследование») стали появляться статьи, описывающие содержание глав *Краткого курса* (см. приложение 2). В период с середины июля по конец ноября 1953 года газета «Жэньминь жибао» опубликовала серию статей, рассказывающих о том, как члены КПК, работающие на самых разных уровнях, — в центральном правительстве, министерствах, региональных отделениях и в Центральной партийной школе — изучают *Краткий курс*[14].

---

[14] Темы и даты статей «Жэньминь жибао»: как продвинутые, так и средние группы в административных органах, непосредственно контролируемых Центральным правительством, изучали *Краткий курс* (18 июля 1953 года); более 3000 кадров Министерства внешней торговли и связанных с ним специальных компаний приняли участие в изучении *Краткого курса* (23 июля 1953 года); кадры Северо-Западного региона уже изучили *Краткий курс* (24 июля 1953 года); военные кадры среднего и высшего звена изучали историю партии и избранные труды Мао Цзэдуна (9 августа 1953 года); кадры, работающие в административных органах, непосредственно контролируе-

Как Мао использовал критику для усиления поддержки генеральной линии

В октябре 1953 года Мао Цзэдун, размышляя о значении проходившего в Пекине с 13 июня по 13 августа 1953 года Всекитайского совещания по финансово-экономической работе, отмечал, что без проведения подобного совещания вопросы, связанные с генеральной линией, не могли быть решены [Mao 1977, 5: 122]. Главная задача совещания заключалась в обсуждении генеральной линии. Так Мао стремился переориентировать мышление высшего партийного руководства — с установившегося с 1949 года курса Новой демократии — на новый путь, подразумевавший строительство социализма путем ликвидации капитализма и частной собственности. В ходе мероприятия он прилагал значительные усилия для объединения партийных лидеров вокруг этой инициативы. Чтобы обосновать свою позицию и заручиться поддержкой, Мао часто ссылался на идеи Ленина и Сталина, одновременно подвергая критике соратников, придерживавшихся прежних взглядов. В этих спорах ему активно помогал Гао Ган — амбициозный партийный деятель, разделявший «левацкие» убеждения Мао[15]. В итоге Мао удалось добиться согласия всех членов Политбюро и всех 163 делегатов Всекитайского совещания.

Мао опирался на труды Ленина и Сталина, чтобы убедить партийцев, особенно членов Политбюро, поддержать его политические инициативы. В период с июня по июль 1953 года он

мых Центральным правительством, начали изучать *Краткий курс* (6 сентября 1953 года); история о человеке, который помог с изучением *Краткого курса* (8 сентября 1953 года); кадры административных органов, непосредственно подчиненных Южно-центральному бюро, и кадры всех уровней городского управления Гуанчжоу завершили изучение главы 9 *Краткого курса* (29 ноября 1953 года).

[15] Подробное рассмотрение роли Гао Гана во время Всекитайского совещания по финансово-экономической работе летом 1953 года см. в [Teiwes 1990: 52–78]. После публикации всестороннего исследования Тейвеса касаемо инцидента Гао Гана появился ряд китайских исследований: [Lin Yu. 1996; Lin Yu. 1999; DW 1998, 5: 38–44; DW 2001, 2: 16–23; Nie et al. 2004, 2: 44–50; Dai, Zhao 2004: 75–79].

организовал публикацию нескольких подборок трудов советских лидеров и представил их на заседаниях Политбюро[16]. 29 июля 1953 года Центральный Комитет принял решение о распространении этих справочных материалов среди кадровых работников как на уровне министерств, так и комитетов[17]. При составлении этих подборок Мао использовал выдержки не только из *Краткого курса*, но и из трудов Ленина и Сталина. Он уделил особое внимание трудам Ленина, посвященным НЭП и его теории государственного капитализма, а также трудам Сталина об индустриализации и коллективизации. Интерес Мао к этим темам прослеживается в названиях сборников, подготовленных под его руководством летом 1953 года, в разгар формирования политики. Это «Ленин и Сталин о государственном капитализме и НЭПе», «Сталин об основных способах развития советской промышленности» и «Вопросы политики цен и коллективизации в *Кратком курсе*». В сборники вошли многие сочинения и речи Ленина: статья «О продовольственном налоге», впервые опубликованная 21 апреля 1921 года; «Доклад о тактике РКП»; речь, произнесенная в июне 1921 года на III конгрессе Коминтерна; текст политического доклада Ленина на XI съезде РКП(б) 27 марта 1922 года; статья «Новая экономическая политика и задачи политпросветов», опубликованная 17 октября 1921 года; доклад «О новой экономической политике», опубликованный 29 октября 1921 года; статья «О кооперации», опубликованная 6 января 1923 года; и, конечно же, *Краткий курс* Сталина[18].

Ли Лисань также составил сборник справочных материалов под названием «Ленин о государственном капитализме». Неизвестно, было ли ему поручено выполнить эту работу или это была его личная инициатива по прочтению трудов Маркса и Ленина. Ли Лисань опирался на четыре работы Ленина: «Очередные задачи Советской власти», опубликованная 28 апреля 1918 года; «О продовольственном налоге» от 21 апреля 1921 года;

---

[16] Неопубликованная статья устного источника, 9.

[17] Неопубликованная статья устного источника, 9.

[18] Неопубликованная статья устного источника, 9–10.

«Речь о продналоге», произнесенная 26 и 27 мая 1921 года; и текст политического доклада Ленина на XI съезде РКП(б) 27 марта 1922 года[19].

15 июня, через два дня после созыва совещания, состоялось расширенное заседание Политбюро. Помимо членов Политбюро, в нем приняли участие члены Центрального Комитета, чьи обязанности были связаны с обсуждаемыми вопросами; на заседаниях также присутствовали партийные секретари десяти крупных городов [Li W. 1986, 2: 724]. Главной задачей Мао, как уже отмечалось, было убедить высшее партийное руководство изменить прежнюю политику: отказаться от курса на Новую демократию и перейти к стратегии ликвидации капитализма и частной собственности. На заседании он выступил с речью, в которой впервые официально представил концептуальные основы генеральной линии на переход к социализму, при этом подверг критике как «левое», так и «правое» мышление, особенно предостерегая от любых отступлений от генеральной линии и ошибок левых или правых. Также на этом заседании была разработана новая политика преобразования капиталистической промышленности.

С сентября 1952 года Мао Цзэдун начал представлять свою концептуальную схему перехода Китая к социализму различным аудиториям, при этом формулировки этой схемы менялись и развивались вплоть до декабря 1953 года. В противоречие с утверждением, сделанным во время инспекционной поездки в феврале 1953 года, к июню того же года Мао полностью отказался от термина «Новая демократия». Переходный период был теперь определен как «период от провозглашения Китайской Народной Республики до завершения в основном социалистических преобразований». Мао также сформулировал основные задачи переходного периода: «завершить в основном индустриализацию страны и социалистическое преобразование сельского хозяйства, кустарной промышленности, капиталистической промышленности и торговли» [Mao 1969–1977, 5: 105, 107].

---

[19] Неопубликованная статья устного источника, 9.

В июне 1953 года Мао не назвал точный срок, необходимый для завершения «в основном» процесса социалистического перехода, ограничиваясь расплывчатой формулировкой «в течение довольно длительного отрезка времени». Это выражение он применял и ранее, обычно подразумевая под ним три года. Ранее Мао избегал упоминаний о «постепенности», хотя Сталин во время последних встреч с Лю Шаоци и другими лидерами КПК в октябре 1952 года особо подчеркивал необходимость постепенных действий. В последующие месяцы, стремясь сделать свои идеи более приемлемыми как для широкой публики, так и для высших руководителей КПК, Мао изменил этот аспект своей концептуальной схемы, добавив формулировку о «постепенности» и указав, что переход к социализму займет три «пятилетки». Концептуальная схема, представленная 15 июня 1953 года, во многом отражала истинные взгляды Мао в то время: он не желал предлагать точные сроки или акцентировать постепенность, рассчитывая при возможности ускорить переход к социализму в Китае. Эта новая схема представляла попытку адаптировать сталинскую программу построения социализма в форму постепенности, при этом сохраняя основные положения, описанные в *Кратком курсе*: индустриализацию, коллективизацию в сельской местности и решительную борьбу с капиталистической экономикой.

Во время совещания многие партийные руководители не могли понять, что Мао имел в виду под постепенным переходом от капитализма к социализму. Попытки объяснить этот переход основывались на грубой интерпретации сталинизма, описанного в *Кратком курсе*. Проводя экономический анализ, Мао заимствовал идею Сталина о том, что показателем прогресса на пути к социализму служит доля государственной экономики по сравнению с капиталистической. По оценке Мао, в результате проведения недавней политики доли государственной и социалистической экономики выросли, а доли капиталистической торговли и промышленности либо сократились, либо оказались под контролем государства. Мао полагал, что если КПК продолжит проводить политику *пайчу* (выдавливания) в отношении капиталистической торговли, то капиталистический оптовый сектор будет ликвидирован через 5–10 лет, а капиталистический розничный сектор — через 10–20 лет. Он также считал, что размеры капиталистической промышленности в стране сократились. По его мнению, когда КПК начнет внедрять совместную государственно-частную собственность, Китай будет готов перейти к социализму [Pang, Lin 1996: 321–322].

Несмотря на твердую уверенность в неизбежном уничтожении капитализма, Мао Цзэдун не недооценивал мощь капиталистов — на капиталистических предприятиях все еще трудилось около 3,8 миллиона рабочих. Он понимал, что КПК не сможет мгновенно ликвидировать капиталистов, и осознавал необходимость сотрудничества с ними на пути к социализму [Pang, Lin 1996: 321]. В июне 1953 года Мао наряду с другими высшими руководителями публично высказался в пользу мирного преобразования капиталистической экономики и изменений самих капиталистов. Однако, когда наступило время претворять эти преобразования в жизнь, на деле были применены жесткие меры.

На заседании Политбюро 15 июня 1953 года Мао раскритиковал три «правые формулировки»[20]. Как и Сталин в 1928 и 1929 годах, Мао в начале 1950-х годов называл любого человека или идею, с которыми был не согласен, «правыми» и, следовательно, объявлял их препятствием на пути к построению социализма. Первая «правая» формулировка, подвергнутая критике со стороны Мао, — «прочно установить новодемократический общественный порядок». Ее же он критиковал в феврале 1953 года в Ухане.

На заседании Политбюро 15 июня 1953 года Мао был предельно конкретен:

> Такая формулировка вредна. В переходный период ежедневно происходят перемены... <...> «Прочно установить» его [новодемократический общественный порядок] не так уж легко! <...> Переходный период насыщен противоречиями и борьбой. Проводимая нами ныне революционная борьба

---

[20] Небольшая часть его выступления 15 июня 1953 года была включена в [Mao 1977, 5: 81–82]. Полный текст выступления был опубликован в [DW 2003, 4: 20–22].

по своей глубине превосходит даже вооруженную революционную борьбу в прошлом. Ибо она является революцией, призванной окончательно похоронить капитализм и любой другой эксплуататорский строй. Идея «прочного установления новодемократического общественного порядка» не отвечает реальной обстановке нашей борьбы и препятствует развитию дела социализма [Мао 1969–1977, 5: 106].

Мао был предельно резок в своей критике, что отражало его глубокое отторжение политики, связанной с Новой демократией. Эта политика угрожала его текущей позиции, основанной на переходе к социализму, поэтому он ни в коем случае не намеревался мириться с теми, кто поддерживал прежние идеи.

Вторая «правая» формулировка, подвергнутая критике Мао Цзэдуном, — «от Новой демократии идти к социализму» [DW 2003, 4: 21] — принадлежала Чжоу Эньлаю. Она широко применялась в начале 1950-х годов и не была чем-то особенным. По этому поводу Мао также высказался:

Такая формулировка неясна. <...> Идти к чему-то не означает дойти. Подобная формулировка на первый взгляд приемлема, но стоит ее тщательно проанализировать, как она оказывается нецелесообразной [Мао 1969–1977, 5: 106].

Подобная критика отражала его стремление разорвать все связи с политикой Новой демократии.

Мао осудил третью так называемую «правую» формулировку — «Прочно охранять частную собственность» в сельской местности, назвав ее «неправильной». В апреле 1953 года Дэн Цзыхуэй, стремясь успокоить крестьян в годы кампании КПК по организации сельских групп взаимопомощи, заявлял о необходимости «уважать права крестьян на земельную собственность» и «гарантировать, чтобы права крестьян на частную собственность не нарушались» [Pang, Lin 1996: 323]. Мао прекрасно понимал контекст этих заявлений, но все же стал настаивать, что они неверны [DW 2003, 4: 21], хотя так и не пояснил причин своего несогласия. Он не столкнулся с серьезным сопротивлением генеральной линии, однако его критика была направлена на подавление любых дискуссий и памяти о прошлой политике, связанной с Новой демократией. Эта политика, поддерживаемая Мао ранее, никогда не воспринималась им как долгосрочная — лишь как краткосрочная тактика. Его критика успешно устранила поддержку прежних подходов и подавила потенциальное сопротивление курсу генеральной линии.

Разногласия по поводу перехода к социализму

В июне 1953 года среди партийного руководства был достигнут определенный консенсус по вопросам целей социалистического преобразования Китая, однако разногласия по срокам и методам оставались [Gongheguo 1991: 34]. Одним из наиболее спорных был вопрос о необходимости ликвидации капитализма: термин «ликвидировать» подразумевал принудительную национализацию всех частных предприятий, а не мирное их преобразование. Большинство высших руководителей поддерживали идею постепенного и мирного преобразования, в то время как Гао Ган выступал за полномасштабную ликвидацию капитализма [Li Yu. 1989: 6–7]. Мао и Ли Вэйхань знали о его неприятии такой политики, но Мао, по всей видимости, предпочел сохранить молчание, чтобы не создавать конфликт на этом этапе.

После совещания Гао спросил Ли Вэйханя, известно ли тому о взглядах Бухарина на мирный переход к социализму[21]. Так Гао косвенно выражал несогласие с политикой мирных преобразований, поскольку полагал, что она нарушает идеологическую ортодоксальность. Всем партийцам было известно, что Бухарин поддерживал политику мирного перехода к социализму в 1920-х годах и подвергся за это резкой критике со стороны Сталина.

В ходе июньских обсуждений также возникли разногласия по поводу того, как быть с классом капиталистов. Ли Вэйхань предложил превратить их в «социалистических граждан». Противоположное мнение неожиданно выразил Линь Боцюй — человек, известный своей сдержанностью и редкими проявлениями не-

---

[21] См. [Li W. 1986, 2: 744; Xu 1980: 68; Teiwes 1990: 61–62].

согласия с большинством, однако его комментарии до сих пор не обнародованы. Мао поддержал инициативу Ли, и она была принята [Xu 1980: 68–69].

Политика преобразования частного сектора розничной торговли и ее отмена

В июне 1953 года Мао и КПК приняли решение продолжить политику преобразования частного сектора розничной торговли, опираясь на принцип *пайчу* [DY 1986, 2: 21]. Ежегодно часть частных розничных предприятий ликвидировалась и замещалась государственными и кооперативными структурами [DY 1986, 2: 21]. Однако по мере расширения этой политики Мао был вынужден внести коррективы. 28 июня было решено заменить *пайчу* стратегией постепенной ликвидации, основанной на внедрении государственного капитализма [Mao 1987–1998, 4: 255]. В начале сентября 1953 года политика была официально изменена, причем Мао привел два обоснования такого изменения. Во-первых, он считал необходимым провести дополнительные исследования из-за отсутствия опыта в решении экономических вопросов. Во-вторых, Мао признавал, что частная розничная торговля по-прежнему может играть важную роль [Mao 1987–1998, 4: 324–325]. На практике отказ от *пайчу* был вызван политическими соображениями, поскольку ее применение привело к серьезным социальным проблемам. Мао опасался общественных волнений и массовой безработицы, которые могли произойти при слишком быстрой ликвидации частных розничных предприятий.

Изменение политики отражало ключевую проблему, с которой столкнулась КПК: необходимость найти баланс между идеологическим стремлением ликвидировать капитализм и защитой интересов социальных групп, чьи средства к существованию могли пострадать от этих мер. После первой попытки применения политики *пайчу* к частной розничной торговле партия столкнулась с серьезными последствиями: систематической ликвидацией частных предприятий, в ходе которой многие рабочие лишились работы и стали возлагать ответственность на КПК. Чтобы ослабить социальную напряженность, в июне 1952 года была принята новая политика, направленная на замедление темпов ликвидации, с установленным соотношением в 25 % к 75 % между государственными и частными розничными предприятиями. Однако к ноябрю того же года, по мере роста безработицы, социальная напряженность лишь возросла. В ответ на угрозу общественных волнений КПК издала подробную директиву, призванную замедлить ликвидацию частного коммерческого сектора [Wenxian xuanbian 1993–1997, 3: 413–420]. Mao в своей оценке этой директивы указал на необходимость сохранения соотношения 25 % к 75 % с возможностью его изменения только после одобрения ЦК КПК [Mao 1987–1998, 3: 610–611].

Даже при условии сохранения установленного соотношения долей 25 % к 75 % частные розничные предприятия оказались под угрозой из-за государственной поддержки расширения присутствия государственных торговых структур. Многие из частных предприятий оказались на грани банкротства. В ответ на это в начале 1953 года Mao был вынужден поддержать ранее противоречивую политику, предложенную руководством Министерства торговли, которая поощряла государственные коммерческие предприятия стремиться к максимальной прибыли, не уничтожая частных торговцев [Mao 1987–1998, 4: 7(3)]. Возникает вопрос: каким образом можно было уравновесить противоречивые требования, чтобы государственные предприятия максимизировали прибыль, при этом не вытесняя конкурентов из частного сектора?

Отказавшись от политики *пайчу*, КПК решила внедрить государственный капитализм в сферу капиталистической торговли, подобно тому, как это уже было сделано в капиталистической промышленности. Эта новая политика была провозглашена в октябре 1953 года, сразу после завершения Всекитайского рабочего совещания по зерновому вопросу. В рамках данной стратегии было решено использовать метод «продажи на комиссию» (*дайсяо*, или *цзинсяо*) для контроля над капиталистической торговлей. Данная мера последовала за формулировкой политики «государственной монополии на закупку и сбыт зерна, хлопка и растительного масла» (*тунгоу тунсяо*), принятой осенью 1953 года, и была направлена на усиление государственного контроля за товарооборотом в ключевых отраслях торговли.

Попытки Мао повлиять на взгляды 163 партийных руководителей

Мао дал понять, насколько далеко он готов зайти ради усиления поддержки своей генеральной линии. После резкой критики нескольких высокопоставленных руководителей на расширенном заседании Политбюро 15 июня 1953 года он переключил внимание на Бо Ибо и предложенный им новый налоговый закон, который Мао связал с политикой Новой демократии. В течение проводившегося с июня по август Всекитайского совещания по вопросам финансово-экономической работы Мао привлек Гао Гана для организации нападок на Бо. Затем в своем заключительном выступлении на совещании 11 августа эту задачу продолжил Чжоу Эньлай. Наконец, 12 августа, за день до закрытия совещания, Мао лично выступил с речью, продолжая жестко критиковать Бо Ибо[22].

Во время совещания Мао использовал критику ряда высокопоставленных руководителей, чтобы повлиять на 163 партийных деятелей и добиться поддержки своей генеральной линии. Он настоятельно призывал отказаться от идеи построения новодемократической экономики и начать готовиться к немедленному переходу к социализму.

Осенью 1952 года Бо Ибо пересматривал налоговое законодательство, ориентируясь на принципы Общей программы и текущей партийной политики, которые предполагали равное распределение налогового бремени между государственным и частным секторами. 31 декабря 1952 года Бо объявил о введении нового налогового законодательства, не согласовав это с Мао. Тот узнал о нововведении в начале января 1953 года из печати и пришел

---

22 См. [Bo 1953, 1: 238–246; Teiwes 1990: 62–71; Zhonggong 1986, 20: 133–134].

в ярость. Мао написал письмо Чжоу Эньлаю, в котором не только запросил информацию о новшествах, но и хотел, чтобы о его недовольстве узнали другие руководители [Мао 1987–1998, 4: 27]. Больше Мао возмутился тем, что его не поставили в известность, чем самим содержанием реформы. С тех пор он стал особенно остро реагировать на вопросы информирования о важных политических решениях, особенно нападал на Лю Шаоци и Ян Шанкуня. 19 мая 1953 года Мао резко раскритиковал их за «самовольное» и «нарушающее дисциплину» поведение [Мао 1977, 5: 80]. В начале июня 1953 года, готовясь к Всекитайскому совещанию по финансово-экономической работе, Мао, готовясь подвергнуть критике новый налоговый закон, разослал некоторым руководителям пять документов, содержащих переписку Бо в январе и феврале 1953 года [Мао 1987–1998, 4: 245, 245(2)].

Атака Мао на Бо 12 августа 1953 года стала кульминацией почти двухмесячных нападок на него со стороны различных партийных деятелей во время Всекитайского совещания по вопросам финансово-экономической работы. Бо обвиняли в двух крупных «преступлениях», которые он совершил, пересмотрев налоговую систему. Во-первых, он подвергся резкой критике за то, что предварительно консультировался с капиталистами, но не сообщил об этом Центральному Комитету, что рассматривалось как нарушение партийной дисциплины и политическая недобросовестность. Это стало серьезным поводом для обвинений в его адрес и предлогом для последующих нападок со стороны Мао. Во-вторых, Бо был осужден за «в противоречие с партийной резолюцией [1949 года]» и за совершение «правооппортунистических ошибок» [Мао 1969–1977, 5: 121]. Напряженная борьба привела к понижению Бо Ибо в должности; это было всего вторым подобным случаем в отношении высокопоставленного руководителя начиная с 1949 года. Первым был Ли Лисань, который в 1951 году был снят с должности руководителя Всекитайской федерации профсоюзов из-за расхождений с Мао во взглядах на профсоюзы. Бо был восстановлен в должности после самоубийства Гао Гана. После нападок на Бо Мао с еще большей энергией занялся проблемой буржуазного мышления в партии и борьбы двух линий.

Как Мао обхаживал видных общественных деятелей и коммерсантов

В начале осени 1953 года, добившись поддержки влиятельных партийных лидеров через запугивание несогласных, Мао предпринял попытки заручиться поддержкой ведущих некоммунистических общественных деятелей и руководителей предприятий. Он стремился убедить их вступить в совместные государственно-частные предприятия, где государственная и частная собственность сосуществовали бы в рамках концепции государственного капитализма.

Мао вел себя с этими людьми очень осторожно и хитро: не навязывал свои идеи, а успокаивал и убеждал, что процесс реформ будет постепенным, без «шоков» и «неудобств». Такая осторожность была продиктована необходимостью сохранить их благосклонность и поддержку, что было важно для создания благоприятного общественного образа КПК и самого Мао. В итоге ему удалось убедить эту группу людей, что он не собирается разрушать их мир или уничтожать их в ближайшее время[23].

Нападки Мао на «старого друга»

Прежде чем представить генеральную линию широкой публике, Мао должен был проинформировать влиятельных членов НПКСК (Народного политического консультативного совета Китая), не состоявших в КПК[24]. На заседании НПКСК в сентябре 1953 года некоторые политические решения Мао подверглись сомнению и критике со стороны одного из его старых друзей — Лян Шумина, известного конфуцианского ученого. Готовность

---

[23] Тезисы выступления Мао на встречах 7 сентября 1953 года с некоммунистическими деятелями и промышленниками см. в [Mao 1987–1998, 4: 324–27; Mao wenji 1993, 1996, 1999, 6: 291–293; Wenxian xuanbian 1993–1997, 4: 344–346]. Обсуждение его встреч с этими группами см. в [DW 2001, 4: 53–54; Guo X. 1993: 379–385].

[24] См. выступление Чжоу Эньлая 11 сентября 1953 года [Zhonggong 1986, 20: 145–150].

Мао к этой атаке показывала, насколько он был склонен принимать оборонительную позицию и чувствителен к критике своей новой политики.

Мао и Лян впервые встретились в 1930-х годах и поддерживали дружеские отношения вплоть до конфликта на заседании в сентябре 1953 года. До 1949 года Лян Шумин активно участвовал в социальных экспериментах в сельской местности Китая, стремясь повысить уровень гражданской культуры. Он придерживался мнения, что модернизация всей страны должна начинаться с преобразования сельского Китая, считая этот шаг необходимым условием успешной модернизации государства в целом[25]. После 1949 года Ляна, как и многих известных деятелей, не входящих в КПК, пригласили вступить в НПКСК.

8 сентября 1953 года Мао участвовал в расширенном заседании Постоянного комитета НПКСК, где ему, наряду с другими участниками, представили генеральную линию перехода к социализму. Лян Шумин, поддержав новую политическую программу, включая ППП, выразил обеспокоенность приоритетом, который правительство уделяло индустриализации, а также критиковал политику КПК в отношении сельской местности. Поведение Ляна было типичным для китайской интеллигенции, которая наивно поверила партийной пропаганде, утверждавшей, что им будет позволено открыто высказывать свои мысли. К несчастью, на вопросы и критику Ляна Мао ответил неадекватно, что спровоцировало неприятный обмен репликами перед большой аудиторией. В результате дружба между Мао и Ляном, длившаяся около 20 лет, закончилась в один момент.

Лян задал вопрос относительно особого внимания партии к развитию тяжелой промышленности и попросил уточнить, есть ли у правительства план развития легкой промышленности и транспорта в период реализации ППП. Он также сделал два замечания по политике партии в отношении деревни. В одном из выступлений Лян заявил, что, по его мнению, крестьяне рабочие живут «в девятом раю, а крестьяне в девятом аду». В другом он

---

[25] Более подробно см. [Alitto 1979: 192–215].

отметил, что КПК забыла о крестьянах. Особую критику он направил в адрес некоторых низших кадровых работников в сельской местности, обвиняя их в использовании «принудительных» методов и «руководстве делами без консультаций» [Dai, Zheng 1989: 30]. Замечания Ляна представляли собой точную оценку происходящего в сельской местности, о чем сам Мао был прекрасно осведомлен[26]. Однако Мао воспринял эти комментарии как лобовую атаку на свою генеральную линию и был полон решимости не только наголову разбить Ляна, но и использовать критику в его адрес, чтобы запугать любую потенциальную оппозицию.

На заседании НПКСК 12 сентября 1953 года, на следующий день после выступления Лян Шумина, Мао ответил на его замечания перед большой аудиторией, не называя его имени, — но всем было ясно, что критика была адресована именно Ляну. Лян был удивлен обвинениями, однако не стал вступать в публичные споры с Мао и написал ему письмо. Вечером 13 сентября они встретились лично и разговаривали около 20 минут, но обмен мнениями не увенчался успехом: Мао настаивал на том, что Лян выступает против генеральной линии. 16 сентября Лян получил возможность снова выступить и повторно изложил свои взгляды. Следующий докладчик, один из высокопоставленных руководителей КПК, выступил в поддержку Мао, назвав Ляна контрреволюционером. Мао прервал его речь и публично обвинил Ляна в противодействии генеральной линии, атаковав его лицом к лицу [Dai, Zheng 1989: 30–31]. Это событие ознаменовало резкое обострение конфликта между двумя фигурами и символизировало решимость Мао подавить всякую оппозицию внутри партии.

Конфронтация между Ляном и Мао достигла апогея 18 сентября 1953 года, когда Лян вновь пытался защищаться. После словесной перепалки с Мао он был освистан и выдворен с трибуны [Dai, Zheng 1989: 31–32][27]. С подобными публичными вызовами Мао

---

[26] Подробный внутренний отчет о злоупотреблениях деревенских кадров в Гуйчжоу см. в [NC 1953, 62: 467–469].

[27] Более подробно об этом см. [Lin et al. 1996: 358–368; Dai, Zheng 1989; Wang 1988; Zheng 2001: 429–442].

не сталкивался с 1949 года. Лян, вероятно, был первым и, несомненно, последним человеком, осмеливавшимся публично дискутировать с Мао. В качестве ответного удара во время следующей встречи, на которой присутствовал Лян, Мао, вопреки здравому смыслу, представил своего оппонента едва ли не худшим из людей.

Гнев Мао по отношению к Ляну, возможно, также был спровоцирован тем, что в 1952 году Ляна восхваляли тайваньские СМИ. Узнав об этом из внутреннего доклада, Мао начал поиск самого текста [Мао 1987–1998, 3: 565]. В своей обычной манере Мао искал любые идеи, высказанные Ляном в прошлом, чтобы использовать их против него. На совещании он яростно критиковал прошлые поступки Ляна и называл его классовым врагом. В ход шли эпитеты «реакционер до мозга костей»; «[подобные ему] представляют помещичий класс и прислуживают ему»; «карьерист и ханжа»; и, наконец, Мао заявил, что ему нельзя предоставлять «более широкого доступа к планам и секретным сведениям» [Мао 1969–1977, 5: 140, 141, 144]. Несмотря на гнев, Мао не стал преследовать Ляна и не заключил его в тюрьму, ему было позволено сохранить свою должность в комитете НПКСК [Мао 1977, 5: 112; Alitto 1979: 327–328], а в 1955 году, два года спустя, Мао начал общенациональную кампанию критики его идей [Alitto 1979: 327–328], в результате которой от Ляна отвернулись Мао и все партийцы.

Мао вел себя жестко, он защищал свою новую политическую инициативу, которая расходилась с официально декларируемой политикой КПК. Он стремился подавить любое инакомыслие, создавая атмосферу нетерпимости и запугивания как внутри партии, так и за ее пределами. Вопросы Ляна о развитии легкой промышленности и транспорта были обоснованными, а критика аграрной политики и недобросовестных действий деревенских кадров — справедливой. Нет свидетельств того, что Лян когда-либо выступал против генеральной линии Мао. Тем не менее в 1953 году Мао, похоже, следовал древнему китайскому правилу политического контроля: «убить одного, чтобы напугать сотню». Нанеся удар по нескольким несогласным, он устранил всякое сопротивление своей генеральной линии, обеспечив ее безусловное принятие в партии и обществе.

Заключение

К началу осени 1953 года, когда Мао объявил стране о генеральной линии, был разработан новый комплекс мер по преобразованию капиталистической промышленности и торговли в Китае. Политика использования частного капитала и введения ограничений, принятая в 1949 году, в 1953-м была заменена на более активную стратегию использования, ограничения и полного преобразования частнокапиталистического уклада. Это изменение лучше всего характеризуется как переход от контроля к поглощению. В то время как в 1949 году основная цель заключалась в контроле за капиталистической экономикой, к 1953 году Мао стремился ускоренно поглотить ее, чтобы радикально перестроить экономическую структуру и заложить основы для построения социалистического общества.

С лета 1953 года, когда Мао формулировал свою генеральную линию, и вплоть до конца сентября 1953 года, он усилил свое участие в политическом процессе и стал навязывать собственную идеологическую ориентацию партии и стране. Именно с этого времени Мао начал подчеркивать важность «борьбы двух линий» — социалистического и капиталистического пути в экономическом развитии Китая. В это же время он начал борьбу с влиянием буржуазного мышления, подвергая нападкам других руководителей партии, таких как Бо Ибо. Действия Мао в этот период подготовили почву для «второго акта»: окончательной формулировки генеральной линии (подробнее об этом в главе 5) и разработки экономической политики после лета 1953 года.

Глава 5

Генеральная линия Мао на переход к социализму, октябрь — декабрь 1953 года

В декабре 1953 года под руководством Мао был опубликован *Пропагандистский план* генеральной линии. Этот документ представлял собой систематическое изложение мер по преобразованию преимущественно частной экономики Китая в социалистическую. План носил сталинистский характер и был составлен по образцу соответствующих глав *Краткого курса*, он копировал не только идеи, но и стиль изложения [Wenxian xuanbian 1993–1997, 4: 713–718, 721–729][1].

Несмотря на то что сам *Пропагандистский план* не был написан лично Мао, он подготовлен под его строгим контролем и считается маоистским. Проект разработал доверенный секретарь Мао — Ху Цяому. Первоначально было создано множество черновиков, которые Мао тщательно изучил и остался «относительно удовлетворен» только после седьмого варианта, в который внес правки и добавил несколько длинных вставок [Pang, Jin 2003, 1: 265].

В *Пропагандистском плане* отражены ключевые изменения, внесенные Мао в генеральную линию, объявленную им в конце

---

[1] Также устный источник, 22 сентября 2004 года.

сентября 1953 года. Одним из самых заметных новшеств стало провозглашение создания передовых сельскохозяйственных кооперативов и замены капитализма экономикой на основе всенародной собственности. Кроме того, план давал подробное обоснование принятия генеральной линии, а стремление Мао казаться умеренным служило попыткой успокоить более благоразумных руководителей партии и недоверчивую широкую общественность, несмотря на постепенный радикализм его политики.

К началу осени 1953 года, когда Мао объявил генеральную линию на переход к социализму, коллективизация и преобразование кустарной промышленности кооперативами еще не считались приоритетными задачами партии из-за очевидных трудностей в этих сферах. Однако неожиданное включение в повестку дня создания передовых сельскохозяйственных производственных кооперативов отражало изменение мышления Мао и поражение сторонников первоначального плана приоритетного развития снабженческо-сбытовых кооперативов (ССК) в сельской местности. Эти передовые кооперативы стали важным шагом в переходе к соцстрою, ускоряя объединение крестьянства и коллективизацию, несмотря на первоначальные сомнения партийного руководства.

Кризис с заготовкой зерна летом 1953 года предоставил Мао возможность расширить и радикализировать коллективизацию сельского хозяйства, которая до того проводилась нерегулярно и неравномерно. В конце 1953 года коллективизация приобрела новое значение как средство мобилизации ресурсов для заготовки зерна, необходимых для поддержания темпов индустриализации. Кроме того, после смерти Сталина Мао почувствовал себя свободнее и мог игнорировать его предостережения о необходимости избегать поспешной коллективизации. В главе 5 рассматривается политический процесс принятия решения о коллективизации, обоснования генеральной линии 1953 года, а также сравнение этой линии с генеральной линией Сталина 1929 года и ее переоценка в период реформ в Китае.

Внедрение Северо-восточной модели

В 1949 году КПК выработала политику в отношении деревни, основным пунктом которой на ближайшие 10–15 лет стало создание кооперативов взаимопомощи, предложенных Чжан Вэньтянем. Крестьянам рекомендовалось вступать в группы взаимопомощи, подобные существовавшим в Яньани, на Северо-Востоке и в других освобожденных районах, при этом сохранялась частная собственность на землю. Также поощрялось накопление крестьянами семейного богатства. С конца 1940-х годов кооперативы начали быстро распространяться сначала в Северо-Восточном Китае, затем в освобожденных районах Хэбэя. Эти организации функционировали как государственные структуры на всех уровнях — от деревни до уезда и выше, с вертикальной системой управления, доминирующей в сельской местности кооперативы взаимопомощи, продвигаемые КПК, имели большую значимость на этапе социалистического строительства и служили важным механизмом мобилизации сельского населения и организации хозяйственной деятельности [Gongxiao hezuo 1988][2].

ССК выполняли две основные функции. Во-первых, они снабжали крестьян всем необходимым для сельскохозяйственной и другой производственной деятельности, а также для повседневной жизни, включая удобрения, орудия труда, пестициды, соль и растительное масло. Во-вторых, они помогали крестьянам продавать свою продукцию, в том числе товары, не связанные с сельским хозяйством. Помимо снабжения сельских жителей орудиями труда и удобрениями там обучали пользоваться ими. В случае стихийных бедствий крестьяне также могли быстро получить помощь от правительства через ССК.

Для установления монополии в сельской местности, вытеснившей частных торговцев, правительство поддерживало многоуровневую структуру цен на закупку зерна, что фактически устраняло деловые отношения между крестьянами и частными торговцами. ССК были важным инструментом контроля правительства над

---

[2] Более подробно см. [Cheng 1987: 337–402].

закупками сельскохозяйственной продукции и ограничивали роль частных торговцев в сельской местности. С 1951 года через ССК осуществлялись закупки основных продуктов, таких как зерно, хлопок, пенька, чай, растительное масло, шерсть и шелк. С 1952 года ССК получили управление всеми закупками хлопка, пеньки, основной массы чая и шерсти [Ai 1954: 22–23].

Деятельность ССК выходила за границы регионов. Региональные ССК северо-востока, Северного и Центрального Китая обеспечивали крупномасштабный обмен между собой. Зерно и соевые бобы с северо-востока продавались в Северном и Центральном Китае, а хлопок, финики, перец и другие продукты из Северного и Центрального Китая — на северо-востоке [Gongxiao hezuo 1988: 6]. Чэн Цзыхуа, возглавлявший национальную организацию ССК, отмечал, что в начале 1950-х годов Китай «создал независимую торговую сеть нового типа, глубоко укоренившуюся в сельской экономике по всей стране» [Gongxiao hezuo 1988: 4]. В этот период ССК стали самой полноценно реализованной частью программы, предложенной Чжан Вэньтянем .

Аграрная политика в состоянии неопределенности: 1950–1953 годы

Начиная с середины 1950-х годов аграрная политика КПК находилась в состоянии неопределенности, что во многом было результатом противоречивых взглядов различных партийных руководителей на сельское хозяйство. Как скоро партия направит сельское хозяйство Китая к социализму? Как партия должна заменить частную собственность на землю коллективной собственностью? Когда партия должна начать ликвидацию класса зажиточных крестьян? И наконец, как партия должна поступить с «новыми зажиточными крестьянами», появившимися после аграрной реформы? Эти вопросы требовали внимания партии в связи с развитием событий в старых освобожденных районах: повторной концентрацией земли в руках небольшой части зажиточных крестьян и возрождением частного рынка труда [Mao zaonian 1998: 220].

Политические дебаты среди руководителей проходили в 1950 и 1951 годах. В 1950 году основные дискуссии развернулись по вопросу о том, можно ли позволить процветание так называемой экономики зажиточных крестьян и следует ли разрешать членам партии нанимать рабочих и даже становиться «зажиточными крестьянами»[3].

В 1951 году в Китае развернулись политические дебаты о том, следует ли модернизировать существующие группы взаимопомощи. Мао был сторонником радикального подхода к преобразованиям. В 1950 году в дебатах по вопросу о праве членов партии нанимать рабочих региональный лидер Северо-Востока Гао Ган выступал против этой практики, считая, что члены партии не должны участвовать в эксплуатации. Он направил соответствующий доклад в ЦК с просьбой дать инструкции. Однако Лю Шаоци, отвечавший за повседневную работу партии, не согласился с этой позицией. По его мнению, каждый член партии должен сам решать, нанимать ли ему рабочих, и не должен подвергаться наказаниям за такое решение. Лю также признавал, что капиталистическое развитие в сельской местности практически неизбежно, а некоторые члены партии станут «новыми зажиточными крестьянами» [Bo 1953, 1: 196–197].

Лю Шаоци поделился своими взглядами с Ань Цзывэнем, записи этого разговора позже были показаны Мао. По словам Гао, Мао был крайне рассержен заявлениями Лю, но не вмешивался. Несмотря на то что идеологически эксплуатация трудящихся членами партии была неприемлема, даже Мао понимал, что вопрос о найме рабочих членами партии не так однозначен. Эта проблема возникла еще в Яньани и тогда осталась нерешенной [Bo 1953, 1: 198]. В июне 1952 года партия выпустила директиву, в которой членам партии четко запрещалось становиться зажиточными крестьянами [Zhonggong 1986, 19: 515]. Этот шаг ознаменовал официальную позицию КПК по вопросу о предельных социальных различиях внутри партии. В феврале 1953 года, почти через три

---

[3] Недавнее исследование по этой теме см. у [Luo P. 2004: 72–81].

года после дебатов, КПК наконец опубликовала инструкции, определяющие обстоятельства, при которых члену партии разрешается нанимать рабочих [Zhonggong 1986, 20: 147].

В 1951 году в КПК развернулись крупные политические дебаты о направлении развития предприятий взаимопомощи. Спор возник между сторонниками модернизации существующих групп взаимопомощи в кооперативы с мелкосерийным производством (КМП), более социалистического характера, и теми, кто хотел продолжать ленинскую традицию, отдавая приоритет развитию снабженческо-сбытовых кооперативов (ССК). Дебаты охватили широкий круг партийных руководителей — от уездного до центрального уровня. Начались они с доклада партийных секретарей Чанчжи провинции Шаньси, которые сообщили о плохом развитии групп: некоторые из них приближались к краху или превращались в подворья зажиточных крестьян [Во 1953, 1: 185][4]. Для исправления ситуации власти уезда предлагали внедрить социалистические методы организационного укрепления бригад. Одним из таких методов было увеличение общественного фонда, а другим — реализация социалистического принципа «распределения в зависимости от труда» [Во 1953, 1: 185]. Кадровые работники Чанчжи также предложили организовать кооперативы с целью окончательной ликвидации частной собственности на землю в сельской местности [Во 1953, 1: 185]. Эти методы существенно отличались от политики партии 1949 года, но Лай Жоюй, секретарь партии провинции Шаньси, поддержал предложения своих подчиненных [Во 1953, 1: 186].

Лю Ланьтао, глава Северо-Китайского бюро, и другие деятели занимали совершенно иную позицию. Они представили ее Бо Ибо, и тот согласился с их точкой зрения, а затем доложил о разногласиях Лю Шаоци. Он в свою очередь принял сторону Бо Ибо и Лю Ланьтао и заявил, что не может поддержать взгляды, высказанные кадровыми работниками Чанчжи. В течение следующих двух месяцев Лю различными способами освещал свою

---

[4]　Более подробную информацию см. в [Tao 1993: 9–28]. Более позднее исследование на эту тему см. у [Zeng, Zhou 2003: 74–79].

точку зрения по этому вопросу [Bo 1953, 1: 187–191][5]. Он сформулировал два принципа: во-первых, не следует предпринимать попыток подорвать частную собственность на землю в сельской местности, поскольку сельские районы все еще находятся на стадии развития Новой демократии; и, во-вторых, для проведения коллективизации в сельской местности необходима механизация. Лю также обвинил тех, кто хотел начать коллективизацию в сельской местности, в стремлении к «утопическому социализму» [Bo 1953, 1: 188]. В 1951 году Лю занял позицию, строго соответствующую политике экономического строительства, принятой партией в 1949 году. Идея не подрывать частную собственность на землю в сельской местности, по сути, принадлежала Мао, а не Лю Шаоци. Мао сформулировал эту точку зрения на совещании кадровых работников Освобожденного района Шаньси-Суйюань в 1948 году, и эта речь привлекла большое внимание партийцев. Информационное агентство «Синьхуа» даже создало специальный абонентский ящик, куда читатели могли направлять вопросы относительно высказанных идей[6]. Этот принцип был также заложен в предложениях Чжан Вэньтяня 1948 года [Zhang Wentian 1985: 412].

Узнав об этих политических разногласиях, Мао решил вмешаться. Сначала он сообщил Лю Шаоци, Бо Ибо и Лю Ланьтао, что не может поддержать их взгляды и согласен с руководителями провинции Шаньси [Bo 1953, 1: 191]. Он обосновал свою позицию, ссылаясь на аргументы Сталина, высказанные в работе «Основы ленинизма» в 1926 году. Мао утверждал, что подобно тому, как британская система «выработки» (то есть кустарное производство) заложила основу для новых производственных отношений, связанных с индустриализацией, китайские группы

---

[5] 7 мая 1951 года Лю раскритиковал «утопический социализм» в своем выступлении; 3 июля он продолжил критику в комментариях, написанных в ответ на доклад из провинции Шаньси; 5 июля он высказал дальнейшие критические замечания в лекции, прочитанной им студентам Института марксизма и ленинизма; а 25 июля включил свои критические замечания в поправки в доклад Северо-Китайского бюро.

[6] Устный источник, 30 сентября 1991 года.

взаимопомощи смогут выполнять аналогичную функцию при создании новых производственных отношений, связанных с социализмом. По словам Бо, аргументы Мао убедили всех троих [Во 1953, 1: 191].

Лю Шаоци по настоянию Мао отказался от своей точки зрения, и ее было решено изъять из публичного поля, поэтому отчет Северо-Китайского бюро, отредактированный им, опубликован не был. Лю также распорядился вернуть ему письменную версию речи, которая была распространена в качестве учебных материалов для студентов Института марксизма и ленинизма. Бо Ибо в 1991 году заметил, что дебаты по вопросу о группах взаимопомощи были на время прекращены [Во 1953, 1: 191].

Политические дебаты 1951 года и их разрешение отражали несколько важных характеристик Мао и политическую динамику начала 1950-х. Во-первых, Мао внимательно следил за идеями Сталина и не стеснялся ассоциировать свое руководство с ним. Во-вторых, его лидерство и влияние были такими сильными, что он мог убеждать других высших руководителей ЦК, включая Лю Шаоци, без применения жестких нападок, которые стали характерны для его более поздней практики. В-третьих, эти события показали, что Мао был далек от позиции умеренного «центриста» в политических дебатах; напротив, он занимал твердую радикальную позицию, направляя партию к последовательному строительству социализма и решительно преодолевая внутреннее сопротивление[7].

В 1951 году Мао удалось убедить других руководителей КПК отказаться от собственных идей и продвигать его программу. Он не удовлетворился тем, что Лю Шаоци и его сторонники отступились, а предпринял дополнительные шаги по их нейтрализации. Мао поручил Чэнь Бода организовать конференцию, посвященную группам взаимопомощи. Впервые он потребовал специального обсуждения этой темы, и конференция, прошедшая в сентябре 1951 года под председательством Мао, стала площадкой для его критики как «левых», так и «правых» взглядов. Проект доку-

---

[7] См., например, [Teiwes 1995: 137].

мента Лю, поддерживавший развитие кооперативов взаимопомощи, был отложен, хотя он был подготовлен с учетом мнения Мао. Исследователи предполагают, что это был сознательный шаг Мао для продвижения своей политики. Вскоре после конференции, в декабре 1951 года, Мао инициировал издание проекта резолюции о производственной кооперации взаимопомощи, подтвердив таким образом свое лидерство в данном вопросе[8]. Мао предпринял и другие шаги для продвижения своей программы. Он поддержал доклад Гао Гана о позитивном развитии групп взаимопомощи на Северо-Востоке и решил, что подобные примеры успеха должны быть обнародованы[9]. Мао также поощрял распространение отчетов региональных отделений, в которых содержались положительные отзывы о сообществах взаимопомощи. В одном из таких отчетов, предоставленном сотрудниками Хэбэйского бюро КПК, описывался рекордный рост числа организованных в регионе групп. Согласно этому документу, всего за год их число возросло с 600 000 до 1 миллиона [Во 1953, 1: 193][10].

Сдерживание «натиска и поспешности»: 1953 год

В декабре 1951 года проект резолюции о группах взаимопомощи был разослан рядовым кадровым работникам, после чего по всей стране резко увеличилось число таких групп. Руководство сельских общин применяло жесткие методы для принуждения крестьян вступать в сообщества взаимопомощи и выполнять поставленные задачи. Заведующий новым отделом ЦК по работе в деревне Дэн Цзыхуэй изучил наиболее распространенные проблемы в сельской местности и доложил об этом Центральному Комитету. Весной 1953 года КПК приняла меры для ограничения практики «натиска и поспешности» (*маоцзинь*) — преждевре-

---

8 Инструкции Мао см. в [Мао 1987–1998, 2: 578–579; Во 1953, 1: 193–194].

9 Письменные комментарии Мао см. в [Мао 1987–1998, 2: 476–477]. Краткое описание доклада Гао Гана см. в [Мао 1987–1998, 2: 478(5)].

10 Письменные комментарии Мао см. в [Мао 1987–1998, 2: 517]. Краткое описание отчета из Хэбэя см. в [Мао 1987–1998, 2: 517(1)].

менного ускорения организации групп взаимопомощи. В течение двух месяцев были изданы партийные директивы, направленные на пресечение злоупотреблений среди рядовых членов партии и корректировку преждевременных действий в организации этих групп[11]. В этот период главными заботами высшего руководства были весенняя посевная и сельскохозяйственное производство[12], а остальное, казалось, имело второстепенное значение.

В период 1952–1953 годов Мао Цзэдун проявлял значительную терпимость в отношении крестьян, отказывавшимся вступать в группы взаимопомощи. Он призывал руководителей на местах не дискриминировать такие хозяйства и уважать их самостоятельность. По всей видимости, более умеренные руководители, такие как Лю Шаоци, учитывая совет Сталина осенью 1952 года не спешить с коллективизацией, имели значительное влияние на аграрную политику того времени, благодаря чему была выражена осторожность в проведении социально-экономических преобразований. Официальное подтверждение этой позиции содержится в опубликованных 26 марта 1953 года комментариях Мао в газете «Жэньминь жибао»[13]. Новая политика сдерживания широко продвигалась пропагандистской машиной КПК. С начала апреля 1953 года «Жэньминь жибао» описывала усилия партии по исправлению ориентации местных кадров, бездумно организующих сельскохозяйственные производственные кооперативы, и случаи, когда производственные кооперативы возвращались к группам взаимопомощи. Газета также сообщала о регионах, где «натиск и поспешность» удалось остановить, а кампания по созданию групп взаимопомощи проходила равномерно[14].

---

[11] См. [Zhonggong 1986, 20: 51–54, 60–65, 176–180].

[12] См. [Wenxian xuanbian 1993–1997, 4: 89–95]. См. также редакционную статью газеты «Жэньминь жибао» от 26 марта 1953 года «Ключевой момент руководства сельскохозяйственным производством». Статья также включена в [Wenxian xuanbian 1993–1997, 4: 109–115].

[13] Комментарии Мао включены в [Mao wenji 1993, 1996, 1999, 6: 275; Mao 1987–1998, 4: 152].

[14] См. статьи, опубликованные в газете «Жэньминь жибао» 5 и 20 апреля 1953 года, а также 4 июня 1953 года.

Политика хлебозаготовок: лето и осень 1953 года

Лето 1952 года ознаменовалось великим подъемом и эйфорией от экономических успехов в Китае, однако уже к лету и осени 1953 года ситуация резко ухудшилась из-за надвигающегося зернового кризиса. Начиная с 1952 года руководство КПК оказалось в затруднительном положении. Годовой план правительства по хлебозаготовкам был выполнен, но зерна, чтобы прокормить быстро растущее городское население, не хватало. Правительство обратилось к зерновым резервам, чтобы справиться с дефицитом. В 1953 году партия столкнулась с новой проблемой: невозможностью закупить достаточное количество зерна для выполнения годовых планов по заготовкам [Zhonggong 1986, 20: 170]. Основной причиной проблемы были названы стихийные бедствия, произошедшие в ключевых зернопроизводящих регионах, таких как северо-восток Китая. По оценкам, дефицит зерна на северо-востоке составил около восьми миллионов тонн [Chen 1986: 203].

Зерновой кризис 1953 года рассматривался некоторыми партийными деятелями как чрезвычайно серьезное и потенциально взрывоопасное явление. Они также считали, что партия окажется в бедственном положении, если не будут приняты жесткие меры. Наиболее решительно эту точку зрения выражал Чэнь Юнь [Chen 1986: 207]: его беспокоили протесты среди населения в регионах, пострадавших от стихийных бедствий или испытывающих нехватку зерна. Он обвинил торговцев зерном в организации беспорядков на рынке [Chen 1986: 203] и был как никогда полон решимости поставить зерновой рынок под контроль центрального правительства; по сути, он хотел сделать это еще с конца 1951 года[15]. Чтобы обеспечить контроль над зерновым рынком, правительству нужно было контролировать закупки излишков, которыми крестьяне до сих пор могли распоряжаться по своему усмотрению.

До 1953 года в Китае механизмы сбора зерна включали две основные системы. Первая — это государственный зерновой

---

¹⁵ См. [Bo 1953, 1: 259]. Более подробно см. [Chen 1986: 159–160].

налог (*гунлян*), взимаемый с крестьян зерном, и вторая — прямые закупки излишков зерна у крестьян на рынке [Zhonggong 1986, 20: 171]. Для обеспечения материальных потребностей в условиях продолжающейся Корейской войны и индустриализации государство в основном опиралось на сбор налогов зерном в соответствии с партийным решением 1949 года. В 1951 и 1952 годах около 61 % всего собранного зерна поступало именно налогами, а остальные 39 % — через государственные закупки. Рынок зерна еще оставался сравнительно свободным: крестьяне, несмотря на высокие налоги, могли свободно продавать излишки на рынке; другими участниками рынка были государственные предприятия, ССК и частные торговцы зерном. По состоянию на июнь 1953 года 69,9 % зерна закупали государство и ССК, а частные торговцы — 30,1 % [Zhonggong 1986, 20: 171; Во 1953, 1: 257–258].

Как мы уже отмечали в главе 2, в 1949 году КПК решила проводить агрессивную налоговую политику в отношении крестьян для накопления капитала на поддержку государственного сектора и индустриализацию. Осенью 1949 года крестьяне в новых освобожденных районах отдавали государству около 20 % урожая в виде налога [Zhonggong 1986, 19: 151]. В начале 1950 года партийная директива установила нормы сбора налогов: центральное правительство собирало до 17 % общего объема производства, а местные органы могли облагать налогом по ставке до 15 %. Сбор налогов зерном в новых освобожденных районах был для партии непростой задачей: осенью 1949 года около 3000 партийных кадров погибли при сборе зернового налога [Zhonggong 1986, 19: 105–107, 151].

В 1952 году финансовые и экономические ведомства ввели новую противоречивую политику под названием «проверка распределения земли и определение уровней производства» (*чатянь динчан*). В деревни направлялись специалисты для повторного замера земель каждой семьи, чтобы определить размер налога, который семья должна платить государству. Этот новый подход, нацеленный на максимальный сбор зерна, существенно отличался от способа расчета и сбора налога зерном, существовавшим после аграрной реформы[16]. Введение новой политики вызвало серьезные проблемы в деревне, поэтому в марте 1953 года Мао был вынужден вмешаться, чтобы исправить ситуацию[17]. К 1953 году налоговую ставку понизили, и крестьянская семья в среднем отдавала центральному правительству около 15 % своего урожая в виде налога зерном. Правительство посчитало этот процент разумным [Zhonggong 1986, 20: 137].

В начале 1950-х годов Мао Цзэдун и Центральный Комитет КПК регулярно получали информацию о жалобах крестьян на тяжелое налоговое бремя и злоупотребления со стороны местных властей. К этим сигналам они относились серьезно: Мао стремился получать достоверные отчеты об условиях жизни крестьян, чтобы иметь полное представление о ситуации[18]. Он серьезно относился к жалобам крестьян и был готов снизить налоговое бремя для бедных и освободить от налогов тех, кто проживает в бедных регионах или пострадал от стихийных бедствий[19]. Он также распорядился, чтобы налоги на 1952 год не превышали ставку, установленную ЦК [Мао 1987–1998, 3: 588(5)]. Несмотря на нападки на Лян Шумина в сентябре 1953 года, Мао был полностью осведомлен о проблемах в деревне. Мао не нравилось, когда ему говорили, что «крестьяне терпят лишения» [Во 1953, 1: 373]. Особенно его задевала критика со стороны старого друга Ляна.

Мао понимал серьезные последствия взимания высоких налогов с крестьян. Весной 1953 года он узнал, что около 10 % крестьян в Хубэе лишены продовольствия, и обратился к соратникам за советом, как исправить эту ситуацию [Мао 1987–1998, 4: 197]. Он также понимал, что новая политика «проверки распределения земли и определения уровней производства» привела к чрезмерно тяжелому налоговому бремени в ряде регионов, поэтому настаивал, чтобы крестьяне не подвергались чрезмерным поборам

---

[16] См. [Zhonggong 1986, 20: 137] и [Bo 1953, 1: 13].

[17] Комментарии Мао о проблемах, созданных новыми мерами, см. в [Мао 1987–1998, 4: 198].

[18] См. [Мао 1987–1998, 3: 587] и [Mao wenji 1993, 1996, 1999, 6: 241–242].

[19] См. [Мао 1987–1998, 3: 587; Мао 1987–1998, 4: 214]. Инструкции Лю Шаоци см. в [Liu 1998, 2005, 1: 356–357, 476].

и чтобы налоги были снижены для тех, кто действительно испытывает трудности. Мао также понимал важность снижения или отмены сельскохозяйственных налогов для 10 % крестьян, которым не хватало продовольствия весной [Mao 1987–1998, 4: 198].

В апреле 1953 года Мао издал распоряжение о том, чтобы налоговая проблема была решена «коренным образом во время сбора урожая в 1953 году», поскольку, по его мнению, она стала «чрезвычайно серьезной» и «повторяется из года в год» [Mao 1987–1998, 4: 197]. С целью уменьшения налогового бремени на миллионы крестьян КПК в мае 1953 года решила изменить свою долгосрочную политику, отказавшись от сильной зависимости от налогов в пользу большего расчета на заготовки [Zhonggong 1986, 20: 170]. Мао был полон решимости либо существенно снизить, либо отменить зерновые налоги для регионов, пострадавших от стихийных бедствий, таких как юго-западный Китай. Новая политика позволила бы крестьянам получать некоторые выплаты, но цены на продажу зерна устанавливались бы правительством. Однако зерновой кризис лета 1953 года свел на нет все усилия КПК по улучшению условий жизни крестьян.

С начала 1950 года и до лета 1953-го Мао проявлял гибкость и заботу о населении в вопросах закупок зерна. В 1950 году он поставил под сомнение целесообразность закупки летнего урожая в регионах, пострадавших от стихийных бедствий [Mao 1987–1998, 1: 316]. Кроме того, Мао выражал неодобрение в отношении региональных руководителей, которые злоупотребляли властью и заставляли крестьян продавать больше зерна, чем те могли [Mao 1987–1998, 1: 502]. До зернового кризиса лета 1953 года КПК также терпимо относилась к частным торговцам и позволяла им зарабатывать, пока правительство имело возможность закупать зерно [Mao 1987–1998, 4: 221].

В поисках решений

В конце 1952 года и первой половине 1953-го проблема дефицита зерна стала еще более острой, и Мао поручил в Финансово-экономическому комитету разработать ряд решений [Bo 1953,

1: 259]. К концу лета 1953 года различные политические группы и комитеты на уровне министров после многочисленных обсуждений выдвинули восемь конкурирующих между собой предложений [Bo 1953, 1: 259–261]. Первое — «сохранение статус-кво» (*юаньфэн будун*). Второе — «принуждать крестьян продавать излишки зерна правительству и нормировать продукты питания в городах» (*ючжэн юпэй*). Третье — «нормирование продуктов питания в городах без принуждения крестьян продавать излишки правительству» (*чжипэй бучжэн*). Четвертое — «принуждать крестьян продавать излишки правительству без нормирования продуктов питания в городах» (*чжичжэн бупэй*). Пятое — «сохранить существующую систему и в случае серьезного дефицита зерна принуждать крестьян в основных зернопроизводящих регионах продавать излишки правительству» (*линькэ цзюэцзин* (дословно означает «не копать колодец, пока не захочешь пить»)). Согласно шестому предложению, крестьяне должны продавать излишки правительству по неустановленной квоте для каждой деревни (*дунъюань жэньгоу*). Некогда эта практика применялась на северо-востоке, тогда местные партийные кадры прекращали изымать излишки зерна только после того, как не объявленная заранее квота была выполнена. Бо Ибо описывал эту политику как «осуществление принуждения без [четкого] приказа». Седьмое предложение предусматривало заключение контракта между правительством и крестьянами с указанием объемов и цен (*хэтун югоу*). Правительство использовало этот метод на северо-востоке и в Северном Китае в 1949–1950 годах для закупки хлопка, а в 1951 году метод применялся для закупки различной продукции, включая хлопок, коноплю, табак, сахарный тростник и чай в регионах их возделывания. Тогда правительство распределило эти контракты на закупку среди крестьян ранней весной. Восьмое предложение заключалось в том, чтобы позволить каждому региону самостоятельно найти решение, а не использовать единый план[20]. Все эти варианты были рассмотрены Чэнь Юнем, председателем Финансово-экономического комитета. Перед приня-

---

[20] См. [Chen 1986: 207–209; Bo 1953, 1: 206–261].

тием окончательного решения он проконсультировался с другими руководителями высшего звена [Bo 1953, 1: 261].

Представление министерскими чиновниками столь широкого спектра предложений высшему руководству отражало их гибкость в решении проблем и готовность искать варианты, причиняющие меньшие страдания крестьянам. В свою очередь, Мао и другие высшие руководители не желали проявлять такую гибкость и хотели сохранить контроль. По всей видимости, они были знакомы с политикой Сталина, изложенной в его знаменитой речи о «дани» 1928 года, где советский лидер требовал от крестьян безвозмездного вклада в индустриализацию через обязательные поставки государству. Однако в 1953 году еще не наблюдалось признаков того, что Мао собирался действовать таким же радикальным образом, как и Сталин. В октябре 1953 года состоялось два крупных совещания, посвященных зерновому вопросу. 2 октября было созвано расширенное заседание Политбюро [Bo 1953, 1: 261–264]. Также было решено провести Национальное чрезвычайное совещание по зерну, при этом общественности не сообщили о его экстренном характере. Региональные лидеры были вызваны в Пекин для участия в этом масштабном мероприятии, начавшемся 10 октября [Bo 1953, 1: 264–265]. Чэнь Юнь сыграл важную роль в формировании новой политики закупок и выступил как на расширенном заседании Политбюро 2 октября, так и на Национальном совещании 10 октября 1953 года [Chen 2000, 2: 178–180][21]. В докладе на втором совещании Чэнь не только обозначил существующие проблемы, но и наметил пути их решения. Он настаивал на необходимости сохранения объемов поставок зерна на текущем уровне по четырем направлениям: внутренний рынок; экспортный рынок (зерно отправлялось в основном в Советский Союз в обмен на технику); распределение зерна военнослужащим и административным работникам; национальные зерновые резервы [Chen 1986: 204–205].

Чэнь Юнь отклонил семь умеренных предложений и выбрал самое жесткое: принуждение крестьян продавать излишки зерна

---

[21] Текст доклада от 10 октября 1953 года см. в [Chen 1986: 202–216]; он также включен в [Wenxian xuanbian 1993–1997, 4: 446–461].

правительству и введение нормированного распределения продуктов питания в городах (*ючжэн юпэй*). Он утверждал, что ни один из семи методов не способен решить фундаментальную проблему, стоящую перед страной: превышение спроса над предложением. По его мнению, единственный шанс для правительства стабилизировать рынок зерна и поддержать порядок в деревне — следовать выбранному им методу [Chen 1986: 207–210]. Он также предлагал ввести жесткие ограничения на деятельность частных торговцев [Chen 1986: 214–215].

Чэнь Юнь пользовался большим авторитетом в партии и сумел убедить других высокопоставленных руководителей, разделявших его опасения по поводу возникновения социальных волнений. Чжоу Эньлай и Дэн Сяопин решительно поддержали предложения Чэнь Юня, Мао также их одобрил [Bo 1953, 1: 261][22]. Повторяя точку зрения Чэня, Мао заявил, что «необходимо заставить крестьян продавать излишки зерна правительству, взять под контроль частных торговцев зерном и унифицировать управление заготовками зерна». Как и Чэнь, он также отметил: «Нам следует рассмотреть вопрос о нормировании продуктов питания; я думаю, что это тоже необходимо» [Bo 1953, 1: 264]. При этом Мао категорически отрицал любое сходство между политикой Китая по принуждению крестьян продавать излишки зерна правительству и репрессивной системой продразверстки, применявшейся в Советском Союзе в период ленинского военного коммунизма с 1917 по 1921 год [Bo 1953, 1: 264; Mao 1987–1998, 4: 382].

Несмотря на поддержку высшего руководства, предложенные Чэнь Юнем решения были восприняты региональными руководителями с осторожностью, поскольку они лучше понимали местные условия. Мао узнал об этом непосредственно от Ли Цзинцюаня, ведущего регионального лидера юго-западного Китая, которого вместе с другими руководителями пригласили в Пекин для участия в Национальном чрезвычайном совещании. Политика принуждения крестьян продавать излишки зерна правительству уже практиковалась в провинции Сычуань и пользовалась крайне низкой популярностью. Региональные руково-

---

[22] См. доклад Мао от 2 октября 1953 года, [Mao wenji 1993, 1996, 1999, 6: 295–297].

дящие кадры на уровнях уездов, районов и провинций были возмущены подобными действиями [Во 1953, 1: 266]. Негативная реакция на это предложение проявилась не только в Юго-Западном Китае, но и в других регионах. Руководители из провинции Хубэй сообщили, что местные кадровые работники, особенно выходцы из крестьян, были «крайне обеспокоены» возможным «негативным влиянием» данной политики на крестьян [Zhonggong 1986, 20: 194]. Ли Цзинцюань сказал Мао, что «если [политика] закупок зерна не будет связана с генеральной линией, то не будет никакого способа заставить всю партию согласиться с [новой политикой закупок]» [Во 1953, 1: 266]. Ли, вероятно, имел в виду, что местных кадровых работников можно убедить принять новую политику закупок, только если объяснить им, что она является неотъемлемой частью плана построения социализма в Китае. Это было сильное заявление от человека такого масштаба, как Ли. Мао последовал совету и поручил Дэн Сяопину выступить от его имени на Национальном чрезвычайном совещании. Мао настаивал на том, чтобы в своих выступлениях Дэн связал проблемы закупок зерна и социалистического строительства. В последующие месяцы пропаганда КПК объединила закупки зерна и генеральную линию.

19 ноября 1953 года китайское правительство сообщило народу о скором вступлении в силу «системы плановых закупок и планового сбыта» (*цзихуа шоугоу цзихуа сяошоу*). Такое название — своеобразный эвфемизм для «принудительной продажи излишков зерна правительству и нормирования продуктов питания в городах» (*ючжэн юпэй*). Мао, однако, исключил из этой политики некоторые районы провинций Гуанси и Гуандун, где была завершена агарная реформа, но общественный порядок восстановлен не был [Мао 1987–1998, 4: 363, 363–364(1)]. Вскоре после этого политика была изменена и получила новое название — «система единых закупок и единого распределения» (*тунгоу тунсяо*). В соответствии с этой политикой правительство определяло, зерно какого вида оно будет закупать у крестьян, по какой цене и в каком количестве[23]. Правительство заявило, что

---

[23] См. [Zhonggong 1986, 20: 196–197] и [Во 1953, 1: 268].

крестьяне будут вольны распоряжаться оставшимся зерном по своему усмотрению после оплаты налогов и продажи определенного количества излишков государству. Карточное распределение продовольствия в городах вступило в силу только в 1955 году [Gongheguo 1991: 325].

Рассмотрение итогов «единых закупок и единого распределения» выходит за рамки данного исследования, однако отметим, что по информации, опубликованной в 1980-х годах, партия столкнулась с серьезным сопротивлением крестьян, особенно на начальном этапе новой политики. Весной 1955 года многие крестьяне голодали, поскольку правительство изымало у них чрезмерное количество зерна, и предпринятые меры не принесли желаемого успеха[24]. Информация о сопротивлении крестьян заставляет пересмотреть прежние утверждения о том, что политика «единых закупок и единого распределения» была с самого начала одобрена населением [Shue 1980: 214–245].

В начале октября 1953 года, в разгар поиска решения проблемы заготовок зерна, КПК продолжала настаивать на необходимости ограничивать преждевременное создание групп взаимопомощи. Центральный Комитет дал распоряжение местным кадрам прекратить организацию новых КМП, ознакомил партийные комитеты с докладом Дэн Цзыхуэя и методическими указаниями по реализации его рекомендаций. Эти меры свидетельствовали о том, что даже в разгар осеннего зернового кризиса 1953 года среди высшего руководства было достигнуто единодушие в пользу укрепления существующих групп взаимопомощи, а не спешного создания новых КМП. В партийной директиве отмечалось, что в Китае «в настоящее время группы взаимопомощи не только успешно удовлетворяют производственные потребности, но и соответствуют культурному уровню крестьян» [Zhonggong 1986, 20: 177], оставаясь актуальной формой организации, а не

---

[24] Отчет, составленный в начале февраля 1955 года группой из 12 партийных кадров, включая Чжао Цзыяна, которые были отправлены в десять ключевых уездов провинции Гуандун для изучения ситуации в сельской местности, см. в [Zhonggong 1986, 20: 493–496]. Научное рассмотрение этой темы см. в [Bernstein 1969: 365–399].

устаревшей, как утверждали некоторые. Это заявление стало важной поддержкой не только сохранения статус-кво, но и политики, принятой партией весной 1953 года.

Мао начинает действовать

В середине октября 1953 года, сразу после Национального чрезвычайного совещания по зерну, Мао начал продвигать собственную программу преобразований в деревне. Он использовал зерновой кризис как повод для ускоренной перестройки землевладения и стремительного продвижения деревни к социализму. Видя в этом кратчайший путь к социализму, Мао был полон решимости воплотить его в жизнь. В этот период он поручил заместителям начальника Департамента сельского хозяйства Чэнь Бода и Ляо Луаню организовать Третье национальное совещание по вопросам взаимопомощи и кооперации, которое прошло с 26 октября по 5 ноября 1953 года.

Дважды — в середине октября и в начале ноября — Мао лично разъяснял Чэнь Бода, Ляо Луаню и ведущим руководителям отдела ЦК КПК по работе в деревне, как именно следует действовать[25]. Считается, что эти две беседы Мао с руководителями отдела оказали значительное влияние на дальнейшую аграрную политику. В декабре 1953 года идеи Мао Цзэдуна легли в основу новой партийной резолюции о коллективизации и были включены в вышеупомянутую программу. Эти нововведения существенно отличались от положений резолюции о сельскохозяйственных кооперативах, принятой в феврале 1953 года, а также от политики КПК, проводимой вплоть до начала октября 1953 года, когда партия была занята кампанией по сдерживанию преждевременного создания кооперативов в деревнях.

В беседах с высокопоставленными кадрами Мао настойчиво подчеркивал необходимость реформирования права собственности на землю в сельских районах Китая. Он особенно выделял

---

[25] Записи бесед Мао см. в [Mao 1987–1998, 4: 356–360; Mao wenji 1993, 1996, 1999, 6: 298–307; Wenxian xuanbian 1993–1997, 4: 467–476].

проблему индивидуальной земельной собственности, считая ее главным препятствием в обеспечении достаточного объема продовольствия для страны[26]. Эти комментарии отражали мнение Мао о том, что частное крестьянское хозяйство в Китае неэффективно и препятствует использованию техники для механизированного сельскохозяйственного производства и, следовательно, неспособно производить большое количество зерна, необходимое стране. Его заявление перекликалось со взглядами Сталина конца 1920-х годов, изложенными в *Кратком курсе* [Сталин 1946]. Однако аргументы Мао, выдвинутые в октябре и ноябре 1953 года, противоречили его позиции от февраля 1953 года, когда он утверждал, что Китай может организовать более совершенные кооперативы без механизации. В любом случае осенью 1953 года китайский лидер был убежден, что коллективизация принесет стране практическую выгоду, в том числе поможет предотвратить продажу и сдачу в аренду земли бедными крестьянами, увеличить производство и обеспечить помощь бедным семьям, испытывающим нехватку продовольствия или рабочей силы [Мао 1987–1998, 4: 357].

Мао неизменно считал социализм, изложенный в трудах Сталина, своим главным ориентиром. Продолжая резко критиковать идею «охраны частной собственности» летом и осенью 1953 года, он охарактеризовал эту концепцию как буржуазную и назвал ее «мелкими благодеяниями». Настаивая на социалистическом преобразовании, Мао неоднократно призывал сельских партийных работников активно «реализовывать социализм в деревне» [Мао 1969–1977, 5: 156–157]. Акценты в речи Мао перекликались с позицией Сталина, изложенной в работе «К вопросам аграрной политики в СССР» 1929 года, где утверждается, что единственным путем развития мелкого, раздробленного сельского хозяйства является коллективизм, а не капитализм. Мао также выразил недовольство попытками весной 1953 года сдерживать «натиск и поспешность», полагая, что в отдельных случаях это было излишне [Мао 1969–1977, 5: 156].

---

[26] [Мао 1987–1998, 4: 359].

Осенью 1953 года Мао, недовольный подходом поэтапного проведения коллективизации, стал искать кратчайший путь. Он выделил два возможных варианта: косвенный и прямой. Косвенный заключался в переходе от групп взаимопомощи, основанных на частной собственности на землю и трудовой взаимопомощи, к сельскохозяйственным производственным кооперативам (СПК), основанным на частной собственности на землю, общественном производстве и распределении. Прямой путь заключался в организации сельскохозяйственных производственных кооперативов, минуя стадию групп взаимопомощи. Мао считал, что нужно идти напрямик[27]. Он выступал за создание СПК — более продвинутой формы кооперативов, чем существующие группы взаимопомощи, — в недавно освобожденных районах, при этом не только игнорировал рекомендации ЦК прекратить организацию СПК в районах, которые были освобождены раньше других, но и приказал удвоить или утроить их количество. На этот раз Мао действительно взялся за дело серьезно — он заявил руководящим кадрам: «[в будущем году] мы созовем совещание для проверки исполнения намеченного в этот раз плана» [Мао 1969–1977, 5: 162].

Приверженность Мао идее проведения коллективизации в деревне была обусловлена отчасти его давней верой в преимущества такой системы, а отчасти — его убежденностью в том, что она позволит решить такие насущные проблемы, как зерновой кризис. Однако были и другие факторы.

Во-первых, на его твердую позицию относительно коллективизации сельского хозяйства, возможно, повлияло решение пленума КПСС, проходившего в сентябре 1953 года, утвердить доклад Хрущева о мерах по развитию советского сельского хозяйства. КПСС признала как положительные, так и отрицательные стороны коллективизации, но в докладе не было никаких указаний на то, что партия собирается отказаться от нее. Более того, КПСС решила усовершенствовать систему коллективиза-

---

27 См. [Мао 1969–1977, 5: 152]. Также информация получена из устного источника 30 сентября 1991 года.

ции, укрепив роль партии в сельском хозяйстве[28]. Через десять дней после утверждения доклада Хрущева в Москве Мао решил опубликовать его текст в Китае, и он появился в газете «Жэньминь жибао» 17 сентября 1953 года. Мао, должно быть, воодушевило решение КПСС сохранить систему коллективизации, созданную Сталиным примерно 20 годами ранее.

Во-вторых, Мао был воодушевлен успехом Советского Союза. В октябре 1952 года на XIX съезде партии Маленков доложил, что, благодаря коллективизации, Советский Союз успешно решил зерновые проблемы. Его выступление вызвало продолжительные аплодисменты в зале. Мао, должно быть, узнал о речи Маленкова от Лю Шаоци, который был в то время в Москве, и находился под впечатлением советской «историей успеха». Когда зерновой кризис обсуждался на заседании Политбюро ЦК КПК в октябре 1953 года, Мао для воодушевления членов Политбюро упомянул речь Маленкова [Во 1953, 1: 363]. Однако в 1991 году Бо рассказывал, что в 1956-м Мао пришел к выводу, что Маленков, возможно, многое преувеличил в своей октябрьской речи 1952 года [Во 1953, 1: 365]. Немаловажную роль сыграло то, что уже не было Сталина, который стоял бы за спиной Мао и давал указания. Осенью 1952 года Сталин в разговоре с Лю Шаоци делал упор на том, что с коллективизацией торопиться нельзя.

К декабрю 1953 года генеральная линия, отраженная в *Пропагандистском плане*, сместила акцент с групп взаимопомощи на поддержку создания сельскохозяйственных производственных кооперативов (СПК). Партия ставила целью к 1957 году организовать в стране 800 тысяч таких кооперативов. Идеи, продвигаемые после декабря, существенно отличались от политики, изложенной в директиве от 4 октября 1953 года, где особое внимание уделялось именно группам взаимопомощи [Zhonggong 1986, 20: 177]. Различия между типами кооперативов — от временных групп взаимопомощи до устойчивых СПК и крупных кооперативов — определялись формой земельной собственности.

---

[28] Доклад Хрущева см. в «Жэньминь жибао» от 17 сентября 1953 года; также см. [Intelligence Report 6444 1953: 1–4].

В группах взаимопомощи крестьяне сохраняли личную собственность на землю, тогда как в СПК, несмотря на то что земля оставалась за крестьянами, их участки объединялись для совместного производства. В таких кооперативах осуществлялось кооперативное управление, а значительная часть собственности становилась общественной. Высшей формой кооперации считались крупные кооперативы, основанные на принципах коллективного землевладения [Wenxian xuanbian 1993–1997, 4: 715–716; Zhonggong 1986, 20: 228].

Первая классификация различных типов кооперативов была сформулирована в исследовании отдела сельскохозяйственного управления Министерства сельского хозяйства в 1951 году. В нем выделялись три типа кооперативов: временные группы взаимопомощи, постоянные группы взаимопомощи и сельскохозяйственные производственные кооперативы (СПК). Последние считались наиболее прогрессивными, отражая социалистические принципы через объединение земли и труда членов для производства, и преподносились как эффективный метод использования ресурсов [Zhonggong 1986, 19: 395–396]. В сентябре 1951 года Мао Цзэдун инициировал проект резолюции по организации сельских групп взаимопомощи, в текст которой были включены упомянутые три типа кооперативов [Zhonggong 1986, 19: 390–391]. К 1953 году к ним был добавлен четвертый тип: крупные кооперативы.

Несмотря на то что генеральная линия предусматривала три вида кооперативов для коллективизации: сельскохозяйственные производственные кооперативы, СПК и кооперативы сельскохозяйственного кредита [Zhonggong 1986, 19: 233–234], — она существенно расходилась с позицией КПК 1949 года и позицией Мао в 1952 году. Новая программа определяла приоритет производственного кооператива, а также была направлена на ликвидацию частной собственности на землю, которая, согласно партийной политике 1949 года, подлежала защите.

Продвигая свою программу, Мао отходил от плана сентября 1952 года, согласно которому коллективизация должна была начаться только после завершения первой пятилетки, когда доля государственной промышленности достигнет соотношения

9:1 по отношению к частной[29]. Это было предварительным условием начала коллективизации. При этом Мао оставался приверженцем идеи, изложенной в *Кратком курсе*, согласно которой коллективизация должна была начаться после завершения этапа экономического восстановления.

В конце 1953 года Мао, как это не раз случалось, отказался от политики, которую ранее поддержали большинство членов ЦК, включая его самого, и тем самым приблизил изложенную в генеральной линии экономическую программу к описанной в *Кратком курсе*. В декабре того же года Мао смог, по крайней мере временно, прекратить политические споры о коллективизации, продвинув собственную программу. Несмотря на сохранявшиеся разногласия, они уже не высказывались столь открыто. В декабре 1953 года была принята резолюция о коллективизации сельского хозяйства, в которой отсутствовали упоминания о разногласиях между Мао и Лю Шаоци и не было упоминаний критики Лю со стороны Мао[30]. Политические споры возобновились в 1955 году, когда Дэн Цзыхуэй решительно высказался против введения самых передовых коллективных хозяйств — кооперативов высшего типа (КВТ) — в сельской местности.

Обоснование Мао генеральной линии

Мао Цзэдун считал необходимым обосновать генеральную линию, поскольку содержание ее идей и программ резко отличалось от принятых партией в конце 1940-х под лозунгом Новой демократии. Ему пришлось объяснять эти изменения рядовым членам партии и различным социальным группам — от капиталистов и торговцев до владельцев магазинов, уличных торговцев, ремесленников и крестьян, чья жизнь должна была серьезно измениться под влиянием новой политики.

В октябре 1953 года, примерно через месяц после объявления генеральной линии, Мао стал получать сообщения о дезориенти-

---

[29] Неопубликованная статья устного источника, 15.

[30] Устный источник, 30 сентября 1991 года.

рованности местных чиновников, возмущении капиталистов и негативной реакции на новую политику. Он моментально отреагировал на эти сигналы и издал директивы по управлению негативной реакцией. После обсуждения генеральной линии с кадровыми работниками провинций в октябре 1953 года Мао осознал, что многие из них пребывают в замешательстве. Особо эту растерянность отметили в докладе Южно-Центрального бюро ЦК, где говорилось о «путаном мышлении» части местных кадров в Хубэе[31].

С 1949 года кадровых работников на местах убеждали, что страна находится на этапе Новой демократии и что пройдет минимум 10–15 лет, прежде чем начнется переход к социализму. Ознакомившись с генеральной линией Мао, многие местные кадры испытывали затруднения в сочетании ее с прежними убеждениями. Они задавали важные и искренние вопросы: завершилась ли новодемократическая революция и чем должна стать сменяющая ее. Эти сомнения свидетельствовали о неподготовленности кадров к новой политике. Ситуация в Китае 1953 года напоминала положение в Советском Союзе конца 1920-х: советские кадры, воспитанные в духе ленинской постепенности социалистического перехода через Новую экономическую политику (НЭП), оказались не готовы к резкому отказу от нее и внедрению сталинской стратегии быстрой индустриализации и коллективизации.

В докладе Южно-Центрального бюро подчеркивалось, что руководящие кадры в Хубэе наконец осознали: «Китай фактически находится на этапе перехода от Новой демократии к социализму, и главная задача — это не поддержание и развитие существующих пяти экономик, а их преобразование в единую, социалистическую экономику». Отмеченное изменение мышления этих кадров почти точно совпадало с трансформацией партийной линии от состояния до лета 1953 года к той, что сформировалась с объявлением генеральной линии в октябре того же года. Вероятно, обеспоко-

---

[31] См. [Zhonggong 1986, 20: 195–196]. Дополнительные внутренние отчеты о «путаном мышлении». см. в NC, no. 266 (November 13, 1953): 183–186; no. 281 (December 1, 1953): 4–5; no. 292 (December 14, 1953): 240–243.

енный вопросами, возникавшими среди местных руководителей, Мао отреагировал, издав директиву ЦК под названием «Борьба с капиталистическим мышлением, проявляющимся внутри партии [Zhonggong 1986, 20: 194; Mao 1969–1977, 4: 386].

Из тяньцзиньского отчета следовало, что реакция промышленников и капиталистов оказалась особенно негативной, поскольку именно они понесли бы наибольшие потери. Публично они не выступали против новой политики, но были крайне недовольны и выражали неприятие государственного капитализма. Буржуазия также задавалась вопросом, почему партия не раскрыла свои планы по генеральной линии еще в 1949 году, предполагая, что в случае их раннего объявления многие покинули бы страну. К 1953 году было уже слишком поздно что-либо предпринимать — как говорилось в одном отчете, «у них не было альтернативы»[32].

Мао был в большей степени обеспокоен отчетом о тяньцзиньских капиталистах, чем докладом о кадровых работниках. Он оперативно разослал этот документ партийным комитетам на всех уровнях — от центрального правительства и министерств до центрального бюро, подотделов, провинциальных и городских партийных комитетов — и потребовал от руководителей взять под полный контроль деятельность капиталистов, одновременно занимаясь их политическим просвещением [Zhonggong 1986, 20: 198; Mao 1969–1977, 4: 396].

В 1953 году Мао Цзэдун приложил огромные усилия для обоснования и подтверждения легитимности новой политической программы, содержащейся в генеральной линии[33]. Его позиция сочетала самоуверенность с осторожной защитой, при этом Мао проявлял особую чувствительность к вопросам соответствия генеральной линии классическому марксизму-ленинизму и ста-

---

[32] См. [Zhonggong 1986, 20: 198–199]. Дополнительные внутренние отчеты о реакции капиталистов на генеральную линию см. в NC, no. 277 (November 26, 1953): 377; no. 290 (December 11, 1953): 198–199; no. 295 (December 17, 1953): 307–309.

[33] О внесенных Мао изменениях в *Пропагандистский план* от декабря 1953 года см. [Mao 1969–1977, 4: 403–407].

линизму. В декабрьском пропагандистском проекте 1953 года Мао приводил четыре ключевых аргумента в пользу своей линии. Во-первых, он утверждал, что основные вопросы новой политики были в корне решены еще в 1949 году. Во-вторых, он объяснял выбор сталинского социализма в 1953 году как результат созревших к тому времени условий. В-третьих, подтверждая необходимость ликвидации всех несоциалистических экономических элементов в сельском и городском хозяйстве, Мао переосмыслил понятие Новой демократии как переходного периода, сопутствующего началу социалистической революции с 1949 года. В-четвертых, для легитимизации своей политики он широко цитировал произведения Ленина и Сталина, а также собственные работы и труды Маркса.

Проблемы, решенные в 1949 году

В ответ на замешательство и нарастающее негодование, вызванные новой политикой, Мао выступил с заявлением, оправдывающим генеральную линию:

> Многие политические установки этой генеральной линии были выдвинуты и принципиально определены еще в резолюции второго пленума ЦК партии, состоявшегося в марте 1949 года [Мао 1969–1977, 5: 116].

В то же время он отметил, что

> …немало товарищей не желает руководствоваться в своей работе установками второго пленума ЦК, предпочитая в некоторых вопросах действовать особо, вразрез с этими установками и даже в явное нарушение разработанных на пленуме принципов [Мао 1969–1977, 5: 116].

Мао стремился доказать, что генеральная линия лишь формализовала решения, принятые в 1949 году, хотя подобные заявления звучали и ранее. Так, 11 августа 1953 года Чжоу Эньлай в заключительном слове перед представителями высшего руководства (примерно 100 человек) на Национальном совещании по финансово-экономической работе высказал аналогичную мысль. В 1958 году на совещании в Чэнду Мао снова подтвердил, что ключевые вопросы пути Китая к социализму были решены 7 октября 1949 года на II Пленуме ЦК КПК 7-го созыва, но впервые признал, что «это был вопрос тактики — не говорить о них [публично]» [Kaituo 1996: 178].

Чтобы ясно и убедительно изложить свою позицию, Мао выделил четыре направления политики из партийной резолюции 1949 года. Во-первых, он подчеркнул приоритет государственной экономики, которой, несмотря на скромные масштабы, следовало уделять главное внимание как в период экономического восстановления, так и в период строительства. Во-вторых, он отметил, что резолюция требует ограничения капиталистической экономики, особенно в ценообразовании, условиях труда и предпринимательской деятельности, а также предусматривает меры для справедливой оплаты налогов капиталистами. В-третьих, резолюция намечала путь коллективизации сельского хозяйства, реорганизации кустарной промышленности в кооперативы и создания других форм кооперативов, таких как СПК и кооперативы сельскохозяйственного кредита. В-четвертых, она определяла классовую борьбу в обществе Новой демократии как противостояние между партией, стремящейся ограничить капиталистов, и самими капиталистами, сопротивляющимися этим ограничениям[34].

Эти четыре направления, по его мнению, могли быть использованы для обоснования генеральной линии; он намеренно избегал установок, носивших умеренный характер. Например, в партийной резолюции 1949 года говорилось, что капиталистическая экономика должна использоваться эффективно и не должна подлежать жесткому контролю [Zhonggong 1986, 19: 3]. Также в резолюции утверждалось, что полезные сегменты капиталистической экономики могут просуществовать еще длитель-

---

34 См. [Wenxian xuanbian 1993–1997, 4: 699–700]. Аналогичное заявление Чжоу Эньлая от 11 августа 1953 года см. в [Zhonggong 1986, 20: 133–134].

ное время. В 1953 году стало очевидно, что Мао стремится создать экономику, в которой собственность находится в руках государства и коллективов, поэтому он ссылается только на те положения партийной резолюции 1949 года, которые соответствуют генеральной линии.

Наличие необходимых условий

Мао стремился обосновать генеральную линию, утверждая, что к 1953 году созданы все условия для перехода к социализму. Эта позиция перекликалась с оценками, представленными в *Кратком курсе*, где сравнивалась ситуация в Советском Союзе к 1924 году, когда Сталин совершил резкий переход от ленинского НЭПа к политике, направленной на ликвидацию капиталистической экономики. Мао приводил широкий перечень аргументов в поддержку своей точки зрения: завершение этапа экономического восстановления и укрепления политической власти, а также рост и доминирование социалистических элементов в экономике. Он утверждал, что наступило время переходить к следующему этапу: плановому строительству экономики и систематической трансформации несоциалистических элементов [Wenxian xuanbian 1993–1997, 4: 700].

Среди всех условий Мао особо выделял возрастающее господство государственной экономики как ключевой признак наступления времени для ликвидации капиталистической экономики [Mao zaonian 1992: 223]. По его оценке, в 1953 году государственная экономика считалась доминирующей, если ее доля достигала 67,3 % всего промышленного производства[35]. По мнению Сталина, в период с 1924 по 1925 год, в последние два года пятилетнего периода восстановления экономики Советского Союза (1921–1925), 81 % всей промышленной продукции приходилось на государственный сектор; остальная часть — 19 % — производилась частным [Сталин 1946]. Видимо, Мао полагал, что 67,3 % всей

---

[35] См., например, заявление Лю в письме к Сталину в октябре 1952 года [DW 1988, 5: 53].

промышленной продукции, производимой государственными заводами в Китае, достаточно для объявления государственной экономики как доминирующей.

Переоценка Новой демократии в 1953 году

В декабре 1953 года Мао представил новое толкование Новой демократии и «внес фундаментальные изменения» [Mao zaonian 1992: 223] в определение ее сроков. В 1953 году Мао пришел к выводу, что новодемократическая революция — первый этап китайской революции — завершилась в 1949 году, и страна вступила во второй этап, то есть в социалистическую революцию [Wenxian xuanbian 1993–1997, 4: 693]. Его переосмысление понятия Новой демократии в этот период следует рассматривать как часть усилий по обоснованию новой политики. Мао обозначил задачи второго этапа революции, начавшегося в 1949 году, как «создание социалистического общества и полную ликвидацию капитализма в городе и деревне» [Wenxian xuanbian 1993–1997, 4: 695]. Таким образом, задним числом он объявил новодемократическую революцию завершенной в 1949 году, что позволило адаптировать китайскую реальность послевоенного периода к советскому опыту после 1917 года. Так он мог оправдать свой выбор пути и проведение политики, аналогичной описанной в *Кратком курсе*.

Мао радикально пересмотрел хронологию Новой демократии и социалистической революции, тем самым отменив 10–15-летний переходный период, начавшийся в 1949 году. Чтобы исправить ситуацию с образовавшимся разрывом, он однозначно заявил, что новодемократическая революция завершилась именно в 1949-м, а последующий период следовало считать временем перехода к социализму [Wenxian xuanbian 1993–1997, 4: 695]. Этот переходный этап Мао вновь определил как «период трансформации существующей капиталистической и мелкотоварной экономики в социалистическую, а также время расширения уже преобладающей социалистической экономики», добавив новую ключевую черту — «превращение социалистической экономики в единственную основу всей экономической системы» [Wenxian xuanbian 1993–1997, 4: 695]. Такое переосмысление Новой демократии выглядело, мягко говоря, путаным: казалось, что он расширил его значение и сократил временные рамки до неприемлемых крайностей, чтобы достичь своих политических и экономических целей, которые стремился оправдать.

Приверженность Мао ортодоксальным позициям

Для обоснования генеральной линии Мао широко опирался на авторитет классиков марксизма-ленинизма, используя 11 цитат из трудов Ленина, 9 — из произведений Сталина (включая одну из *Краткого курса*) и 6 собственных высказываний. В основном он ссылался на работы Ленина, посвященные НЭПу и государственному капитализму, а также на речи и труды Сталина по индустриализации и коллективизации. Один из китайских исследователей отметил, что в начале 1950-х годов подобное изобилие прямых цитат из классиков марксизма в партийном документе было беспрецедентным [Liu Z. 1990: 7]. Вероятно, Мао преследовал более широкую цель — утвердить себя в качестве ведущего лидера коммунистического мира, продемонстрировав на публикации генеральной линии 1953 года, что под его руководством КПК, как и КПСС, успешно адаптирует ортодоксальную теорию к национальным условиям. Это был не только символический жест, но и стратегически продуманный шаг в условиях политического вакуума, возникшего после смерти Сталина в 1953 году. В этот период Мао начал позиционировать себя не просто как лидера коммунистического движения, но и как авторитет в области ортодоксальной марксистской теории.

Генеральная линия Сталина 1929 года и генеральная линия Мао 1953 года

В 1929 году Сталин выдвинул новую генеральную линию и создал политическую платформу, направленную на стремительное ускорение индустриализации страны за счет перераспределения ресурсов из сельской местности в промышленность. С его точки зрения, коллективизация должна была стать ключевым механизмом этого перераспределения. В то же время высшее советское руководство, воспитанное на ленинских идеях кооперативного социализма и сохранявшее влияние, полагало, что Советский Союз в конце 1920-х годов не готов к такому радикальному пути. Однако, несмотря на их сопротивление, Сталин успешно маневрировал и манипулировал, в итоге разгромив своего главного оппонента — Бухарина [Tucker 1992: 270–336]. Хотя генеральная линия Сталина резко отличалась от ленинской концепции постепенного перехода к социализму, она не отворачивалась от конечной цели: построения социалистического общества в Советском Союзе.

Генеральная линия Мао 1953 года стала новой политической платформой, призванной возглавить социалистические преобразования в Китае и построить экономическую систему в сталинистском духе. Подобно тому, как в 1929 году генеральная линия Сталина отходила от ленинского НЭПа, линия Мао 1953 года отступала от политики постепенного перехода, принятой КПК в 1949 году, но сохраняла неизменной главную цель партии: создание социализма в Китае. Мао сформулировал эту линию в условиях сложной международной и внутренней обстановки, а после смерти Сталина начал активно утверждать свой авторитет, особенно в сфере отбора и интерпретации теоретических трудов Ленина и Сталина. Именно в этом контексте он опирался на *Краткий курс* и другие работы классиков марксизма-ленинизма для формирования генеральной линии.

В Советском Союзе и Китае генеральная линия, навязанная соответственно Сталиным и Мао, имела целью как можно скорее преодолеть экономическую отсталость этих стран. В 1928 году Сталин для продвижения своей программы усиленно акцентировал угрозу войны [Tucker 1992: 76], а в 1953 году Мао для переубеждения также иногда играл на чувствах окружающих. Во время инспекционной поездки в район Уханя в середине февраля 1953 года Мао заявил местным чиновникам: «Я не люблю бедный Китай, но я люблю прогрессивный Китай» [Guo S. 1990: 44]. Помимо стремления построить социализм Сталин считал, что Советский Союз должен стать современным и сильным государством, способным выжить в враждебном мире [Tucker 1992: 70]. Мао разделял с ним это стремление, но был также движим жгучим соперничеством, желая превзойти Сталина и Советский Союз. Он отстаивал убеждение, что Китай способен построить социализм быстрее и эффективнее, чем показывает советский опыт.

В 1928–1929 годах Сталин искусно манипулировал партийными группировками, чтобы утвердить свою власть: сначала объединился с правыми силами для подавления левых, а затем устранил и правых. Его политическая победа в 1929 году обернулась жестокой чисткой, затронувшей бывшего союзника Бухарина, и заложила основу для масштабных репрессий середины 1930-х годов. Аналогичным образом в 1953 году Мао сначала союзничал с левыми, — в лице Гао Гана и его сторонников — чтобы атаковать правых во главе с Лю и его фракцией, а затем отвернулся от левых, сосредоточив критику на «ошибках правых». Особо жестко он расправился с одним из правых — Бо Ибо, резко осудившим его роль в пересмотре налоговой системы Китая.

В одном из важных аспектов Мао заметно отличался от Сталина в формулировке генеральной линии. Между 1927 и 1928 годами в Советском Союзе шли острые дебаты на высшем партийном уровне о дальнейших путях экономического развития страны[36]. В Китае ситуация складывалась совершенно иначе: открытых дебатов и реальных дискуссий о новой политической платформе не проводилось. Все ключевые политические решения принимались в узком кругу на неформальных, строго засекреченных встречах между Мао и несколькими высшими лидерами, предположительно Лю Шаоци и Чжоу Эньлаем. Именно Мао определял сроки, когда различные социальные группы получат информацию о принятых решениях, прежде чем они станут достоянием широкой публики. Хотя Мао умело разжигал конфликты среди партийной элиты, он тогда еще не обладал силой пол-

---

36 Полное исследование этой темы см. у [Erlich 1960].

ностью устранить высших руководителей, как это сделал Сталин в конце 1920-х годов. Ему пришлось сдерживать свое недовольство и сохранять компромисс на протяжении 13 лет вплоть до 1966 года, когда благодаря «культурной революции» он смог избавиться от Лю Шаоци и других влиятельных партийных деятелей.

С самого начала процесса Мао уверенно занимал ведущие позиции: он определял повестку и задавал тон внутренним обсуждениям, принимал окончательные решения и, при необходимости, тщательно их обосновывал. Подобно императорам, основавшим древние китайские династии, Мао отличался неукротимой уверенностью, неутомимостью, диктаторской хваткой и глубоким погружением во все нюансы власти, политики и управления. Его доминирование в политических процессах усиливалось пассивностью других высших руководителей. Так, Бо Ибо в своей книге 1991 года признавался, что не осмеливался задавать вопросы или выдвигать возражения, когда в сентябре 1952 года Мао объявил о резком отходе от официальной линии партии [Во 1953, 1: 214]. Один китайский исследователь, посвятивший многочисленные работы началу 1950-х годов, подробно раскрывает картину политической жизни Китая в тот период:

> Когда Мао представлял свои новые идеи о внутренних противоречиях и генеральной линии, другие партийные руководители не были уверены, как решать эти вопросы, и тем не менее старались следовать за ним [Lin et al. 1996: 325].

Пассивность, проявленная высшими партийными деятелями в начале 1950-х годов, во многом объясняет кажущуюся сплоченность и единство среди членов партии в этот период.

Пропагандистская война Мао на трех фронтах

С ноября по декабрь 1953 года Мао развернул интенсивную пропагандистскую кампанию, охватившую три ключевых направления его политики: хлебозаготовки, коллективизация и генеральная линия. Так он надеялся отвлечь внимание от проблем, связанных с новой политикой, и подавить сопротивление.

По вопросу хлебозаготовок партийная пропаганда в условиях кризиса восхваляла многочисленных крестьян-единоличников, а также группы взаимопомощи и сельскохозяйственные производственные кооперативы со всех уголков страны, которые успешно продавали государству излишки зерна. Публиковались отчеты, отражающие усилия многих регионов по обучению крестьян более эффективной продаже зерна. Так формировался образ активной поддержки новой политики на местах[37].

По второму ключевому вопросу — коллективизации — стали поступать многочисленные сообщения о том, как крестьяне, видя явные преимущества групп взаимопомощи и сельскохозяйственных производственных кооперативов перед частными хозяйствами, массово вступали в кооперативы. Партия активно освещала организацию учебных курсов для бригадиров, где их обучали основам социалистической идеологии и практике коллективного хозяйствования, подчеркивая тем самым значимость и перспективность нового общественного строя[38]. Кроме того, публиковались статьи о местных секретарях партийных ячеек, которые возглавили работу по организации групп взаимопомощи и производственных кооперативов[39]. Некоторые крестьяне, например Ли Шуньда и Хань Энь, были представлены широкой публике как образцовые труженики, «перенявшие опыт советских собратьев и идущие по пути социализма»[40].

Наконец, в отношении генеральной линии пропаганда активно демонстрировала, как ее изучают широкие круги всех социальных групп, включая профсоюзы всех уровней[41]; преподавателей, студентов и сотрудников высших учебных заведений, областные бюро партийных комитетов; кадры районного, волостного и сельского уровней; региональные кадры среднего звена[42];

---

[37]　См. «Жэньминь жибао» 2, 3, 6, 9, 22 декабря, 30 декабря 1953 года.

[38]　См. «Жэньминь жибао» 2, 17, 20, 22 декабря 1953 года.

[39]　См. «Жэньминь жибао» 2, 10 декабря 1953 года.

[40]　См. «Жэньминь жибао» 7 декабря 1953 года.

[41]　См. «Жэньминь жибао» 29 ноября 1953 года.

[42]　См. «Жэньминь жибао» 2 декабря 1953 года.

региональные руководящие органы[43]; союз молодежи[44]. Региональные партийные руководители возглавили пропагандистскую работу в поддержку генеральной линии[45]. Пропаганда активно подчеркивала положительное влияние генеральной линии на поведение тех, кто ее изучал, включая восторженные рассказы о том, как повысился уровень сознательности крестьян в отношении групп взаимопомощи и необходимости увеличения производства Особо отмечалось, как осознание важности групп взаимопомощи и необходимости повышения производительности стало более глубоким и массовым, что должно было способствовать успешной реализации партийной политики. Согласно этим отчетам, генеральная линия вдохновила множество крестьян продавать государству излишки зерна и прилагать больше усилий для увеличения производства. Более того, значительная часть крестьян самостоятельно приступили к организации сельскохозяйственных производственных кооперативов[46].

Несмотря на восторженные отчеты, которые активно распространял пропагандистский аппарат КПК, многие проблемы оставались нерешенными. Во-первых, правительство продолжало сталкиваться с серьезными трудностями в закупках зерна, поскольку многие крестьяне отказывались продавать его властям. Среди тех, кто продавал зерно государству, многие страдали от нехватки продовольствия. Сопротивление крестьян усиливалось из-за произвола местных чиновников, что лишь усугубляло социальное напряжение в деревне[47]. Во-вторых, репутация Ли Шуньда, удостоенного почетного звания образцового крестьянина, была подпорчена тем фактом, что он по меньшей мере частично завышал показатели урожая зерна в возглавляемом им кооперативе [Jueyi 1991, 16: 226–227].

---

[43] См. «Жэньминь жибао» 4, 12 декабря 1953 года.

[44] См. «Жэньминь жибао» 16 декабря 1953 года.

[45] См. «Жэньминь жибао» 17 ноября 1953 года.

[46] См. «Жэньминь жибао» 22 декабря 1953 года.

[47] См. NC, no. 285 (December 5, 1953): 92–93; NC, no. 297 (December 19, 1953): 348, 349, 353; NC, no. 298 (December 21, 1953): 366, 367–368.

Переоценка генеральной линии в эпоху реформ

Несмотря на реформаторскую деятельность КПК в конце 1970-х годов, направленную на изменение системы, созданной в середине 1950-х для реализации генеральной линии, партия сохранила приверженность основополагающему решению, которое легло в основу этой системы. В партийной резолюции 1981 года однозначно подтверждается правомерность генеральной линии и отмечается, что «выдвинутая партией генеральная линия в переходный период является совершенно правильной»[48]. Впервые в официальном документе признается тесная связь Мао с генеральной линией, отмечается, что он выдвинул идею, сформулировал основные положения и руководил разработкой окончательных решений [Решение 1981].

При этом в партийной резолюции 1981 года указывается на допущенные при реализации генеральной линии ошибки, особенно в период «подъема» 1955 и 1956 годов:

> ...мы стали проявлять чрезмерную поспешность в осуществлении кооперирования сельского хозяйства, а также преобразования кустарной промышленности и единоличной мелкой торговли, допустили небрежность в работе, слишком быстро изменили формы ведения хозяйства, применяли чрезмерно единообразные формы кооперации, в результате чего возникли вопросы, которые долгое время оставались нерешенными [Решение 1981: 21–22].

Показательно, что три сферы, где партия, согласно резолюции 1981 года, совершила наиболее серьезные ошибки, — коллективизация, кустарное производство и единоличная мелкая торговля — совпадают с теми, в отношении которых у китайских руководителей в начале и середине 1950-х годов возникали наибольшие сомнения и разногласия. Неудивительно, что именно в этих областях партия в конце 1970-х впервые приступила к реформам.

---

[48] [Решение 1981: 20].

Резолюция КПК 1981 года, защищающая принципиальную правильность генеральной линии, привела к ограничению академического обсуждения этой чрезвычайно важной темы в Китае. Подобные негласные ограничения сохраняются и по сей день.

В период с 1988 года до начала 1990-х годов генеральная линия вновь стала предметом активного обсуждения среди ученых и историков партии, чему способствовал Чжао Цзыян и его переосмысление современного этапа китайского социализма в 1987 году. Свободная в сравнении с предыдущими годами обстановка позволила многим открыто высказывать свои мнения и даже критиковать Мао за его решение проводить генеральную линию в 1953 году, которое имело тяжелые последствия для Китая.

В 1987 году Чжао Цзыян, занимавший в то время пост генерального секретаря, переосмыслил современный революционный этап развития страны, подчеркнув, что Китай остается на начальной стадии социалистического строительства[49]. Он озвучил это утверждение в рамках идеологического обоснования курса реформ КПК. Поскольку данные преобразования способствовали возрождению частной собственности и росту экономического неравенства, это породило в обществе атмосферу, благоприятствующую критическому переосмыслению политики Мао, в частности генеральной линии, со стороны ученых и историков партии[50]. Многие разделяли мнение, что, если бы Китай не утвердил генеральную линию в 1953 году, а дал Новой демократии возможность сохраняться и развиваться, как это обещала КПК в 1949 году, страна достигла бы лучших экономических результатов.

Китайские ученые и историки партии пришли к консенсусу в отношении того, что в 1953 году Мао резко отклонился от изначального плана КПК, однако интерпретации причин такого отклонения различаются. По одной из версий, такое решение было вызвано неправильным пониманием ленинской теории перехода от капитализма к социализму. Другая точка зрения объясняет смену курса ошибочной оценкой внутренних проти-

---

[49] Обсуждение этой темы на круглом столе при участии советских ученых см. в [FEA 1989, 2:18–52].

[50] Устный источник, 10 августа 1999 года.

воречий в Китае, а третья связывает ее с ограниченностью доступных в то время возможностей[51]. Также по-разному трактуется генеральная линия[52]. Суждения исследователей можно условно разделить на четыре категории. В первой Мао подвергается критике за утверждение генеральной линии, поскольку это означало отказ от идей, принятых КПК в 1949 году [Lin et al. 1996: 289]. Во второй утверждается, что генеральная линия была внедрена преждевременно и что экономические показатели и общие результаты могли бы значительно улучшиться, если бы ее введение состоялось позднее[53]. В третьей генеральную линию обвиняют в том, что она «исказила социализм» и увела страну от истинных социалистических принципов (*ба шэхуэй чжуйи гао цзаолэ*)[54]. В четвертой — наиболее благосклонной категории оценок — генеральная линия, созвучная позиции, выраженной в резолюции КПК 1981 года, не критикуется. Все проблемы и недостатки связываются преимущественно с неудачами в ее практической реализации, а не с самой концепцией[55].

С начала 1990-х годов научные дискуссии о генеральной линии потеряли прежнюю остроту, что, вероятно, связано с ужесточением политического контроля после событий на площади Тяньаньмэнь 4 июня 1989 года. В течение 1990-х и начала 2000-х годов ученые и партийные исследователи продолжали публиковать материалы по этой теме, однако их число оставалось небольшим,

---

[51] См. [Bo 1953, 1: 215–217; Hu Q. 1989; Lu Sh. 1989: 110–111; Hu 1991; Yan 1990; Mao zaonian 1998: 233; Kaituo 1996: 177–182; Liu Z. 1990; Hu Zh. 1989; Jiang et al. 1991: 490–492; Pang, Dong 1990: 90–107; Lin et al. 1996: 301–318].

[52] Эта информация основана на беседе, состоявшейся 8 сентября 1999 года с хорошо информированным партийным функционером, пожелавшим остаться анонимным. Общее обсуждение различных взглядов, высказанных учеными в конце 1980-х годов, см. в [Shi Zha. 1990, 6: 63–67]. Краткое обсуждение на симпозиуме, состоявшемся в Отделе изучения документов Центрального Комитета 18 июля 1990 года, посвященном генеральной линии, см. [Geng 1990, 6: 67–68].

[53] См., например, убедительную аргументацию Сюэ Муцяо в [Xue 1989: 21–27].

[54] Эта точка зрения, должно быть, была выражена во внутренних дискуссиях. Я не встречала письменных работ, где бы она излагалась.

[55] Устный источник, 8 сентября 1999 года.

а большинство публикаций отличались сдержанностью и избегали критики, выступая либо в объективном[56], либо в позитивном ключе[57]. Одно из наиболее комплексных исследований процесса формирования политики, которая привела к генеральной линии, было опубликовано в 2001 году ведущим официальным исследователем партийной истории Пан Сяньчжи совместно с коллегой, ученым Ли Цзе. Подобно другим авторам того времени, они уделяют особое внимание фактам, при этом избегая вынесения оценочных суждений относительно правильности или ошибок генеральной линии [Pang, Li 2001: 46–57].

От научных трендов 1990-х и начала 2000-х годов отклонился Ху Шэн — представитель старой гвардии КПК. В 1998 году он опубликовал статью, в которой подверг критике Мао, утверждая, что после 1949 года тот отказался от ранее взятых обязательств и превратился в популиста. Этот термин связан с российскими «народниками» — ранними революционерами, стремившимися развивать экономику, минуя капиталистическую стадию[58]. Страх Мао перед любым капиталистическим развитием Китая после 1949 года привел к ужасающим последствиям для страны. Критика Мао со стороны Ху была беспрецедентной, поскольку бросала вызов официальной партийной линии КПК. Она также вызвала непродолжительные, но жаркие дебаты между сторонниками и противниками его позиции. Главным оппонентом Ху в дебатах был Ша Цзяньсунь, консервативный партийный ученый, который не только лично бросил ему вызов на конференции в Чанша 26 декабря 1998 года, но и написал ответ на статью Ху[59]. Главным защитником Ху стал Цю Лу, резко раскритиковавший Ша[60]. Вскоре после этого появился ряд статей в поддержку по-

---

[56] См., например, [Sun, Wang 1994: 80–84; Dai 1998: 9–19].

[57] Редкую положительную оценку генеральной линии см. у [Jiang Zh. 1996: 3–6].

[58] Ху Шэн впервые высказал свои взгляды на конференции 26 декабря 1998 года, а позже они были опубликованы в качестве статьи в [BNC 1999, 3: 3–15]. Его общие аргументы см. на с. 3–5, 10–15.

[59] Две статьи Ша см. в [Zhongliu 1999a, 4: 2–6; Sha 1999: 2–9].

[60] Цю в защиту Ху — см. [BNC 2000, 1: 23–27].

зиции Ху, но более мягких по тону, чем статья Цю[61]. У Ша также были союзники, выражавшие твердую поддержку его взглядам[62]. Эти дебаты были непродолжительны, однако их интенсивность отражает сохраняющуюся чувствительность и разногласия по этому вопросу даже в наши дни.

Заключение

Зерновой кризис лета 1953 года стал поворотным моментом в истории Китая после 1949 года, предоставив Мао возможность ускорить коллективизацию, ликвидировать частное хозяйство и радикально перестроить экономическую структуру страны. В то же время китайский лидер стремился гармонично сочетать свои политические и идеологические цели с реальной ситуацией в стране. Мао проявлял гибкость: он беспокоился о тяжелом налоговом бремени, лежащем на крестьянах, был готов оказывать помощь пострадавшим от стихийных бедствий, но при этом никогда не отказывался от своей главной задачи — как можно скорее построить социализм в Китае. Понимание действий Мао требует изучения его системы убеждений и глубокой приверженности сталинизму. Как демонстрируется в этой главе, Мао активно вмешивался в дискуссии, отстаивая радикальные позиции, и принимал политические решения, соответствующие сталинским идеям, изложенным в *Кратком курсе*. Непоколебимая приверженность Мао Цзэдуна построению социализма по сталинскому образцу была основополагающей в его политике.

---

[61] См. [Hu Y. 1999: 2–20]. Другую статью, написанную Ху Янем, см. в [ZDY 2000, 2: 79–83]. Другие статьи в поддержку мнения Ху Шэна см. в [ZDY 2000a, 1: 89–95; Lin T. 2000: 106–110]. Общее обсуждение изучения популизма в Китае см. у [Liu et al. 2000: 84–89].

[62] Другие жесткие противоположные взгляды см. в [Zhongliu 1999a, 4: 17–19]. Более умеренные противоположные взгляды см. у [Wang Ye. 1999, 6: 81–84]. Другая статья — Хуан Жутун против Ху Шэна, с более мягкой позицией, чем предыдущая статья Хуана, слегка измененная аргументация; см. [Huang R. 1999, 6: 85–87].

Заключение
Мао, Сталин и путь Китая к социализму

Смена курса в 1953 году, выразившаяся в принятии генеральной линии на переход к социализму, стала драматичным поворотным моментом в истории КНР и продолжает оказывать значительное влияние на экономическое развитие страны в настоящее время. Зачастую смену политики в 1953 году трактуют неверно, хотя на самом деле она означала отказ КПК от курса 1949 года. Политика 1949 года проводилась под лозунгом Новой демократии, в ней подчеркивалась долгосрочная приверженность смешанной экономике. КПК отмечала, что построение социализма — вопрос отдаленного будущего, оно может быть осуществимо только при наличии соответствующих условий. Однако среди высшего руководства не было консенсуса относительно того, что именно является надлежащими условиями для построения социализма. Официальная политика КПК 1949 года напоминала ленинскую НЭП, где делался акцент на постепенном переходе к социализму, а не на радикальном изменении старой экономической структуры.

Новая политическая программа 1953 года, представленная как переход к социализму, напротив, вдохновлялась сталинской генеральной линией 1929 года и по своей сути являлась сталинистской. В ней делался акцент на необходимости немедленного установления нового экономического порядка, основанного исключительно на государственной собственности, при этом строительство новой экономики должно было начаться незамедлительно, а не через 10–15 лет, как предполагалось ранее. Несмотря на обещания постепенного перехода, выполнять их Мао не собирался.

Генеральная линия казалась внезапным поворотом в политическом курсе, однако на самом деле она уходит корнями в решение, принятое Мао еще в 1950 году. Он проводил эту линию с большой осторожностью и в условиях строжайшей секретности на протяжении трех последующих лет. Завершив кардинальную смену курса в 1953 году, Мао направил страну по сталинскому пути к социализму. В период с 1950 по 1953 год он сознательно и целеустремленно пытался воспроизвести сталинские модели и методы 1921–1925 годов, как изложено в *Кратком курсе*. Практически буквально принимая эту книгу как руководство по строительству социализма собственными силами, Мао создал генеральную линию, которая, обобщая ключевые идеи Сталина, стала своего рода кратким руководством по социализму в Китае того времени.

Мао не прибегал к насилию для изменения базовой экономической структуры Китая, которая в начале 1950-х годов была преимущественно частной. Однако реализация генеральной линии, начавшаяся в 1954 году, и активизация социалистических реформ в 1955–1956 годах полностью преобразили политический и экономический ландшафт страны. Катастрофические последствия этого подъема после середины 1950-х годов побудили иных руководителей занять более принципиальные позиции в политических дебатах, настаивая на сохранении частной собственности и рыночных механизмов в ограниченном масштабе наряду с государственной собственностью и контролем. Во время «культурной революции», стремясь создать чисто социалистическое общество, Мао ликвидировал рыночные силы и материальные стимулы, заменив их идеологическими и духовными. Вероятно, самым значительным долгосрочным последствием генеральной линии и ее реализации стала задержка экономического развития Китая на четверть века.

С середины 1950-х годов ведущая роль Мао в политическом процессе сменилась резкими разногласиями между ним и более умеренными руководителями. Возникшие в результате этого колебания во власти и взглядах на политику внутри руководства подготовили почву для последующих событий, вплоть до экономических реформ конца 1970-х годов. С 1956 по 1976 год среди представителей руководства продолжалась борьба за поиск необходимого баланса между государственной экономикой и рыночными силами — баланса, идеологически приемлемого для Мао, с одной стороны, и для других, более умеренных руководителей — с другой.

В результате данного исследования были отмечены ключевые моменты, определяющие роль Мао в формировании внутренней политики Китая, силу его убеждений и сложную, многогранную динамику его взаимоотношений со Сталиным.

Решающая роль Мао в политическом процессе

Мао играл центральную роль в разработке генеральной линии, взяв на себя инициативу с самого начала процесса и формируя итоговые положения этой политики. В 1952 году он самостоятельно пришел к выводу, что в Китае уже созрели необходимые условия для начала строительства социализма. Он же определил и временны́е рамки, и методы трансформации устаревшей экономической системы. Влияние Мао отчасти базировалось на его умении скрывать истинные намерения не только от широкой общественности, но и от других высших руководителей. Действуя в обстановке секретности и контролируя потоки информации, он оберегал свои политические инициативы от критики со стороны различных социальных групп. Кроме того, его власть укреплялась за счет способности запугивать и устранить реальных и потенциальных противников — будь то партийные лидеры, как Лю Шаоци, Чжоу Эньлай, Бо Ибо и Дэн Цзыхуэй, или видные беспартийные общественные деятели, к примеру, Лян Шумин, — посредством беспощадной критики и резких нападок. Остальные руководители становились все более пассивными, за исключением Дэн Цзыхуэя, который осмелился бросить вызов Мао в 1955 году, и Пэн Дэхуая, позволившего себе критику в 1959 году.

Доминирующее положение Мао в КПК после 1945 года получило еще более прочные основания в начале 1950-х, когда при содействии Сталина в СССР и КНР вышли переработанные официальные издания избранных трудов Мао. Хотя Сталин и отвергал законность так называемых «идей Мао Цзэдуна», настойчиво препятствуя попыткам Мао использовать этот термин в китайской прессе, именно публикация собрания его сочинений принесла последнему неоспоримый авторитет внутри КПК. В конечном счете именно Сталин, как лидер коммунистического мира, принял решение о переводе трудов Мао на русский язык, придав таким образом его работам международную легитимность и познакомив с ними коммунистический мир. Мао искусно использовал свой престиж, укрепляя личный авторитет, в особенности в вопросах отбора и интерпретации произведений Ленина и Сталина, а также применения их идей для руководства социалистическим строительством в Китае.

Преданность Мао делу Сталина

Мао, как ни парадоксально, был одновременно и учеником, и соперником Сталина. Он был не столько сталинистом поневоле, сколько убежденным последователем этой идеологии. Лучшим свидетельством приверженности сталинизму была его преданность основным экономическим доктринам, изложенным в Кратком курсе, включая приверженность государственной собственности и контролю и отрицание частной собственности и рыночных механизмов. Очевидно, что Мао признавал безусловный авторитет *Краткого курса*, однако его ориентация на эту книгу началась не в начале 1950-х годов, а в конце 1930-х в Яньани, как мы показали в главе 3. Эта глубокая приверженность во многом объясняет его систему убеждений, включая не только сталинистскую ориентацию на социализм, но и концепции борьбы двух линий и классовой борьбы. Мао был радикальнее большинства китайских руководителей в стремлении к сталинистскому образу Китая и даже более радикален, чем принято считать. С точки зрения Мао, все капиталистические элементы необходимо было ликвидировать. В представлении Мао о социалистической экономике не было места рыночным силам или частной экономике.

Мао как младший партнер Сталина

Несмотря на главенствующую роль внутри страны, Мао зависел от Сталина не только в вопросах экономической и военной помощи, но также в плане политического руководства, идеологической легитимности и престижа. Несмотря на это, Мао успешно создавал свой образ оригинального и независимого деятеля. У него были двойственные чувства к Сталину: Мао уважал его за достижения в Советском Союзе и лидерство в коммунистическом мире, также ему был весьма близок радикальный подход Сталина 1920–1930-х годов к экономическому развитию. В то же время Мао чувствовал обиду, поскольку Сталин, по его мнению, оказал недостаточную поддержку революции в Китае. Кроме того, китайский лидер был разочарован и возмущен ограничениями, наложенными на него Сталиным, а зависимое положение не позволяло ему выразить их открыто. Мао соперничал со Сталиным: с конца 1940-х годов он был убежден, что сможет построить социализм в Китае быстрее, чем Сталин в Советском Союзе. Пока Сталин был жив, Мао отводилась роль младшего партнера. Ему не всегда нравилась эта роль, и он постоянно искал способы утвердить свою независимость, особенно в экономических вопросах. Но за время долгого взаимодействия со Сталиным, Коминтерном и ВКП(б)) Мао научился иногда лицемерно поддакивать Сталину и идти на компромиссы, а иногда отстаивать свои интересы и интересы КПК. Несмотря на все проблемы со Сталиным, Мао не пытался от него отмежеваться. Только после смерти Сталина Мао почувствовал, что у него развязаны руки и наконец можно открыто игнорировать совет о постепенном построении социализма в Китае. Завершив преобразования китайской экономики в 1955–1956 годах, Мао решил заявить о том, что превзошел Сталина. Он также предпринял попытку позиционировать себя как лидера коммунистического мира и авторитета в области марксистской теории.

Мао не выражал открыто своих обид на Сталина до 1956 года; он высказался лишь через три года после его смерти и через несколько месяцев после выступления Хрущева, положившего начало десталинизации. В апреле 1956 года Мао Цзэдун произнес речь о десталинизации на расширенном заседании Политбюро, где также обсуждались «Десять важнейших взаимоотношений». Его высказывания дают представление о глубоко укоренившейся обиде, разочаровании и гневе по отношению к Сталину: «Всякий раз, когда мы говорим о Сталине, мы испытываем абсолютное раздражение в тройном размере» [Bo 1953, 1: 490]. Долгое время Мао не допускал обнародования этой речи, опасаясь, что она может нанести ущерб международному коммунистическому движению. До конца своих дней он оставался настоящим коммунистом [Bo 1953, 1: 490].

Дальнейшие исследования

Данное исследование смены политического курса в начале 1950-х годов представляет попытку проникнуть в суть одного из самых неоднозначных периодов в истории Китая после 1949 года. Поскольку начало 1950-х сыграло ключевую роль в формировании последующего политического и экономического развития страны, эта эпоха требует дальнейших глубоких исследований. Особое внимание следует уделить роли Советского Союза в становлении внутренней политики Китая, так как наше понимание влияния Сталина и способов, которыми Мао использовал советские связи для продвижения собственной внутриполитической повестки, остается недостаточным. С начала 1940-х Мао фактически монополизировал все каналы связи Китая — сначала с Коминтерном, а затем непосредственно со Сталиным. Необходимы также дальнейшие исследования того, как Мао умело «разыгрывал карту» Сталина в борьбе за лидерство в Китае, используя его влияние по мере собственной выгоды. Наконец, углубленное изучение личных отношений Мао с Хрущевым откроет новые перспективы для понимания причин китайско-советского раскола в начале 1960-х годов.

Мао и его наследие

Теперь можно с уверенностью утверждать, что приверженность Мао сталинскому учению была гораздо глубже и серьезнее, чем принято считать. Как и Сталин, он питал глубокую антипатию к частной экономике и рыночным механизмам. Его преданность этому ключевому аспекту и страстное стремление превзойти самого Сталина и Советский Союз побудили его стремительно внедрять сталинскую систему в Китае. Мао не только с самого начала разделял догматические представления Сталина о социалистическом строительстве, но и неукоснительно их придерживался. Это новое осознание проливает свет на причины, по которым он не предпринимал попыток изменить основополагающую сталинистскую экономическую модель. Экономические реформы пришли в Китай только после смерти Мао, и их инициаторами стали многие из тех, кто в начале 1950-х годов активно участвовал в создании сталинистской экономической системы, хотя большинство из них в то время были менее радикальны, чем Мао.

Китай все еще находится в процессе долгосрочных преобразований. Будучи одной из самых динамичных и быстрорастущих экономик мира, КНР по-прежнему сохраняет однопартийную политическую систему. В экономическом плане сталинское наследие все еще очевидно. В Китае по-прежнему действуют пятилетние планы. Ключевые секторы экономики, такие как финансы, транспорт, энергетика, коммунальное хозяйство и все основные отрасли промышленности, по-прежнему принадлежат государству и контролируются им. Кроме того, Китай до сих пор не решил вопрос о собственности на землю в деревне. Реформы в государственном секторе за последнее десятилетие столкнулись с огромными трудностями. Несмотря на то что практические факторы, такие как безработица, препятствовали реформам, идеологические барьеры по-прежнему сохраняются. КПК продолжает настаивать на однопартийной системе правления, однако по мере развития в Китае более рыночной экономики можно ожидать дальнейшего упадка сталинизма и постепенного формирования более плюралистичного экономического и политического порядка.

Приложение 1

Содержание книги «Ленин и Сталин о хозяйственном строительстве»

Тома 5 и 6

Весной 1949 года партийное руководство КПК составило 12-томный сборник под названием *Ганьбу биду* («Обязательная литература для кадров»). Два тома сборника, озаглавленные *Ленин Сыдалинь лунь шэхуэйчжуи цзинцзи цзяньшэ (шансяцэ)* («Обязательная литература для кадров: Ленин и Сталин о социалистическом экономическом строительстве»), посвящены трудам Ленина и Сталина о строительстве социализма и оказали влияние на формирование мировоззрения китайского руководства. Названия глав в обоих томах идентичны названиям глав *Краткого курса*. Ниже приведены содержания 5-го и 6-го томов, основанные на переводе на английский язык, изданном в Советском Союзе.

Том 5

1. Партия большевиков в период подготовки и проведения октябрьской социалистической революции

Ленин

«Грозящая катастрофа и как с ней бороться» (10–14 сентября 1917 года)

«Проект положения о рабочем контроле» (8–13 ноября 1917 года)

«Проект декрета о проведении в жизнь национализации банков и о необходимых в связи с этим мерах» (декабрь 1917 года)

«Проект Декрета о потребительских коммунах» (7–10 января 1918 года)

«Как организовать соревнование» (7–10 января 1918 года)

«Декларация прав трудящегося и эксплуатируемого народа» (17 января 1918 года)

«Очередные задачи Советской власти» (28 апреля 1918 года)

«Доклад на I Всероссийском съезде представителей финансовых отделов Советов» (18 мая 1918 года)

«Письмо конференции представителей национализируемых предприятий» (18 мая 1918 года)

2. Партия большевиков в период иностранной военной интервенции и гражданской войны

Ленин

«О голоде (Письмо к питерским рабочим)» (май 1918 года)

«Заключительное слово по докладу о партийной программе VIII съезда РКП(б)» (19 марта 1919 года)

«Доклад о работе в деревне 23 марта. VIII съезд РКП(б)» (23 марта 1919 года)

«Великий почин» (28 июня 1919 года)

«Экономика и политика в эпоху диктатуры пролетариата» (30 октября 1919 года)

«На борьбу с топливным кризисом. Циркулярное письмо к партийным организациям» (13 ноября 1919 года)

«Речь на I съезде земледельческих коммун и сельскохозяйственных артелей» (4 декабря 1919 года)

«Доклад о субботниках на московской общегородской конференции РКП(б)» (20 декабря 1919 года)

«Замечание и добавление к проектам “Положения о рабочей и крестьянской инспекции”» (начало 1920 года)

«От разрушения векового уклада к творчеству нового» (8 апреля 1920 года)

«Первоначальный набросок тезисов по аграрному вопросу (для Второго съезда Коммунистического Интернационала)» (20 июля 1920 года)

3. Партия большевиков в период перехода к мирному труду и восстановлению народного хозяйства

Ленин

«Заключительная речь “О замене продразверстки продналогом” на X съезде РКП(б)» (15 марта 1921 года)

«О значении золота теперь и после полной победы социализма» (5 ноября 1921 года)

«О роли и задачах профсоюзов в условиях новой экономической политики» Постановление Центрального Комитета (ЦК) РКП(б) (12 января 1922 года)

«Политический отчет ЦК на XI съезде РКП(б)» (27 марта 1922 года)

«Пять лет российской революции и перспективы мировой революции». Доклад на IV конгрессе Коммунистического Интернационала (13 января 1922 года)

«О кооперации» (4–6 января 1923 года)

«Лучше меньше, да лучше» (2 марта 1923 года)

Сталин

Вопросы крестьянства, глава 5 книги «Об основах ленинизма» (апрель 1924 года)

«К итогам работ XIV конференции РКП(б). Доклад активу московской организации РКП(б)» (9 мая 1925 года)

«Политический отчет Центрального Комитета XIV съезду ВКП(б). Внутреннее положение Советского Союза» (18 декабря 1925 года)

Сталин о НЭПе и государственном капитализме: «Политический отчет Центрального Комитета XIV съезду ВКП(б)» (23 декабря 1925 года)

Том 6

4. Партия большевиков в борьбе за социалистическую индустриализацию страны

Сталин

Выдержки из «К вопросам ленинизма» (25 января 1926 года)

«О хозяйственном положении Советского Союза и политике партии» (13 апреля 1926 года)

«Об оппозиционном блоке в ВКП(б)». Тезисы к XV Всесоюзной конференции ВКП(б), принятые конференцией и утвержденные ЦК ВКП(б) (26 октября — 3 ноября 1926 года)

Заключительное слово по докладу «О социал-демократическом уклоне в нашей партии» на XV Всесоюзной конференции ВКП(б) (1–3 ноября 1926 года)

Выдержки из беседы с первой американской рабочей делегацией (8 сентября 1927 года)

Выдержки из беседы с иностранными рабочими делегациями (5 ноября 1927 года)

«Успехи социалистического строительства и внутреннее положение СССР»: выдержки из Политического отчета на XV съезде ВКП(б) (3–7 декабря 1927 года)

«На хлебном фронте»: выдержки из беседы со студентами Института красной профессуры, Комакадемии и Свердловского университета (28 мая 1928 года)

«Ленин и вопрос о союзе с середняком. Ответ товарищу С.» (12 июня 1928 года)

«О социалистическом строительстве в Советском Союзе»: выдержки из доклада «Об итогах июльского пленума ЦК ВКП(б)» на собрании актива ленинградской организации ВКП(б) (13 июля 1928 года) [Примечание: название «О социалистическом строительстве в Советском Союзе» отсутствует в английском переводе, опубликованном в Советском Союзе, хотя оно есть в китайском издании. Я перевела его с китайского и включила сюда.]

«О правой опасности в ВКП(б)». Речь на Пленуме Московского комитета и Московской контрольной комиссии ВКП(б) (19 октября 1928 года)

«Об индустриализации страны и о правом уклоне в ВКП(б)» (19 ноября 1928 года)

«О правом уклоне в ВКП(б)». Речь на пленуме ЦК и ЦКК ВКП(б) (апрель 1929 года)

«Год великого перелома: к XII годовщине Октября» (7 января 1929 года)

Партия большевиков в борьбе за коллективизацию в сельском хозяйстве

Сталин

«К вопросам аграрной политики в СССР» (27 декабря 1929 года)

«К вопросу о политике ликвидации кулачества как класса» (21 января 1930 года)

«Головокружение от успехов. К вопросам колхозного движения» (2 марта 1930 года)

«Ответ товарищам-колхозникам» (3 апреля 1930 года)

«Растущий подъем социалистического строительства и внутреннее положение СССР» (21 июня 1930 года)

«О задачах хозяйственников» (речь 4 февраля 1931 года)

«Новая обстановка — новые задачи хозяйственного строительства» (речь 23 июня 1931 года)

«Итоги первой пятилетки»: Доклад на объединенном пленуме ЦК и ЦКК ВКП(б) 7 января 1933 года «Итоги пятилетки в четыре года в области сельского хозяйства» (11 января 1933 года)

Речь на I Всесоюзном съезде колхозников-ударников (19 февраля 1933 года)

Приложение 2
Советский опыт строительства социализма

Избранные статьи из «Сюэси» и «Нового Китая»

Начиная с середины 1953 года, когда Мао завершал разработку общих положений генеральной линии, в партийном издании «Сюэси» (далее — XX) и в журнале «Новый Китай» (далее — XY) появилась серия статей, посвященных опыту Советского Союза в строительстве социализма. Эти статьи были предназначены для просвещения рядовых членов КПК и знакомили их с новыми партийными инициативами. Данные материалы чрезвычайно ценны для данного исследования, поскольку отражают, что именно Мао и КПК считали важным во время формулирования генеральной линии на переход к социализму. Избранные статьи из журналов XX и XY, имеющие отношение к данному исследованию, сгруппированы здесь по темам; названия расположены в хронологическом порядке по дате публикации.

Условия в Советском Союзе: 1921–1925 годы

Chen Hanbo. "Cong zhanshi gongchanzhuyi zhengce guodu dao xinjingji zhengce" [The transition from "war communism" to NEP]. XX 5 (1953): 18–21.

Zhang Xianchou. "Xinjingji zhengce de shizhi" [The essence of the NEP]. XX 5 (1953): 22–28.

Zou Shumin. "Sulian 1921 nian dao 1925 nian de gongye zhuangkuang" [Industrial conditions in the Soviet Union between 1921 and 1925]. XX 5 (1953): 29–31.

Ding Yu. "Sulian 1921 nian dao 1925 nian de nongye zhuangkuang" [Agricultural conditions in the Soviet Union between 1921 and 1925]. XX 5 (1953): 31–34.

Deng Quan. "Sulian 1921 nian dao 1925 nian de shangye zhuangkuan" [Commercial conditions in the Soviet Union between 1921 and 1925]. XX 5 (1953): 34–36.

Chen Dao. "Huifu guomin jingji shiqi de shangye wenti" [Questions concerning commerce during the period of national economic recovery]. XX 6 (1953): 17–23.

Dong Sen. "Sulian 1921 nian dao 1925 nian de jinrong zhuangkuang" [Monetary conditions in the Soviet Union between 1921 and 1925]. XX 6 (1953): 28–30.

Wen Zixu. "Sulian 1921 nian dao 1925 nian de caizheng zhuangkuang" [Financial conditions in the Soviet Union between 1921 and 1925]. XX 6 (1953): 30–32.

Gao Zhengsheng. "Sulian 1921 nian dao 1925 nian de hezuoshe zhuangkuang" [Conditions in Soviet cooperatives between 1921 and 1925]. XX 8 (1953): 31–33.

Luo Jinglan. "Sulian huifu guomin jingji shiqizhong wuzhong jingji chengfen de xiaozhang zhuangkuang" [The growth and decline of the five types of economic elements during the period of the Soviet national economic recovery]. XX 9 (1953): 31–32.

Chen Maoyi. "Guodu shiqi ruhe duidai zibenzhuyi qiye" [How to deal with capitalist enterprises during the transition period]. XX 12 (1954): 12–15.

Условия в Советском Союзе: 1926–1929 годы

Hua Guangwu and Chen Tao. "1926 nian dao 1929 nian Sulian de guoji guonei zhuangkuang" [International and domestic conditions in the Soviet Union between 1926 and 1929]. XX 9 (1954): 18–20.

Zou Shumin. "1926 nian dao 1929 nian Sulian de gongye zhuangkuang" [Industrial conditions in the Soviet Union between 1926 and 1929]. XX 9 (1954): 20–21.

Gao Song. "1926 nian dao 1929 nian Sulian de yunshuye zhuangkuang" [Conditions in the transport industry in the Soviet Union between 1926 and 1929]. XX 9 (1954): 22–23.

Hu Qilin. "1926 nian dao 1929 nian Sulian de nongye zhuangkuang" [Agricultural conditions in the Soviet Union between 1926 and 1929]. XX 9 (1954): 23–25.

Deng Quan. "1926 nian dao 1929 nian Sulian de shangye zhuangkuang" [Commercial conditions in the Soviet Union between 1926 and 1929]. XX 10 (1954): 36–37.

He Zhuo. "1926 nian dao 1929 nian Sulian de caizheng jinrong zhuangkuang" [Financial and monetary conditions in the Soviet Union between 1926 and 1929]. XX 10 (1954): 38–40.

Luo Jinglan. "1926 nian dao 1929 nian Sulian wuzhong jingji de xiaozhang zhuangkuang" [The growth and decline of the five types of economic elements in the Soviet Union between 1926 and 1929]. XX 10 (1954): 40–42.

Условия в Советском Союзе: 1930–1934 годы

Hu Qilin. "1930 nian dao 1934 nian Sulian de nongye zhuangkuang" [Agricultural conditions in the Soviet Union between 1930 and 1934]. XX 11 (1954): 14–16.

Zheng Rong. "1930 nian dao 1934 nian Sulian de gongye zhuangkuang" [Industrial conditions in the Soviet Union between 1930 and 1934]. XX 11 (1954): 17–18.

Wang Yibin and Yu Weicong. "1930 nian dao 1934 nian Sulian de guoji guonei zhuangkuang" [International and domestic conditions in the Soviet Union between 1930 and 1934]. XX 11 (1954): 19–20.

Deng Quan. "1930 nian dao 1934 nian Sulian de shangye zhuangkuang" [Commercial conditions in the Soviet Union between 1930 and 1934]. XX 2 (1955): 34–35.

Liu Song. "1930 nian dao 1934 nian Sulian de jieji biandong zhuangkuang" [The change in class conditions in the Soviet Union between 1930 and 1934]. XX 2 (1955): 35–36.

Краткий курс

Bianjibu [Editorial department]. "Sulian huifu guomin jingji shiqi de jingji jianshe wenti—gong zhongjizu xuexi liangong (bu) dangshi, dijiuzhang tigang yong" [Questions concerning economic construction during the period of the Soviet national economic recovery—providing middle-level cadres with a study outline of chapter 9 of History of the Communist Party of the Soviet Union (Bolshevik): Short Course]. XX 9 (1953): 17–23.

Bianjibu [Editorial department]. "Sulian wei shixian guojia de shehuizhuyi gongyehua er douzhengshi de jingji jianshe wenti—gong zhongjizu xuexi liangong (bu) dangshi, dishizhang tigang yong" [Questions concerning economic construction at the time of the Soviet struggle to achieve national socialist industrialization—providing middle-level cadres with a study outline of chapter 10 of History of the Communist Party of the Soviet Union (Bolshevik): Short Course]. XX 5 (1954): 5–16.

Bianjibu [Editorial department]. "Sulian wei shixian nongye jitihua er douzhengshi de jingji jianshe wenti—gong zhongjizu xuexi lian gong (bu) dangshi dishiyizhang tigang yong" [Questions concerning economic construction at the time of the Soviet struggle to achieve agricultural collectivization—providing middle-level cadres with a study outline of chapter 11 of History of the Communist Party of the Soviet Union (Bolshevik): Short Course], XX 11 (1954): 3–11.

Индустриализация

Fang Yuan. "Shehuizhuyi guojia gongyepin de jiage zhengce" [The pricing policy of industrial products in socialist countries]. XX 7 (1953): 3–11.

Chen Hanbo. "Shehuizhuyi guojia gongyehua de fangzhen" [The guiding principles of industrialization in socialist countries]. XX 10 (1953): 15–20.

Wang Fu. "Sulian shehuizhuyi gongyehua de zijin wenti" [Questions concerning funding for socialist industrialization in the Soviet Union]. XX 10 (1953): 20–24.

Li Qun. "Sulian gongyehua chuqi de liangshi wenti" [Grain problems during the initial stages of Soviet industrialization]. XX 11 (1953): 4–12.

Chen Yuxiang. "Sulian shehuizhuyi gongyehua de sudu" [The pace of socialist industrialization in the Soviet Union], XX 12 (1953): 19–25.

Fang Yuan. "Sulian renmin zai gongyehua chuqi zenyang wei jilei zijin er lishing jieyue" [How the Soviet people practiced strict economy in order to accumulate capital during the initial stages of industrialization]. XX 12 (1953): 25–31.

Коллективизация

Li He. "Sulian nongye de shehuizhuyi gaizao de daolu" [The road to socialist transformation of agriculture in the Soviet Union]. Xinhua yuebao [New China Monthly] (hereinafter as XY) 3 (1954): 162–65.

Wei Wei. "Sulian nongye jitihua de jiben fangzhen" [The basic guiding principles for collectivization in the Soviet Union]. XX 3 (1954): 33–36.

"Liangong (bu) zhongyang 1930 nian yiyue wuri 'guanyu jitihua de sudu he guojia bangzhu jiti nongzhuang jianshe de banfa' de jueyi" [Decisions on the pace of collectivization and methods of state assistance in the construction of collective farms by the Central Committee of the Soviet Communist Party (Bolshevik) on January 5th, 1930]. XX 11 (1954): 11–12.

"Liangong (bu) zhongyang 1930 nian sanyue shisiri 'guanyu fandui waiqu dangde jiti nongzhuang yundong luxian' de jueyi" [Decisions made by the Central Committee of the Soviet Communist Party (Bolshevik) on March 14, 1930, on how to combat misrepresentations of the party line guiding the collective farm campaign]. XX 11 (1954): 13–14.

Li Fu. "Sulian gongchandang zenyang lingdao shixian nongye quanpan jitihua de douzheng" [How the Soviet Communist Party led the struggle to achieve comprehensive collectivization]. XX 12 (1954): 22–25.

Советский план первой пятилетки

Chen Chi. "Sulian diyige wunian jihua de jiben renwu" [The basic tasks of the Soviet Union's First Five-Year Plan]. XX 1 (1954): 34–36.

Съезды Советской компартии

Chen Chi. "Jieshao 'Eguo gongchandang (bu) shiyici daibiao dahuishang Zhongyang weiyuanhui de zhengzhi baogao'" [Introducing "The Political Report of the Central Committee delivered to the Eleventh Party Congress of the Russian Communist Party (Bolshevik)"]. XX 3 (1953): 32, 40–43.

Hu Qilin. "Sulian gongchandang dishisici daibiao dahui de qingkuang" [The Fourteenth Party Congress of the CPSU]. XX 12 (1953): 32–33.

Chen Tao. "Sulian gongchandang dishiwuci daibiao dahui de qingkuang" [The Fifteenth Party Congress of the CPSU]. XX 12 (1953): 34–36.

Pan Peixin. "Sulian gongchandang dishiliuci daibiao huiyi de qingkuang" [The Sixteenth Party Conference of the CPSU]. XX 12 (1953): 36.

Chen Wenzhuang and Yang De. "Sulian gongchangdang dishiliuci daibiao dahui de qingkuang" [The Sixteenth Party Congress of the CPSU]. XX 3 (1955): 36–37.

Wu Jianfei and Hu Ping. "Sulian gongchandang dishiqici huiyi de qingkuang" [The Seventeenth Party Conference of the CPSU]. XX 3 (1955): 37–38.

Ding Yu and Liu Jingmei. "Sulian gongchandang dishiqici daibiao dahui de qingkuang" [The Seventeenth Party Congress of the CPSU]. XX 3 (1955): 38–40.

Yi Wen. "Sulian gongchandang dishibaci daibiao huiyi deqingkuang" [The Eighteenth Party Conference of the CPSU]. XX 3 (1955): 40.

Труды Ленина и Сталина

Sun Dingguo. "Sidalin tongzhi duiyu jianshe gongchanzhuyi de lilun de weida gongxian" [Comrade Stalin's great theoretical contribution to the construction of communism]. XX 4 (1953): 24–27.

Fang Yuan. "Liening de tongyi jingji jihua—jieshao Su E dianqihua jihua" [Lenin's unified economic planning: Introduction to Soviet Russia's Electrification Planning]. XX 5 (1953): 9–17.

He Jun. "Jieshao Liening de Lun hezuozhi" [Introducing Lenin's On Cooperatives]. XX 5 (1953): 37–40.

Zhang Xianchou. "Liening de hezuohua jihua" [Lenin's plan for cooperativization]. XX 6 (1953): 23–28.

Chen Manyuan. "Xuexi Sulian shehuizhuyi jingji wenti jiajin women de jingji jianshe gongzuo" [Studying The Economic Problems of Socialism in the USSR and intensifying our economic construction work]. XX 7 (1953): 27–31.

Zhang Xianchou. "Yiguo jiancheng shehuizhuyi shehui de Wenti" [Questions concerning the building of socialism in one country]. XX 8 (1953): 15–19.

Ma Jibin. "Liening Sidalin lun Sulian huifu guomin jingji shiqi de guojia zibenzhuyi" [Lenin and Stalin on state capitalism during the period of the Soviet national economic recovery]. XX 8 (1953): 28–30.

Chen Chi. "Xuexi Sidalin tongzhi zhu Lun Sulian jingji zhuangkuang he dangde zhengce" [Study comrade Stalin's Soviet Economic Conditions and Party Policies]. XX 10 (1953): 32–35.

Wu Jiang. "Liening Sidalin lun lianhe zhongnong wenti" [Lenin and Stalin on the question of uniting middle peasants]. XX 11 (1953): 16–21.

Fan Ruoyu. "Xuexi Liening guanyu guodu shiqi de lilun wei shixian woguo zai guodu shiqi de zongluxian er fendou" [Study Lenin's theories concerning the transition period in order to achieve the goals of the general line for the transition period in China]. XX 2 (1954): 3–5.

Yang Feng. "Liening guanyu cong zichanjieji minzhu geming zhuanbian wei shehuizhuyi de lilun" [Lenin's theories concerning the change from bourgeois democratic revolution to socialist revolution]. XY 4 (1955): 39–43.

Библиография

На русском языке

Архивы

АВП РФ — Архив внешней политики Российской Федерации
ЦХСД — Центр хранения современной документации

Браун 1974 — Браун О. Китайские записки (1932–1939). М.: Политиздат, 1974.
Ленин 1950 — Ленин В. И. Сочинения. Издание 4-е. М.: Государственное издательство политической литературы, 1950.
Ленин 1974 — Ленин В. И. Полное собрание сочинений, 5-е изд. М.: Политиздат, 1974.
Лю 1991 — Лю Шаоци. Избранные произведения. Пекин: Издательство литературы на иностранных языках, 1991.
Мао 1969–1977 — Мао Цзэдун. Избранные произведения. Пекин: Издательство литературы на иностранных языках, 1969.
Решение 1981 — Решение по некоторым вопросам истории КПК со времени образования КНР. Пекин: Издательство литературы на иностранных языках, 1981.
Русско-китайские отношения в XX веке 2005 — Русско-китайские отношения в XX веке: Материалы и документы. Т. 5. Советско-китайские отношения. 1946 — февраль 1950. Кн. 2. М.: Памятники исторической мысли, 2005.
Сталин 1946 — Сталин И. В. Краткий курс истории ВКП(б). М.: ОГИЗ — Госполитиздат, 1946.
Сталин 1947 — Сталин И. В. Полное собрание сочинений. М.: Политиздат, 1947.

На английском языке

Alitto 1979 — Alitto, Guy S. The Last Confucian: Liang Shu-ming and the Chinese Dilemma of Modernity. Berkeley, CA: University of California Press, 1979.

American Consul General 1953 — American Consul General. "The Pattern of Sino-Soviet Relations: August 1952–December 1953." Hong Kong: U.S. State Department, 1954. Foreign Service Dispatch, 1372.

Bajanov, Bajanova — Bajanov, Evgeniy P., and Natalia Bajanova. "The Korean Conflict, 1950–1953: The Most Mysterious War of the 20th Century," based on secret Soviet archives. Unpublished manuscript.

Berend 1996 — Berend, Ivan T. Central and Eastern Europe, 1944–1993: Detour from the Periphery to the Periphery. New York: Cambridge University Press, 1996.

Bernstein 1969 — Bernstein, Thomas P. "Cadre and Peasant Behavior under Conditions of Insecurity and Deprivation: The Grain Supply Crisis of the Spring of 1955," in Chinese Communist Politics in Action, ed. A. Doak Barnett. Seattle: University of Washington Press, 1969: 365–399.

Brandenberg 2002 — Brandenberg, David. National Bolshevism: Stalinist Mass Culture and the Formation of Modern Russian National Identity, 1931–1956. Cambridge, MA: Harvard University Press, 2002.

Braun 1982 — Braun, Otto. A Comintern Agent in China: 1932–1939. Stanford, CA: Stanford University Press, 1982.

Bulletin 1995/1996 — "Minutes, Conversation between Mao and Ambassador Yudin, 22 July 1958." Cold War International History Project Bulletin, nos. 6–7 (Winter 1995/1996): 155–159.

Bulletin 1995/1996a — Bulletin 1995/1996 "Minutes, Mao's Conversation with a Yugoslavian Communist Union Delegation, Beijing, 1995/1996.

Bulletin 1995/1996b — Bulletin 1995/1996. "Rivals and Allies: Stalin, Mao, and the Chinese Civil War, January 1949." Cold War International History Project Bulletin, no. 6–7 1995/1996.

Bulletin 1995/1996d — Bulletin 1995/1996. "The USSR Foreign Ministry's Appraisal of Sino-Soviet Relations on the Eve of the Split, September 1995/1996.

Bulletin 1995/1996e — 1995/1996. "Record of Conversation with Comrade Mao Zedong, March 31, 1956." Cold War International History Project Bulletin, nos. 6–7. 1995/1996.

Bulletin 1996/1997 — "From the Diary of A. Y. Vyshinsky: Memorandum of Conversation with the Chairman of the People's Central Government of the People's Republic of China, Mao Zedong, 6 January 1950." Cold War International History Project Bulletin 8–9. 1996/1997.

Cheek, Saich 1997 — Cheek, Timothy, and Tony Saich, eds. New Perspectives on State Socialism in China. Armonk, NY: M. E. Sharpe, 1997.

Cohen 1980 — Cohen, Stephen F. Bukharin and the Bolshevik Revolution: A Political Biography, 1888–1938. New York: Oxford University Press, 1980.

Diary of Georgi Dimitrov 2003 — The Diary of Georgi Dimitrov: 1933–1949. New Haven, CT: Yale University Press, 2003.

Erlich 1960 — Erlich, Alexander. The Soviet Industrialization Debate. Cambridge, MA: Harvard University, 1960.

FEA 1989 — "The Initial Stage of Socialism in China: Theory and Practice." Far Eastern Affairs 2. 1989.

FEA 1992 — FEA . "The Stalin-Mao Dialogue." Far Eastern Affairs, no. 2. 1992.

FEA 1995 — FEA. "Mikoyan's Secret Mission to China in January and February 1949." Far Eastern Affairs, no. 3. 1995..

FEA 2001 — FEA. "Joseph Stalin's Unpublished Speech on China." Far Eastern Affairs, no. 1. 2001.

Fedorenko 1989 — Fedorenko, N. "The Stalin-Mao Summit in Moscow." Far Eastern Affairs, no. 2. 1989.

Ganshin, Zazerskaya 1994 — Ganshin, G., and T. Zazerskaya. "Pitfalls along the Path of 'Brotherly Friendship'" (a look at the history of Soviet-Chinese relations). Far Eastern Affairs, no. 6. 1994.

Garver 1988 — Garver, John W. Chinese-Soviet Relations, 1937–1945: The Diplomacy of Chinese Nationalism. New York: Oxford University Press, 1988.

Goncharov 1992 — Goncharov, Sergei N. "The Stalin-Mao Dialogue." Far Eastern Affairs, no. 1. 1992.

Goncharov et al. 1993 — Goncharov, Sergei N., John W. Lewis, and Litai Xue. Uncertain Partners: Stalin, Mao, and the Korean War. Stanford, CA: Stanford University Press, 1993.

Grigoriev, Zazerskaya 1994 — Grigoriev, A., and T. Zazerskaya. "Mao Zedong on the Comintern's and Stalin's China Policy." Far Eastern Affairs, no. 4–5. 1994.

Heinzig 2004 — Heinzig, Dieter. The Soviet Union and Communist China: 1945–1950, the Arduous Road to the Alliance. Armonk, NY: M.E. Sharpe, 2004.

Intelligence Report 6259 1953 — Intelligence Report. "New Soviet Regime Bids for Popular Support by Amnesty Decree." Intelligence Report, 6259. Washington, DC: U.S. Department of State, 1953.

Intelligence Report 6321 1953 — Intelligence Report. "Current Status of the Soviet Trade Unions." Intelligence Report, 6321. Washington, DC: U.S. Department of State, 1953.

Intelligence Report 6330 1953 — Intelligence Report. "Consequences of the Disturbances in East Germany." Intelligence Report, 6330. Washington, DC: U.S. Department of State, 1953.

Intelligence Report 6400 1953 — Intelligence Report. "Highlights of Recent Soviet Internal Propaganda." Intelligence Report, 6400. Washington, DC: U.S. Department of State, 1953.

Intelligence Report 6424 1953 — Intelligence Report. "'New Course in Hungary': Politics and Prospects." Intelligence Report, 6424. Washington, DC: U.S. Department of State, 1953.

Intelligence Report 6443 1953 — Intelligence Report. "Development of 'New Economic Courses' in Soviet Satellites in September 1953." Intelligence Report, 6443.Washington, DC: U.S. Department of State, 1953.

Intelligence Report 6444 1953 — Intelligence Report. "Soviet Party's Role Expanded in Agricultural Affairs." Intelligence Report, 6444. Washington, DC: U.S. Department of State, 1953.

Intelligence Report 7059 1955 — Intelligence Report. "Probable Failure of Communist China's Rubber Plantation Program." Intelligence Report, 7059. Washington, DC: U.S. Department of State, 1955.

Intelligence Report 7070 1955 — Intelligence Report. "Sino-Soviet Relations: A Reappraisal." Intelligence Report, 7070. Washington, DC: U.S. Department of State, 1955.

Kampen 2000 — Kampen, Thomas. Mao Zedong, Zhou Enlai and the Evolution of the Chinese Communist Leadership. Copenhagen, Denmark: NIAS Publishing, 2000.

Kaple 1994 — Kaple, Deborah A. Dream of a Red Factory: The Legacy of High Stalinism in China. New York: Oxford University Press, 1994.

Knight 1993 — Knight, Amy. Beria, Stalin's First Lieutenant. Princeton, NJ: Princeton University Press, 1993.

Kolakowski 1981 — Kolakowski, Leszek. Main Currents of Marxism: The Breakdown. New York: Oxford University Press, 1981.

Ledovsky 1995 — Ledovsky, Andrei. "Mikoyan's Secret Mission to China in January and February 1949." Far Eastern Affairs, no. 2. 1995.

Levine 1987 — Levine, Steven I. Anvil of Victory: The Communist Revolution in Manchuria, 1945–1948. New York: Columbia University Press, 1987.

Lewin 1968 — Lewin, Moshe. Lenin's Last Struggle. New York: Pantheon Books, 1968.

Li H. 2001 — Li, Hua-yu. "The Political Stalinization of China: The Establishment of One-Party Constitutionalism, 1948–1954." Journal of Cold War Studies 3, no. 2. 2001.

Maslov 1989–1990 — Maslov, N. N. "Short Course of the History of the All-Russian Communist Party (Bolshevik): An Encyclopedia of Stalin's Personality Cult." Soviet Studies in History 28, no. 3. 1989–1990.

Meliksetov 1996 — Meliksetov, Arlen V. "'New Democracy' and China's Search for Socio-Economic Development Routes, 1949–1953." Far Eastern Affairs, no. 1.1996.

Migev 1997 — Migev, Vladimir. "The Bulgarian Peasants' Resistance to Collectivization (1948–1958)." Bulgarian Historical Review, no. 1. 1997.

Nove 1992 — Nove, Alec, An Economic History of the USSR: 1917–1991, 3rd ed. New York: Penguin Books, 1992.

Saich 1994 — Saich, Tony. "Writing or Rewriting History? The Construction of the Maoist Resolution on Party History." In New Perspectives on the Chinese Communist Revolution, edited by Tony Saich and Hans van de Ven. Armonk, NY: M. E. Sharpe, 1994.

Schwartz 1979 — Schwartz, Benjamin I. Chinese Communism and the Rise of Mao. Cambridge, MA: Harvard University, 1979.

Shue 1980 — Shue, Vivienne. Peasant China in Transition: The Dynamics of Development toward Socialism, 1949–1956. Berkeley, CA: University of California Press, 1980.

Stalin's Letters 1995 — Lars T., Oleg V. Naumov, and Oleg V. Khlevniuk, eds. Stalin's Letters to Molotov, 1925–1936. New Haven, CT: Yale University Press, 1995.

Teiwes 1990 — Teiwes, Frederick C. Politics at Mao's Court: Gao Gang and Party Factionalism in the Early 1950s. Armonk, NY: M. E. Sharpe, 1990.

Teiwes 1995 —.Teiwes, Frederick C. "Mao Texts and the Mao of the 1950s." Australian Journal of Chinese Affairs 33 (1995): 127–49.

The Moscow Visit 1996 — "The Moscow Visit of a Delegation of the Communist Party of China in June to August 1949." Far Eastern Affairs, no. 4. 1996.

The Origins of the Cultural Revolution 1983 —The Origins of the Cultural Revolution 2: The Great Leap Forward, 1958–1960. New York: Columbia University Press, 1983.

Thornton 1969 — Thornton, Richard C. The Comintern and the Chinese Communists: 1928–1931. Seattle: University of Washington Press, 1969.

Tucker 1992 — Tucker, Robert C. Stalin in Power: The Revolution from Above. New York: W.W. Norton & Company, 1992.

Volokhova 1999 — Volokhova, Alena. "Some Archive Materials on the Korean War: 1950–1953." Far Eastern Affairs, no. 4. 1999.

Westad 1993 — Westad, Odd Arne. Cold War and Revolution: Soviet-American Rivalry and the Origins of the Chinese Civil War, 1944–1946. New York: Columbia University Press, 1993.

Wingrove 1953 — Wingrove, Paul. "Mao's Conversations with the Soviet Ambassador, 1953–1955, "Working Paper No. 36, Cold War International History Project. Washington, DC: 1953.

Wylie 1980 — Wylie, Raymond Finlay. The Emergence of Maoism: Mao Tse-tung, Ch'en Po-ta, and the Search for Chinese Theory, 1935–1945. Stanford, CA: Stanford University Press, 1980.

На китайском языке

Ai 1954 — Ai, Di. "Woguo gongxiao hezuoshe qingkuang jianjie" [Brief introduction to the conditions of supply and marketing cooperatives in China]. Xuexi [Study], no. 4. 1954.

BNC 1998 — BNC "Yang Shangkun he Liu Ying de yici tanhua" [A conversation between Yang Shangkun and Liu Ying]. Bainianchao [A tide of a hundred years], no. 6. 1998.

BNC 1999 — BNC. "Gao Gang fanan—Gao Gang shijian shimo" (zhier) [Gao Gang's attack: The whole story of the Gao Gang incident, pt. 2]. Bainianchao [A tide of a hundred years], 1999.

BNC 2000 — BNC. "Qing fangxia nide gunzi—zhiyi Sha Jiansun jiaoshou dui Hu Sheng xiansheng de pipan" [Please put down your stick: Questioning Professor Sha Jiansun's criticism of Mr. Hu Sheng]. Bainianchao [A tide of a hundred years], no. 1. 2000.

Bo 1953 — Bo, Yibo. "Guanyu 1953 nian guojia yusuan de baogao" [Report on the national budget of 1953]. Xuexi [Study], no. 3. 1953.

Chen 1986 — Chen Yun. Chen Yun wenxuan 1926–1949, 1949–1956 [Selected works of Chen Yun, 1926–1949, 1949–1956]. Beijing: Renmin chubanshe, 1986.

Chen 2000 — Chen, Xi. Chen Yun nianpu 1905–1995 (shangjuan, zhongjuan, xiajuan) [A chronicle of Chen Yun, 1905–1995 (3 vols.)]. Beijing: Zhongyang wenxian chubanshe, 2000.

Chen Zh. 1992 — Chen, Zhiling. "Zhongguo zhengfu daibiaotuan fu Su shangtan duihuajingji yuanzhu wenti jishi, 9/1952–5/1953" [An account of the Chinese mission to the Soviet Union to negotiate Soviet economic aid for

China, September 1952 to May 1953]. Zhonggong dangshi ziliao [CCP party history materials], 43. 1992.

Cheng 1987 — Cheng, Zihua. Cheng Zihua huiyilu [Memoirs of Cheng Zihua]. Beijing: Jiefangjun chubanshe, 1987.

Cheng Zh. 1996 — Cheng, Zhongyuan. Zhang Wentian zhuan [Biography of Zhang Wentian]. Beijing: Dangdai zhongguo chubanshe, 1996.

Dai 1998 — Dai, Guangqian. "Shixi guodu shiqi zongluxian" [An attempt at analyzing the general line for the transition period]. Dangdai zhongguoshi yanjiu [Contemporary Chinese history studies], no. 2. 1998.

Dai Q. 1993 — Dai, Qing. Wang Shiwei and "Wild Lilies": Rectification and Purges in the Chinese Communist Party, 1942–1944. Translated by Nancy Liu and Lawrence R. Sullivan. Armonk, NY: M. E. Sharpe, 1993.

Dai, Zhao 2004 — Dai, Maolin, and Zhao Xiaoguang. "Guanyu 'Gao Rao shijian' jige wenti de zai tantao" [Another inquiry concerning several issues relating to the "Gao Rao affair"]. Zhonggong dangshi yanjiu [CCP party history research], no. 6. 2004.

Dai, Zheng 1989 — Dai, Zheng. Dai Qing and Zheng Zhishu. Liang Shuming yu Mao Zedong [Liang Shuming and Mao Zedong]. Changchun: Jilin chubanshe, 1989.

Deng Z. 1996 — Deng Zihui zhuan bianxiezu [Deng Zihui biography editorial group]. Deng Zihui zhuan [Biography of Deng Zihui]. Beijing: Renmin chubanshe, 1996.

Dong et al. 1996 — Dong, Bian, Deshan Tang, and Zi Zeng, eds. Mao Zedong he tade mishu Tian Jiaying (zengdingben) [Mao Zedong and his secretary Tian Jiaying]. Beijing: Zhongyang wenxian chubanshe, 1996.

Dong Zh. 1996 — Dong, Zhikai. 1949–1952 nian zhongguo jingji fenxi [Analyzing China's economy: 1949–1952]. Beijing: Zhongguo shehui kexue chubanshe, 1996.

DW 1988 — DW. "Guanyu zenyang cong xianzai zhubu guodudao shehuizhuyi qu de wenti" [How to achieve a gradual transition to socialism beginning now]. Dang de wenxian [Party documents], no. 5. 1988.

DW 1998 — DW . "Lun Liu Shaoqi de lishi diwei" [Discussing the historical position of Liu Shaoqi]. Dangde wenxian [Party documents], no. 6. 1998.

DW 2001 — DW. "Huiyi Gao Rao shijian" (xu) [Recollections of the Gao Rao Incident (continuation)]. Dangde wenxian [Party documents], no. 2. 2001.

DYZ 2001 — DYZ. "Jiangguo chuqi Sulian duihua jingji yuanzhu de jiben qingkuan" [Basic conditions of the Soviet economic aid to China during the initial stage of the founding of the PRC]. Dangshi yanjiu ziliao [Party history research materials], no. 3. 2001.

DYZ 2001a — DYZ. "Jianguo chuqi Sulian duihua jingji yuanzhu de jiben qingkuan" (xuqian) [Basic conditions of the Soviet economic aid to China during the initial stage of the founding of the PRC, continuation]. Dangshi yanjiu ziliao [Party history research materials], no. 4.

Fan 1984 — Fan, Shouxin. "Jianguo chuqi dui guanliao ziben de moshou he gaizao" [Confiscation and transformation of bureaucratic capital during the early days of the PRC]. Dangshi yanjiu [Party history research], no. 5. 1984.

Gao 1981 — Gao, Huamin. "1953 nian jiuzheng nongye huzhu hezuo yundongzhong de jizao maojin wenti" [The correction of the rash advance during the mutual-aid cooperative movement in 1953]. Dangshi yanjiu [Party history research], no. 3. 1981.

Geng 1990 — Geng, Sufen. "Zhongyang wenxian yanjiushi juxing guanyu guodu shiqi zongluxian wenti xueshu taolunhui" [The Central Document Research Office's symposium on questions concerning the general line for socialist transition]. Dang de wenxian [Party documents], no. 6. 1990.

Gong 1996 — Gong, Shiqi, ed. Yang Xianzhen zhuan [Biography of Yang Xianzhen]. Beijing: Zhonggong dangshi chubanshe, 1996.

Gong et al. 1996a — Gong, Yuzhi, Xianzhi Pang, and Zhongquan Shi. Mao Zedong de dushu shenghuo [Mao Zedong's reading habits]. Beijing: Sanlian shudian, 1996.

Gong Y. 1988 — Gong, Yuzhi. "Xinminzhu zhuyi, guodu shiqi, shehui zhuyi chujijieduan" [The New Democracy, the transition period, and the initial stages of socialism]. Zhonggong dangshi yanjiu [CCP party history research], no. 1. 1988.

Gong Y. 1999 — Gong Yuzhi lun zhonggong dangshi (shangxiajuan) [Gong Yuzhi on the CCP's party history, 2 vols.]. Changsha: Hunan renmin chubanshe, 1999.

Gongheguo 1991 — Gongheguo zouguo de lu—jianguo yilai zhongyao wenxian xuanbian 1991 — Gongheguo zouguo de lu—jianguo yilai zhongyao wenxian xuanbian: 1949–1952, 1953–1956 [The road the PRC has traveled: Selected important documents since the founding of the PRC, 1949–1952, 1953–1956]. Beijing: Zhongyang wenxian chubanshe, 1991.

Gongxiao hezuo 1988 — Gongxiao hezuo. "Zhongguo gongxiao hezuo shiye de dianjizhe—Liu Shaoqi" [Liu Shaoqi—the founder of China's supply and marketing cooperatives]. Zhonggong dangshi yanjiu [CCP party history research], no. 5. 1988.

Gu 1993 — Gu, Longsheng. "Mao Zedong dui heping gaizao ziben zhuyi gongshangye de gongxian" [Mao Zedong's contribution to the peaceful transformation of capitalist manufacturing and commerce]. Zhonggong dangshi ziliao [CCP party history materials], no. 48. 1993.

Guo S. 1990 — Guo, Simin, ed. Wo Yanzhong de Mao Zedong [The Mao Zedong I knew]. Shijiazhuang: Hebei renmin chubanshe, 1990.

Guo X. 1993 — Guo, Xiaoyan. "Yu minzhu renshi tan dui zi gaizao" [Speaking with democratic personages about the transformation of capitalism]. In Mao Zedong de zuji [Mao Zedong's footprints], edited by Zhonggong zhongyang dangshi yangjiushi keyanju [CCP Central Committee Party History Research Office Scientific Research Bureau]: 379–385. Beijing: Zhonggong dangshi chubanshe, 1993.

Hu 1991 — Hu, Sheng, ed. Zhongguo gongchandang de qishinian [Seventy years of the CCP]. Beijing: Zhonggong dangshi chubanshe, 1991.

Hu Q. 1989 — Hu, Qiaomu, "Zhongguo zai wushi niandai zenyang xuanze le shehui-zhuyi" [How China chose socialism in the 1950s], Renmin ribao, October 5, 1989.

Hu Q. 1994 — Hu, Qiaomu. Hu Qiaomu huiyi Mao Zedong [Hu Qiaomu remembers Mao Zedong]. Beijing: Renmin chubanshe, 1994.

Hu Y. 1999 — Hu, Yan. "Mincuizhuyi he shehuizhuyi" [Populism and socialism]. Dangdai shijie shehuizhuyi wenti [Problems in contemporary world socialism], no. 2. 1999.

Hu Zh. 1989 — Hu, Zhenghao. "Lengzhan shidai de zhongguo gongyehua daolu xuanze" [China's choosing its road to industrialization during the Cold War era]. Huadong shifan daxue xuebao [Journal of the Huadong Normal School], no. 4. 1989.

Huang 1989 — Huang Kecheng huiyilu (shang) [The memoirs of Huang Kecheng, vol. 1]. Beijing: Jiefangjun chubanshe, 1989.

Huang 1995 — Huang, Kecheng. Huang Kecheng zishu [Huang Kecheng's own account of his life]. Beijing: Renmin chubanshe, 1995.

Huang Qi. 1987 — Huang, Qijun. "Wang Jiaxiang 1937 nian qu gongchan guoji de jianyao jingguo" [A brief account of Wang Jiaxiang's visit to the Comintern in 1937]. Dangshi yanjiu [Party history research], no. 6. 1987.

Huang R. 1999 — Huang, Rutong. "Guanyu 'Mao Zedong de xinminzhu zhuyi lun zai pingjia'" ruogang wenti de taolun [A discussion of several questions concerning Mao Zedong's theory of New Democracy]. Zhonggong dangshi yanjiu [CCP party history research], no. 6. 1999.

Jiang et al. 1991 — Jiang, Huaxuan, Zhang Weiping, and Xiao Sheng, eds. Zhongguo gongchandang huiyi gaiyao [General summary of the meetings of the CCP]. Shenyang: Shenyang chubanshe, 1991.

Jin 1996 — Jin, Chongji, ed. Mao Zedong zhuan: 1893–1949 (shang, xia) [Biography of Mao Zedong, 2 vols.]. Beijing: Zhongyang wenxian chubanshe, 1996.

Jin, Huang 1998 — Jin, Chongji, and Zheng Huang, eds. Liu Shaoqi zhuan (xia) [Biography of Liu Shaoqi, vol. 2]. Beijing: Zhonggong zhongyang wenxian chubanshe, 1998.

Jueyi 1991 — Jueyi. Guanyu jianguo yilai dangde ruogan lishi wenti de jueyi zhuyiben (xiuding) [Revised notes on the resolution of certain questions in the history of our party since the founding of the PRC]. Beijing: Renmin chubanshe, 1991.

Kaituo 1996 — Kaituo. Mao Zedong de jianxin kaituo (xinzengdingben) [The hard pioneering road of Mao Zedong]. Beijing: Zhonggong dangshi chubanshe, 1996.

Lang 2001 — Lang, Yingjie. "Mao Zedong yu baocun funong jinji zhengce" [Mao Zedong and the policy of preserving the economy of the rich peasants]. Dangshi yanjiu ziliao [Party history research materials], no. 9. 2001.

Li et al. 2000 — Li, Yuehan, et al. Mao Zedong he shengwei shuji men [Mao Zedong and provincial party secretaries]. Beijing: Zhongyang wenxian chubanshe, 2000.

Li J. 1998 — Li, Jiaji. Wo zuo Mao Zedong weishi shisannian [I worked as Mao Zedong's bodyguard for thirteen years]. Edited by Qingwang Yang. Beijing: Zhongyang wenxian chubanshe, 1998.

Li W. 1986 — Li, Weihan. Huiyi yu yanjiu (shangxiajuan) [Recollections and research, 2 vols.]. Beijing: Zhonggong dangshi ziliao chubanshe, 1986.

Li W. 1987 — Li Weihan xuanji [Selected works of Li Weihan]. Beijing: Renmin chubanshe, 1987.

Li Yu. 1989 — Li, Yueran. Waijiao wutai shang de xinzhongguo lingxiu [New China's leaders in the diplomatic arena]. Beijing: Jiefangjun chubanshe, 1989.

Liangong dangshi 1949 — Sulian gongchandang (bu) lishi jianyao duben (Ganbu bidu 4) [History of the Communist Party of the Soviet Union (Bolshevik) (Required readings for cadres)]. Jiefangshe, 1949.

Lin et al. 1996 — Lin, Yunhui, Fan Shouxin, and Gong Zhang. Kaige xingji de shiqi [The period of the triumphant march]. Zhengzhou: Henan renmin chubanshe, 1996.

Lin T. 2000 — Lin, Tingfang. "Yingdang zhunzhong Hu Sheng jiaoshou de yuanyi" [We should respect Professor Hu Sheng's original intention]. Zhonggong dangshi yanjiu [CCP party history research], no. 1. 2000.

Lin Yu. 1996 — Lin, Yunhui. Gao Gang fanan yu zhonggong qijie sizhong quanhui de zhaokai [Gao Gang's attack and the convening of the 4th Plenum of the 7th Central Committee meeting]. Beijing: Zhongguo dang'an chubanshe, 1996.

Lin Yu. 1999 —Lin, Yunhui "Gao Gang jinjing—Gao Gang shijian shimo" (zhiyi) [Gao Gang coming to Beijing: The whole story of the Gao Gang incident, pt. 1]. Bainianchao [A tide of a hundred years], 1999.

Liu 1996 — Liu Shaoqi nianpu, 1898–1969 (shangxiajuan) [A chronicle of Liu Shaoqi, 1898–1969, 2 vols.]. Beijing: Zhongyang wenxian chubanshe, 1996.

Liu 1998, 2005 — Jianguo yilai Liu Shaoqi wengao (sice) [Selected writings of Liu Shaoqi since the founding of the PRC, 4 vols.]. Beijing: Zhongyang wenxian chubanshe, 1998, 2005.

Liu et al. 2000 — Liu, Zhiguang, Lei Wang, and Hong Su. "Zhongguo shehui zhuyi fazhan yu mincui zhuyi zongshu" [A comprehensive summary of the development of socialism in China and populism]. Zhonggong dangshi yanjiu [CCP party history research], no. 2. 2000.

Liu X. 1998 — Liu, Xiao. Chushi Sulian banian [Eight years as ambassador to the Soviet Union]. Beijing: Zhonggong dangshi ziliao chubanshe, 1998.

Liu Z. 1990 — Liu, Zongrao. "Sulian gongchan guoji yu zhongguo guodu shiqi zongluxian" [The Soviet Union, the Comintern, and China's general line for the transition period]. Sichuan jiaoyu xueyuan xuebao [Journal of the Teachers' College of Sichuan], no. 4. 1990.

Liu Zhi. 1999 — Liu, Zhiguang. Jianguo chuqi zhongguo gongchandang dui guanliao ziben he zaihua waiguo ziben de zhengce [The CCP's policy concerning bureaucratic capital and foreign capital in China during the early days of the PRC], 71: 101–115. Beijing: Zhonggong dangshi chubanshe, 1999.

Liu, Wu 1993 — Liu, Jintian, and Xiaomei Wu. "Mao Zedong xuanji" chuban de qianqian houhou [The whole story of the publication of "The selected works of Mao Zedong"]. Beijing: Zhonggong dangshi chubanshe, 1993.

Lou 1997 — Lou, Shenghua. "'Liangong (bu) dangshi jianming jiaocheng' zai zhongguo de yingxiang" [The impact of the Short Course on China]. Dangshi yanjiu ziliao [Party history research materials], no. 1. 1997.

Lu Sh. 1989 — Lu, Shuiming. "Ping guodu shiqi zongluxiang" [Commentary on the general line for the socialist transition]. Mao Zedong sixiang yanjiu [Research on Mao Zedong thought], no. 2. 1989.

Luo P. 2004 — Luo, Pinghan. "1950 nian guanyu dongbei funong wenti de zhenglun" [Debates in 1950 concerning rich peasants in the Northeast]. Dangshi yanjiu ziliao [Party history research materials], no. 1. 2004.

Ma Q. et al. 1989 — Ma, Qibin, et al., eds. Zhongguo gongchandang zhizheng sishinian [The forty-year rule of the CCP]. Beijing: Zhonggong dangshi ziliao chubanshe, 1989.

Mao 1977 — Mao Zedong xuanji (diwujuan) [Selected works of Mao Zedong, vol. 5]. Beijing: Renmin chubanshe, 1977.

Mao 1985 — Mao, Zedong. "Ruhe yanjiu zhonggong dangshi" [How to study CCP party history]. Dangshi ziliao zhengji tongxun [Bulletin on the collection of materials on party history], no. 1. 1985.

Mao 1987–1998 — Jianguo yilai Mao Zedong wengao (shisance) [Selected writings of Mao Zedong since the founding of the PRC (13 volumes)]. Beijing: Zhongyang wenxian chubanshe, 1987–1998.

Mao 1988 — Mao Zedong zhexue pizhuji [Collection of Mao Zedong's annotations and commentaries on philosophical writings]. Beijing: Zhongyang wenxian chubanshe, 1988.

Mao 1991 — Mao Zedong xuanji (disanjuan) [Selected works of Mao Zedong, vol. 3]. Beijing: Renmin chubanshe, 1991.

Mao jingji nianpu 1933 — Mao jingji nianpu. Mao Zedong jingji nianpu [An economic chronicle of Mao Zedong]. Beijing: Zhonggong zhongyang dangxiao chubanshe, 1993.

Mao wenji 1993, 1996, 1999 — Mao wenji. Mao Zedong wenji (1–8) [Collected writings of Mao Zedong, 8 vols.]. Beijing: Renmin chubanshe, 1993, 1996, 1999.

Mao zaonian 1992 — Mao zaonian Li, Rui. Mao Zedong de zaonian he wannian [Mao Zedong's early and late years]. Guizhou: Guizhou chubanshe, 1992.

Mao zaonian 1998 — Mao zaonian. Zhiyan: Li Rui liushinian de you yu si [Speaking candidly: Li Rui's sixty years of concerns and thoughts]. Beijing: Jinri zhongguo chubanshe, 1998.

Mao Zedong zaiqida 1995 — Mao Zedong zaiqida de baogao he jianhuaji [Mao Zedong's reports and speeches at the 7th Party Congress]. Beijing: Zhongyang wenxian chubanshe, 1995.

Nie et al. 2004 — Nie, Jiahua, et al. "Dui 'Gao Rao shijian' zhong jige wenti de kaochao" [An investigation concerning several issues surrounding the "Gao Rao affair"]. Zhonggong dangshi yanjiu [CCP party history research], no. 2. 2004.

Pang et al. 1993 — Pang, Xianzhi, et al., eds. Mao Zedong nianpu [A chronicle of Mao Zedong]. Beijing: Zhongyang wenxian chubanshe, 1993.

Pang, Dong 1990 — Pang, Song, and Dong Wang. Huagui yu shanbian: xinminzhuzhuyi shehui jieduan beiwanglu [Off the track and evolution: Memorandum for the new democratic social stage]. Zhengzhou: Henan renmin chubanshe, 1990.

Pang, Jin 2003 — Pang Xianzhi and Jin Chongji, eds. Mao Zedong zhuan, 1949–1976 (shangxia) [Biography of Mao Zedong: 1949–1976, 2 vols.], Beijing: Zhongyang wenxian chubanshe, 2003.

Pang, Li 2001 — Pang, Xianzhi and Li, Jie. "Mao Zedong yu guodu shiqi zongluxian" [Mao Zedong and the general line for the transition period]. Dangde wenxian [Party documents], no. 4. 2001.

Pang, Lin 1996 — Pang, Song, and Yunhui Lin. Liguo xingbang: 1945–1956 nian de Mao Zedong [Establishing and promoting the country: Mao Zedong in the years 1945–1956]. Beijing: Zhongguo qingnian chubanshe, 1996.

Qiao 1998 — Qiao, Guanhua. "Guanyu chaoxian zhanzheng yu tingzhan tanpan" [The Korean War and the armistice negotiations]. In Zhonggong dangshi ziliao [CCP party history materials], edited by Zhonggong zhongyang dangshi yanjiushi [CCP Central Committee Party History Research Office] and Zhongyang dang'anguan [Central Party Archives], 68: 26–33. Beijing: Zhonggong dangshi chubanshe, 1998.

Ren 1993 — Ren Bishi nianpu [A chronicle of Ren Bishi]. Beijing: Zhongyang wenxian chubanshe, Remin chubanshe, 1993.

Ren Bishi 1987 — Ren Bishi xuanji [Selected works of Ren Bishi]. Beijing: Renmin chubanshe, 1987.

Sha 1999 — Sha, Jiansun. "Makesi zhuyi haishi yongsu shengchanli lun?—Ping Hu Sheng jiaoshou dui Mao zhuxi de pipan" [Is it Marxism or a vulgar theory of productivity? Evaluating Professor Hu Sheng's criticism of Chairman Mao]. Zhongliu [Midstream], no. 12. 1999.

Shen 2003 — Shen, Zhihua. Sulian zhuanjia zai zhongguo, 1948–1960 [Soviet experts in China, 1948–1960]. Beijing: Zhonguo guoji guangbo chubanshe, 2003.

Shi Q. 1992 — Shi, Qiulang, ed. Feng yu gu—Shi Zhe huiyilu [Between summit and valley: Memoirs of Shi Zhe]. Beijing: Hongqi chubanshe, 1992.

Shi Zh. 1986 — Shi, Zhongquan. "Guanyu Mao Zedong du Sulian 'Zhengzhi jinjixue (jiaokeshu)' de tanhua" [A discussion of Mao Zedong's reading of the Soviet work "Political Economy (textbook)"]. Dangshi tungxun [Party history newsletter], no. 10. 1986.

Shi Zha. 1990 — Shi, Zhaoyu. "Guodu shiqi zongluxian yanjiu zhuangkuang gaishu" [General commentary on research concerning the general line for the transition period]. Dangde wenxian [Party documents], no. 6. 1990.

Shi Zhe 1990 — Shi, Zhe. "Mao Zedong zhuxi diyice fangwen Sulian jingguo" [Chairman Mao Zedong's first visit to the Soviet Union]. In Xinzhongguo waijiao fengyun [The storm of new China's diplomacy]. Beijing: Shijie zhishi chubanshe, 1990.

Shi Zhe 1991 — Shi Zhe. Zai lishi juren shenbian: Shi Zhe huiyilu. [At the side of history's giants: Memoirs of Shi Zhe]. Beijing: Zhongyang wenxian chubanshe, 1991.

Sun, Wang 1994 — Sun, Youkui, and Yugui Wang. "Yetan dang zai guodu shiqi zongluxian" [We also discuss the party's general line for the transition period]. Zhonggong dangshi yanjiu [CCP party history research], no. 2. 1994.

Tang 1989 — Tang, Chunliang. Li Lisan zhuan [Biography of Li Lisan]. Harbin: Heilongjiang renmin chubanshe, 1989.

Tao 1993 — Tao, Lujia. Yige shengwei shuji huiyi Mao zhuxi [A provincial party secretary's recollections of Chairman Mao]. Taiyuan: Shanxi renmin chubanshe, 1993.

Tao 1996 — Tao, Lujia. Mao Zhuxi jiao women dang shengwei shuji [Chairman Mao taught us to be provincial secretaries]. Beijing: Zhongyang wenxian chubanshe, 1996.

Wang 1988 — Wang, Donglin. Liang Shuming wendalu [Records of questions to Liang Shuming and his answers]. Hong Kong: Sanlian shudian, 1988.

Wang Sh. 2003 — Wang Shaozhong, "Lun jianguo chuqi de 'wufan' yundong" [The "Five-Anti" campaign during the early period after the establishment of the PRC], DYZ, no. 12. 2003.

Wang Ye. 1999 — Wang, Yeyang. "Yeping Mao Zedong de 'yizhang baizhi' shuo" [My evaluation of Mao Zedong's "blank sheet of paper" doctrine]. Zhonggong dangshi yanjiu [CCP party history research], no. 6. 1999.

Wei 1990 — Wei, Yanru, ed. Zhang Wentian zai Hejiang [Zhang Wentian in Hejiang]. Beijing: Zhonggong dangshi ziliao chubanshe, 1990.

Wenxian he yanjiu 1984 — Wenxian he yanjiu. "Mao Zedong guanyu Yan'an zhengfeng de yizu handian: 11/1941–12/1943" [A series of telegrams sent by Mao concerning the Rectification Campaign: November 1941–December 1943]. Wenxian he yanjiu [Documents and research], no. 8. 1984.

Wenxian xuanbian 1993–1997 — Wenxian xuanbian. Jianguo yilai zhongyao wenxian xuanbian 1–5 [Selected important documents since the founding of the PRC, 5 vols.]. Beijing: Zhongyang wenxian chubanshe, 1993–1997.

Wenxian yu yanjiu 1982 — Zhongyang wenxian yanjiushi [The CCP Central Committee Documents Research Office], Zhongyang Dangan'guan [CCP Central Archives]. "Guanyu 'Mao Zedong sixiang' tichu de lishi guocheng" [The historical process through which the term "Mao Zedong thought" was established]. Wenxian yu yanjiu [Documents and research], no. 1. 1982.

Xu 1980 — Xu, Dixin. "Dang dui zibenzhuyi gongshangye shixing liyongxianzhi gaizao de weida chengjiu" [On the great success of the party's utilization, restriction, and transformation of capitalist industry and commerce], Dangshi yangjiu [Party history research], no. 4. 1980.

Xue 1989 — Xue Muqiao's influential argument in "Cong shinminzhu zhuyi dao shehui zhuyi chujijieduan" [From New Democracy to the initial stages of socialism]. Qiushi [Search for the truth], no. 1. 1989.

Xue 1997 — Xue Muqiao huiyilu [Memoirs of Xue Muqiao]. Tianjin: Tianjin renmin chubanshe, 1997.

Yan 1990 — Yan, Ling. "Cong shinminzhuzhuyi dao shehuizhuyi de zhuanbian" [The transition from New Democracy to socialism]. Zhongguo shehui kexue [Chinese social sciences], no. 2. 1990.

Yang 1999 — Yang, Kuisong. Mao Zedong yu Mosike de enen yuanyuan [Resentments between Mao Zedong and Moscow]. Nanchang: Jiangxi renmin chubanshe, 1999.

Yang K. 1987 — Yang, Kuisong. "Kangzhan shiqi gongchan guoji Sulian yu zhongguo gongchandang guanxi zhong de jige wenti" [Several questions concerning the relationship among the Comintern, the Soviet Union, and the CCP during the anti-Japanese war]. Dangshi yanjiu [Party history research], no. 6. 1987.

Ye 1996 — Ye, Yonglie. Mao Zedong de mishumen [Mao Zedong's secretaries]. Shanghai: Shanghai renmin chubanshe, 1996.

ZDY 1998 — ZDY. "Zhou Enlai guanyu xiang shehui zhuyi guodu de sixiang" [Zhou Enlai's ideas concerning the transition to socialism]. Zhonggong dangshi yanjiu [CCP party history research], no. 1. 1998.

ZDY 2000 — ZDY. "Dui dangqian mincui zhuyi taolunzhong jige wenti de kanfa" [My views on several questions in the ongoing discussions concerning populism]. Zhonggong dangshi yanjiu [CCP party history research], no. 2. 2000.

ZDY 2000a — ZDY. "1953 nian de lishi dingwei" [The historical position of the year 1953]. Zhonggong dangshi yanjiu [CCP party history research], no. 5. 2000.

ZDY 2001 — ZDY. "Lishi di kandai Mao Zedong de shinminzhuzhuyi lun jiqi bianhua" [Looking historically at Mao Zedong's theory of New Democracy and the changes in his theory]. Zhonggong dangshi yanjiu [CCP party history research], no. 3. 2001.

ZDZ 1985 — ZDZ. "Dui woguo gaizao zibenzhuyi gongshangye licheng de huiyi" [Recollections of China's transformation of capitalist industry and commerce]. Zhonggong dangshi ziliao [CCP party history research], 14. 1985.

Zeng, Zhou 2003 — Zeng, Kang, and Zhou Zhiqiang. "Jianguo chuqi zhonggong dangnei guanyu nongye fazhan daolu de zhenglun" [Debates within the CCP during the early period after the establishment of the PRC concerning the road to agricultural development]. Dang de wenxian [Party documents], no. 1. 2003.

Zhang Wentian 1985 — Zhang Wentian xuanji bianjizu [Editorial group for the selected works of Zhang Wentian], eds. Zhang Wentian xuanji [Selected works of Zhang Wentian]. Beijing: Renmin chubanshe, 1985.

Zhang Wentian 1995 — Zhang Wentian wenji bianjizu [Editorial group for the collected works of Zhang Wentian], ed. Zhang Wentian wenji, 4 juan [Collected works of Zhang Wentian, 4 vols.]. Beijing: Zhonggong dangshi chubanshe, 1995.

Zhang Yu. 1993 — Zhang, Yumei. "Wo xiang Mao zhuxi huibao nongye hezuohua" [I reported to Chairman Mao about agricultural cooperativization]. Zhonggong dangshi ziliao [CCP party history materials], no. 48 (1993): 99–112.

Zheng 2001 — Zheng, Dahua. Liang Shuming zhuan [Biography of Liang Shuming]. Beijing: Renmin chubanshe, 2001.

Zhengui dang'an 1999 — Zhengui dang'an. Gongheguo wushinian zhengui dangan (shangce) [Valuable archives of the fifty years of the PRC, vol. 1]. Beijing: Zhongguo dangan chubanshe, 1999.

Zhonggong 1986 — Zhonggong dangshi jiaoxue cankao ziliao, 18–20 ce [Reference materials for teaching CCP party history, vols. 18–20)]. Beijing: Guofang daxue chubanshe, 1986.

Zhonggong dangshi chubanshe 1996 — Zhonggong dangshi chubanshe. Qishinian fendou yu sikao (shangjuan) [My seventy-year struggle and my reflections on it, vol. 1]. Beijing: Zhonggong dangshi chubanshe, 1996.

Zhonggong zhongyang 1991 — Zhonggong zhongyang dangxiao chubanshe 1991 — ———. Ruogan zhongda juece yu shijian de huigu (shangjuan) [Recollections of some important decisions and events, vol. 1]. Beijing: Zhonggong zhongyang dangxiao chubanshe, 1991.

Zhonggong zhongyang 1993a — Zhonggong zhongyang wenxian yanjiushi 1993 — Zhonggong zhongyang wenxian yanjiushi [CCP Central Committee Document Research Office], ed. Liu Shaoqi lun xinzhongguo jingji jianshe [Liu Shaoqi on New China's economic construction]. Beijing: Zhongyang wenxian chubanshe, 1993.

Zhonggong zhongyang 1993b — Zhonggong zhongyang wenxian yanjiushi 1993a — Zhonggong zhongyang wenxian yanjiushi [CCP Central Committee Document Research Office], and Zhongyang dang'anguan Dang de Wenxian bianjibu [Central Committee Party Archives Party Documents Editorial Department], eds. Zhonggong dangshi zhongda shijian shushi [A true account of important events in CCP party history]. Beijing: Renmin chubanshe, 1993.

Zhonggong zhongyang 1998 — Zhonggong zhongyang dangshi yanjiushi [CCP Central Committee Party History Research Office], ed. Cong yida dao shiwuda [From the 1st to the 50th CCP Party Congress]. Beijing: Zhonggong dangshi chubanshe, 1998.

Zhonggong zhongyang 1998 — Zhonggong zhongyang wenxian yanjiushi 1998 — Zhonggong zhongyang wenxian yanjiushi [CCP Central Committee Document Research Office], Zhongyang dang'anguan [Central Committee Party Archives], and Dang de wenxian bianjibu [Party Documents Editorial Board], eds. Gongheguo lingxiu yaoshi zhenwen [Untold stories about the leaders of the PRC]. Beijing: Zhongyang wenxian chubanshe, 1998.

Zhongyang 1992 — Zhongyang dang'anguan 1992 — Zhongyang dang'anguan [Central Committee Party Archives], ed. Zhonggong zhongyang wenjian xunji, 17 ce (1948) [Selected documents of the CCP Central Committee, vol. 17 (1948)]. Beijing: Zhonggong zhongyang dangxiao chubanshe, 1992.

Zhou 1984 — Zhou Enlai xuanji (xiajuan) [Selected works of Zhou Enlai, vol. 2]. Beijing: Renmin chubanshe, 1984.

Zhou 1988 — Zhou Enlai shuxin xuanji [Selected correspondence of Zhou Enlai]. Beijing: Zhongyang wenxian chubanshe, 1988.

Zhou 1990 — Zhou Enlai zhuan [Biography of Zhou Enlai]. Beijing: Zhongyang wenxian chubanshe, Renmin chubanshe, 1990.

Zhou 1997 — Zhou. Zhou Enlai nianpu (1949–1976) [A chronicle of Zhou Enlai, 1949–1976]. Beijing: Zhongyang wenxian chubanshe, 1997.

Zhou zongli 1991 — Women de Zhou zongli [Our premier Zhou]. Beijing: Zhongyang wenxian chubanshe, 1991.

Zuotanhui 1989 — Zuotanhui. "Liangong (bu) dangshi jianming jiaocheng dui zhonggong dangshi jiaoxue he yanjiu de yingxiang (zuotanhui fayan zhaideng)" [The effect of History of the Communist Party of the Soviet Union (Bolshevik): Short Course on teaching and research concerning the history of the CCP (abstract of symposium)]. Zhonggong dangshi yanjiu [CCP party history research], no. 1. 1989.

Предметно-именной указатель

Оглавление

Научное издание

Ли Хуаюй
МАО И СТАЛИНИЗАЦИЯ КИТАЙСКОЙ ЭКОНОМИКИ
(1948–1953)

Директор издательства *И. В. Немировский*
Ответственный редактор *И. Белецкий*
Куратор серии *Е. Яндуганова*
Заведующая редакцией *И. Емельянова*

Дизайн *И. Граве*
Редактор *О. Немира*
Корректор *И. Манлыбаева*
Верстка *Е. Падалки*

Подписано в печать 31.01.2026.
Формат издания 60 × 90 $^{1}/_{16}$. Усл. печ. л. 17,9.
Тираж 200 экз.

Academic Studies Press
1577 Beacon Street, Brookline, MA 02446 USA
https://www.academicstudiespress.com

ООО «Библиороссика».
198207, г. Санкт-Петербург, а/я № 8

SAPIENTI SAT — дистрибуция и продажа книг
8 800 333-68-45
www.directmedia.ru/publisher/sapienti-sat/
manager@directmedia.ru

Знак информационной продукции согласно
Федеральному закону от 29.12.2010 № 436-ФЗ